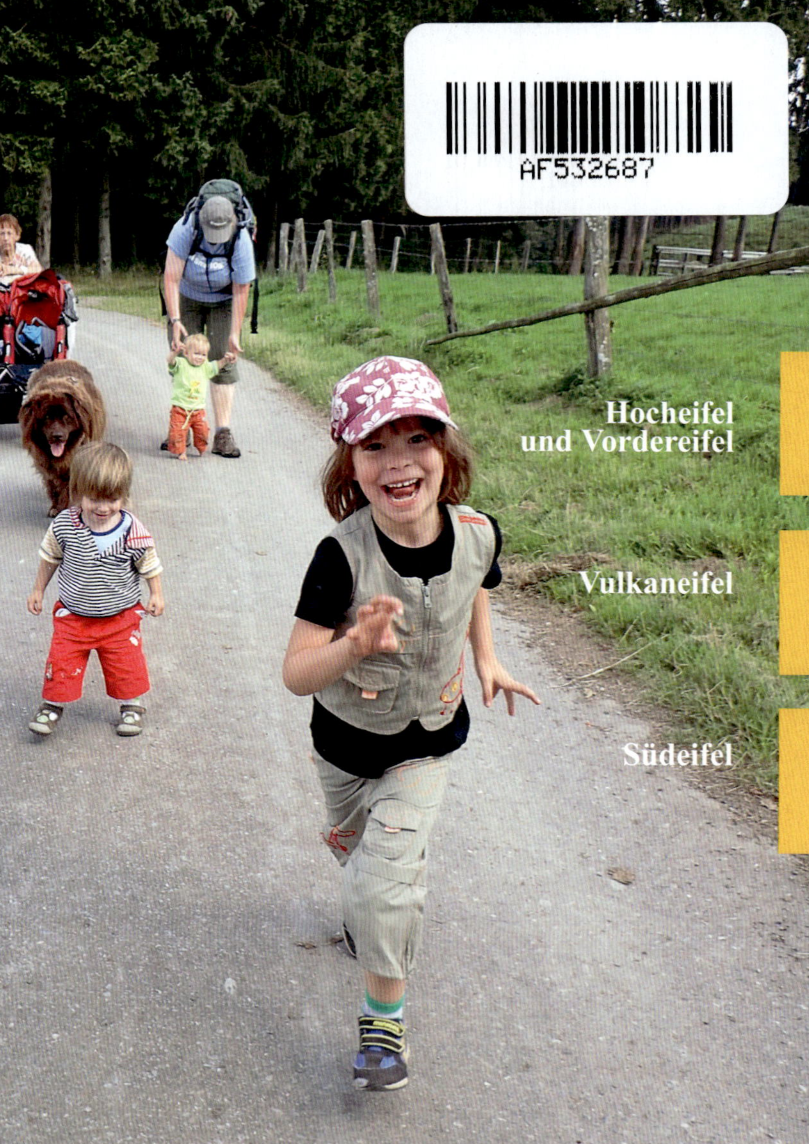




*Viele Wege in der Eifel laden Kinder zum Laufen ein ( Tour 23)*

# Eifel Süd



Die Autorin und der Verlag sind für Lesertipps und Verbesserungen (besonders per E-Mail) unter Angabe der Auflagen- und Seitennummer dankbar.

Dieses OutdoorHandbuch hat 160 Seiten mit 64 farbigen Abbildungen, 26 farbigen Kartenskizzen im Maßstab 1:25.000/1:50.000 sowie 20 farbigen Höhenprofilen und einer farbigen, ausklappbaren Übersichtskarte. Es wurde auf chlorfrei gebleichtem, FSC®-zertifiziertem Papier gedruckt, in Deutschland klimaneutral hergestellt und transportiert und wegen der größeren Strapazierfähigkeit mit PUR-Kleber gebunden.

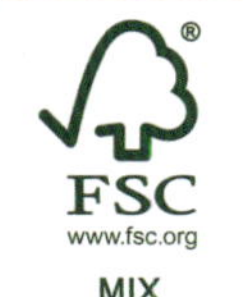


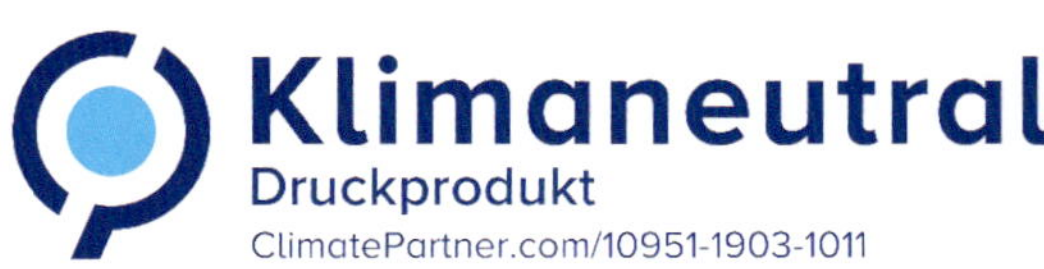


Dieses Buch ist im Buchhandel und in Outdoor-Läden erhältlich und kann im Internet oder direkt beim Verlag bestellt werden.

OutdoorHandbuch aus der Reihe „Regional", Band 396

ISBN 978-3-86686-520-4 1. Auflage 2019



Text und Fotos: Ingrid Retterath
Karten: Manuela Dastig und Rainer Wartenberg
Lektorat: Amrei Risse
Layout: Alexandra Sauerland

Gesamtherstellung: gutenberg beuys feindruckerei

Dieses OutdoorHandbuch wurde konzipiert und redaktionell erstellt vom:

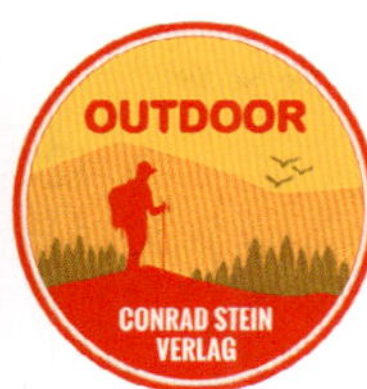


Conrad Stein Verlag GmbH, Kiefernstr. 6, 59514 Welver,
☏ 023 84/96 39 12, FAX 023 84/96 39 13,
info@conrad-stein-verlag.de,
www.conrad-stein-verlag.de

Besuchen Sie uns bei Facebook & Instagram:

 www.facebook.com/outdoorverlag

 www.instagram.com/outdoorverlag

Titelfoto: Barfußpfad zwischen dem Immerather Maar und Immerath (Tour 14)

# Inhalt

## Südeifel

# Wanderland Eifel

Die Eifel ist eines der beliebtesten Wandergebiete Deutschlands. Sie ist aus den städtischen Ballungsräumen des Rheinlandes schnell zu erreichen und bietet eine nahezu unüberschaubare Zahl an großartigen Wanderwegen mit unvergesslichen Naturerlebnissen und schönen Aussichtspunkten. Zahlreiche Rund-, Strecken- und Fernwanderwege führen durch die Eifel, nahezu jeder Eifelort ist so sehenswert, dass er einen eigenen Ausflug wert ist. Am liebsten hätte ich jede DeLux-Route, alle Traumpfade und -pfädchen, jeden Vulkaneifel-Pfad, all die vielen schönen örtlichen Wanderwege und natürlich jeden liebevoll gestalteten Themenpfad beschrieben.

Dieses Buch kann deshalb nur eine kleine Auswahl sein. Es enthält Wanderungen im Südteil der Eifel, die Grenze zum bereits erschienenen Band über den Nordteil der Eifel verläuft im Westen etwa auf der Landesgrenze zwischen Nordrhein-Westfalen und Rheinland-Pfalz, im Osten südlich des Ahrgebirges.

📖 **Eifel Nord – 24 Wanderungen** von Ingrid Retterath, Conrad Stein Verlag, Regional, ISBN 978-3-86686-427-6, € 12,90

Umfasst sind in diesem Band die folgenden Teilregionen: Zwischen Ahr, Rhein und Mosel liegt ganz im Osten der Eifel die (südliche) **Vordereifel**, sie bildet mit der **Hocheifel** im Zentrum der Eifel ein gemeinsames Wanderkapitel. Einheimische und Auswärtige lieben die Schönheit und den Abwechslungsreichtum der **Vulkaneifel** gleichermaßen. Die Landschaft mit ihren Felsen, Quellen und Maaren ist besonders vielfältig. Hier ist man der Erdgeschichte ganz nah und kann unendlich viel über Vulkanismus lernen, ohne sich belehrt zu fühlen. Auch die **Südeifel** kann sich sehen lassen, sie schließt sich westlich an die Vulkaneifel an und reicht bis an die Mosel. Ganz im Westen schließlich bietet der **Deutsch-Luxemburgische Naturpark** im Grenzland zu Luxemburg und Belgien hervorragende Bedingungen für Wanderfreunde.

Beliebt ist die Eifel bei Wanderern jedes Alters und jeder Leistungsstufe. Ich habe mich daher bemüht, für jeden Geschmack Vorschläge zu machen. So finden Sie nachfolgend eine Mischung aus anstrengenden Tageswanderungen, hundefreundlichen Halbtagestouren, spannenden Kinderwanderungen und buggytauglichen Strecken für junge Eltern. Sogar barrierefreie Streckenalternativen sind enthalten, die von naturliebenden Menschen sogar mit dem Rollator oder Rollstuhl bewältigt werden können. Ziemlich abgelegene und unmarkierte Wege werden ebenso beschritten wie seit Langem beliebte Fernwanderwege und neu angelegte Erlebniswege.

Neben der abwechslungsreichen Landschaft lockt auch die deftige Eifeler Küche. Die Tourenbeschreibungen umfassen daher neben der eigentlichen Wegbeschreibung auch Einkehrtipps, damit Sie sich während oder nach der Wanderung mit den unterschiedlichsten Köstlichkeiten stärken können. Alle Touren enthalten zudem Hinweise darauf, ob die Strecke auch für Kinder, Buggys und Hunde geeignet ist.

An dieser Stelle möchte ich Gerda, Aurelia, Nele und Cari Retterath, Silke Sohler, Maria Leiff, Armin und Anne-Kathrin Hofmann sowie unseren vierbeinigen Wanderfreunden Maxim (✝), Bathida und Lupina dankbar zuwinken. Ohne euch wären die Recherchewanderungen langweilig, anstrengend oder auch gar nicht möglich gewesen.

Allen Lesern wünsche ich genauso viel Freude beim Wandern und Entdecken der Eifel, wie wir bei den Recherchewanderungen hatten.

Ihre Ingrid Retterath

# Reise-Infos

## Anreise

Das Wandergebiet in der südlichen Eifel ist gut an Bundesautobahnen angebunden: Im Norden verläuft die A4 (Aachen–Köln), im Osten liegt die A61 (Köln–Koblenz). Die A1 führt von Köln bis Blankenheim und danach als B51 tief in die Eifel hinein. Von Süden nähert man sich über die A60 und B51 oder die A48/A1 an.

Auf der Eifelstrecke verbinden der Eifel-Mosel-Express (RE 12), der Eifel-Express (RE/RB 22) und die Eifel-Bahn (RB 24) Köln und Trier mit den südlichen Eifelorten Jünkerath, Gerolstein, Kyllburg, Bitburg, Speicher, Kordel, Ehrang und einigen weiteren Haltepunkten.

Die Moselstrecke führt von Koblenz über Treis-Karden, Cochem, Bullay und Wittlich nach Trier. Auf ihr verkehren RE 1, RE 11 und RB 81.
Fahrplanauskünfte erhalten Sie auf:

www.bahn.de.

# Standorte und Unterkünfte

Für Ihre Wanderungen bietet sich Ihnen eine große Auswahl an Unterkünften, die nur von Ihren Ansprüchen und finanziellen Möglichkeiten eingeschränkt wird. Von der urigen Jugendherberge in einer alten Burg über preiswerte Pensionen bis hin zu edlen Luxushotels ist alles vertreten. Zahlreiche Campingplätze und Wohnmobilstellplätze finden sich in dieser Region. Wer länger bleibt, wird die Unabhängigkeit in einer Ferienwohnung zu schätzen wissen.

Für einen Wanderurlaub in der Südeifel bieten sich wegen der guten Auswahl an Unterkünften und der Nähe zu beschriebenen Touren z. B. Mayen, Hillesheim, Gerolstein und Bollendorf an.

Für den deutschen Teil der Eifel erhalten Sie gute Informationen zu allen Unterkünften bei der

- Eifel Tourismus GmbH, Kalvarienbergstraße 1, 54595 Prüm, ☏ 065 51/96 56-0, www.eifel.info, info@eifel.info

Der luxemburgische Teil der Südeifel wird betreut von

- Visit Luxemburg, 6, Rue Antoine de Saint-Exupéry, L-1432 Luxembourg, ☏ +352/428 28 21, www.visitluxembourg.com/de, info@visitluxembourg.com

Über den belgischen Teil informiert die:

- Tourismusagentur Ostbelgien, Hauptstraße 54, B-4780 St. Vith, ☏ +32/80/22 76 64, www.ostbelgien.eu/de, www.eastbelgium.com, info@ostbelgien.eu

# Verkehrsmittel

Mit dem Bus lassen sich einige Startpunkte der Wanderungen gut, andere nur zu bestimmten Zeiten erreichen. Abgelegenere Ziele werden oft gar nicht oder nur vom Schulbus angefahren. Bitte beachten Sie, dass Taxibusse zu festen Zeiten nach Fahrplan, aber stets nur nach telefonischer Anmeldung verkehren (30-60 Min. vor der fahrplanmäßigen Abfahrt).

Informationen erhalten Sie bei folgenden Stellen:

- Verkehrsverbund Rhein-Mosel GmbH, ☏ 08 00/598 69 86, www.vrminfo.de, für die Kreise Ahrweiler, Cochem-Zell und Mayen-Koblenz
- Verkehrsverbund Region Trier, ☏ 018 06/13 16 19, vrt-info.de, für Trier und die Kreise Bitburg-Prüm, Bernkastel-Wittlich und Vulkaneifel

Ein paar Wege lassen sich auch mit dem Zug erreichen. Hinweise zu Bahnverbindungen finden Sie im Abschnitt ☞ „Anreise“.

# Klima und Reisezeit

Die Eifel ist durch ihre exponierte Lage der vom Atlantik kommenden Witterung wesentlich stärker ausgesetzt als viele andere Regionen Deutschlands. Insbesondere Rheinländer wundern sich über die schneereichen Winter und die kühlen Sommertage. Der Lehrer meiner Mutter, die in den 1930er-Jahren in der Mark Brandenburg zur Schule ging, erzählte seinen Schülern damals sogar, dass in der Eifel die Kirschen zwei Jahre brauchen, um reif zu werden!

Daher brauchen sich Wanderer nicht auf die üblichen beliebten Wanderzeiten im Frühjahr und Herbst zu beschränken. Selbst im Hochsommer ist das Wandern in der Eifel gut erträglich, nur selten ist es vollkommen windstill.

Einen ganz besonderen Reiz hat das Wandern im Winter. Wenn die Schneelage es zulässt, wird eine Winterwanderung zu einem unvergesslichen Erlebnis. Achten Sie aber bitte darauf, dass viele „Futterkrippen“ von November bis März geschlossen sind. Ein gut gefüllter Proviantrucksack mit heißem Tee sollte also gepackt werden. Am Skigebiet Schwarzer Mann wird sogar ein spezieller Winterwanderweg so präpariert, dass man beim Wandern nicht bis zum Kinn im Schnee versinkt.

☺ Eine Beschreibung dieses Winterwanderweges können Sie kostenlos von der Website des Verlages (💻 www.conrad-stein-verlag.de) herunterladen.

# Karten und GPS

Die topografischen Karten des Eifelvereins und der belgischen Ostkantone im Maßstab 1:25.000 sind gut zum Wandern geeignet. Für die Wanderungen in diesem Buch kommen folgende Blätter in Frage: 10 Das Brohltal, 11 Hocheifel, Nürburgring, Oberes Ahrtal, 12 Blankenheim, Oberes Ahrtal, 13 Rund um den Hochkelberg, 17 Prümer Land, 19 Vulkaneifel um Gerolstein, 20 Daun: Rund um die Kraterseen, 21 Ferienland der Thermen und Maare, 25 Kyllburger Waldeifel, 26 Arzfeld, Stausee Bitburg, 27 Neuerburg, Vianden, 28 Irrel, Echternach, 29 Trier, Trier-Land, 32 Osteifel mit Laacher-See-Gebiet, 33 Manderscheid, 34 Maifeld und Untermosel (alle Eifelverein), G Das obere Ourtal (belgische Ostkantone).

Diese Karten sind in Buchhandlungen, Touristeninformationen und Ausflugszielen vor Ort erhältlich und können über den Buchhandel oder beim Eifelverein bestellt werden.

Wenn Ihnen ein Maßstab von 1:50.000 ausreicht, ist auch das KOMPASS-Kartenset „Eifel“ (ISBN 978-3-99044-543-3) eine gute Alternative.

☺ Die Kartenempfehlungen wurden von der Geobuchhandlung Kiel überprüft. 💻 www.geobuchhandlung.de

☺ Einige der in diesem Führer beschriebenen Wanderwege laufen durch mehr oder weniger flaches Gelände ohne nennenswerte Höhenunterschiede. In diesen Fällen wurde auf die Darstellung eines Höhenprofils verzichtet.

Die GPS-Tracks zu den beschriebenen Wegen können Sie von der Internetseite des Verlags herunterladen, 💻 www.conrad-stein-verlag.de

📖 **GPS** *Grundlagen · Tourenplanung · Navigation* von Michael Hennemann, Conrad Stein Verlag, Basiswissen für draußen, ISBN 978-3-86686-495-5, € 9,90

# Wanderinfrastruktur

Der Eifelverein e. V. sorgt für ein gut ausgebautes, liebevoll markiertes und regelmäßig gepflegtes Wegenetz in der gesamten Eifel.

✋ Ab 2019 beginnt eine große Neustrukturierung aller Eifelvereinswege. Die alten Nummernwege werden durch 94 Eifelschleifen (Rundwanderwege) und 18 Eifelspuren (Themenwege) ersetzt. Es ist damit zu rechnen, dass einige der bei meiner Recherche noch vorhandenen Wegmarkierungen bei Ihrer Wanderung nicht mehr zu finden sind.

An vielen Wanderparkplätzen sind Hinweistafeln zu den örtlichen Rundwanderwegen zu finden. In den Teilregionen gibt es jeweils **Serien** von gut markierten Wanderwegen: Rund um den Eifelsteig finden Sie im Norden die Eifelsteig-Partnerwege, in der Mitte die Vulkaneifel-Pfade und ganz im Süden die Erlebnisschleifen. In der Vorder- und Hocheifel gibt es die Traumpfade und Traumpfädchen. Im Grenzgebiet Belgiens wurden Genusstouren markiert. Ganz im Südwesten liegen die NaturWanderPark-delux-Touren des Deutsch-Luxemburgischen Naturparks. Einige Mehrtagestouren wie der Lieserpfad und die Eifelleiter runden die Auswahl an guten Wanderwegen ab.

Zahlreiche Fernwanderwege, die von den beschriebenen Touren berührt werden, führen durch dieses Mittelgebirge. Mit meinen Tourenvorschlägen biete ich Ihnen quasi Appetithäppchen für eine längere Wanderreise in die Eifel an:

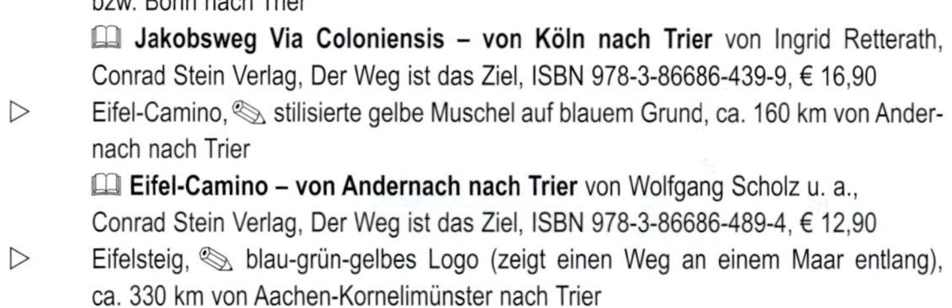

- ▷ Via Coloniensis, ✎ stilisierte gelbe Muschel auf blauem Grund, ca. 240 km von Köln bzw. Bonn nach Trier

  🕮 **Jakobsweg Via Coloniensis – von Köln nach Trier** von Ingrid Retterath, Conrad Stein Verlag, Der Weg ist das Ziel, ISBN 978-3-86686-439-9, € 16,90
- ▷ Eifel-Camino, ✎ stilisierte gelbe Muschel auf blauem Grund, ca. 160 km von Andernach nach Trier

  🕮 **Eifel-Camino – von Andernach nach Trier** von Wolfgang Scholz u. a., Conrad Stein Verlag, Der Weg ist das Ziel, ISBN 978-3-86686-489-4, € 12,90
- ▷ Eifelsteig, ✎ blau-grün-gelbes Logo (zeigt einen Weg an einem Maar entlang), ca. 330 km von Aachen-Kornelimünster nach Trier

  🕮 **Deutschland: Eifelsteig** von Ingrid Retterath, Conrad Stein Verlag, Der Weg ist das Ziel, ISBN 978-3-86686-310-1, € 16,90
- ▷ Moselsteig (streift die Eifel im Süden), ✎ fünf gelbe, gestapelte Schieferplatten, 365 km von Koblenz über Trier nach Perl

## Wandern mit Kindern

Die Eifel ist ein typisches Mittelgebirge mit ganz unterschiedlichen Wegstrukturen. Manche Touren führen durch steiles und felsiges Gelände, sind also eher für ältere und trittsichere Kinder geeignet. Ich habe für Familien mit größeren Kindern einige spannende Strecken mit vielen Naturerlebnissen oder Geocaches ausgesucht. Familien mit kleinen Kindern finden zahlreiche kurze Strecken, die oft sogar für Buggys geeignet sind.

Meine inzwischen siebenjährige Tochter Aurelia und ihre dreijährigen Schwestern Nele und Cari haben mich auf einigen der vorgestellten Strecken begleitet. Anfangs saßen sie meist in gemütlichen Tragen (Bondolino, Milamai, Buzzidil) vor meinem Bauch und auf meinem Rücken. Bevor sie auch komplette Strecken allein liefen, zogen wir mit einem geländegängigen Buggy oder Jogger durch Wald und Feld. Wichtig bei der Auswahl des Gefährtes sind eine gute Federung und große Räder, bei Buggys sind es vorne zwei Räder, bei Joggern nur ein großes Rad. Achten Sie auf eine gut funktionierende Handbremse, um bei einem Fotostopp oder einer Rast auch bei Steigungs- und Gefällestücken sicher parken zu können.

## Wandern mit Hunden

Die Eifel ist ein ideales Wandergebiet für vierbeinige Wanderpartner. Unsere beiden Neufundländer liebten es, mit ihrem Rudel unterwegs zu sein, schnüffelnd durch das raschelnde Buchenlaub zu laufen, an jedem Bach zu saufen und sich in jedem Tümpel und jeder Pfütze zu suhlen.

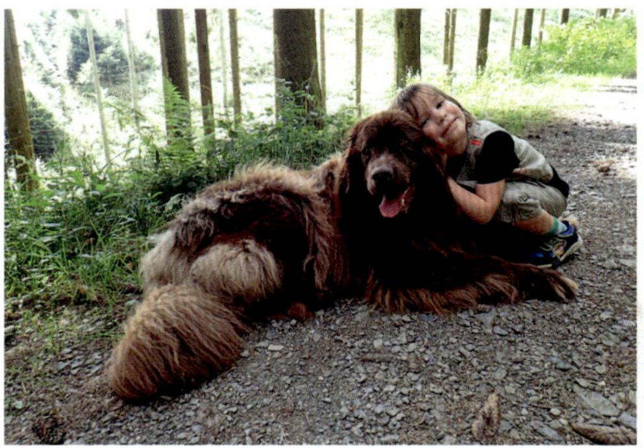
*Kuschelpause*

Bitte überfordern Sie Ihren Hund bei der Auswahl der Strecke nicht, besonders an heißen Sommertagen. Durch seine Abstecher rechts und links des Weges läuft er ja viel längere Strecken als Sie. Mitnehmen sollten Sie ein Hundehandtuch, wenn Sie nach einem Badeausflug des Hundes oder an einem Regentag in einer Gaststätte einkehren wollen. Natürlich nimmt ein verantwortungsvoller Hundehalter die Hinterlassenschaften seines Hundes mit, wenn dieser sich mitten auf dem Wanderweg, in einer Ortschaft oder auf einem Feld erleichtert hat, auf dem Nahrungsmittel produziert werden. Beachten Sie bitte, dass in Naturschutzgebieten Leinenpflicht für Hunde besteht.

# Updates

Der Conrad Stein Verlag veröffentlicht Updates zu diesem Wanderführer, die direkt von der Autorin oder von Lesern des Buches stammen. Sie finden sie auf der Internetseite des Verlags (💻 www.conrad-stein-verlag.de), wenn Sie dort diesen Buchtitel aufrufen. Der rechts abgebildete QR-Code führt Sie direkt zur richtigen Seite.

# Hocheifel und Vordereifel

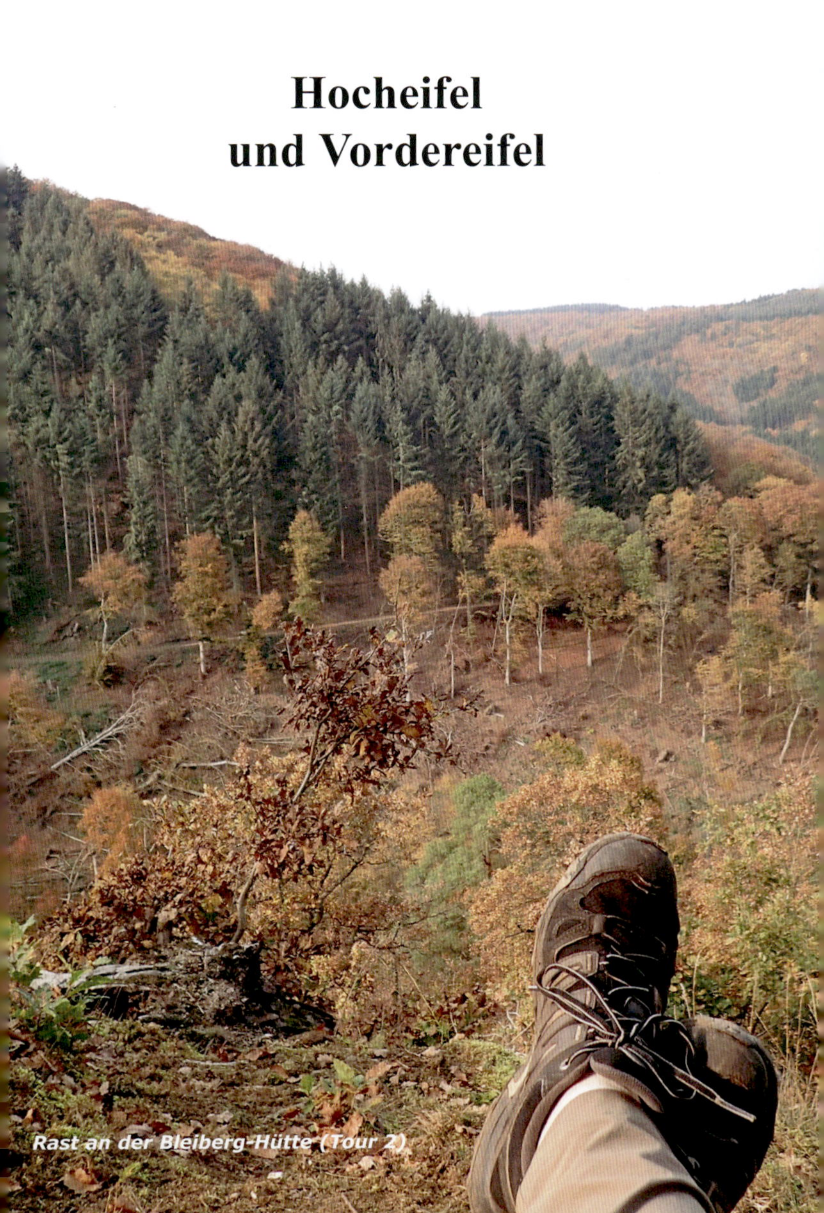

Rast an der Bleiberg-Hütte (Tour 2)

# 1 Aussichten rund um den Laacher See

*Tour für trittsichere Fernblickgenießer*

*Eine Wanderung um den Laacher See ist quasi Pflichtprogramm für jeden Eifelurlauber. Der Klassiker ist der Uferweg, hier tummeln sich Jogger, Familien, Hundespaziergänger und Wanderer. Wesentlich ruhiger, schattiger und abwechslungsreicher wandern Sie auf den zahlreichen Höhenwegen. Diese führen zu schönen Aussichtspunkten mit Blick auf den Laacher See und den Krufter Waldsee.*

Start/Ziel: Wanderparkplatz Waldfrieden südlich von Wassenach, GPS N 50°25.545' E 007°16.471'

18,1 km

6 Std. 30 Min.

494 m/494 m

288-437 m

keine durchgängige Wegmarkierung, zum Teil nummerierte örtliche Wanderwege, Naturfreundeweg (N) und Traumpfad Pellenzer Seepfad

Pfade, Waldwege und Wirtschaftswege, eher schattig

Einkehrmöglichkeiten am Start/Ziel und in Maria Laach (km 5)

Sitzbänke an allen Aussichtspunkten und vielen anderen Stellen, Rastplätze (km 4,8 am Hofladen auf dem Klosterparkplatz, km 7,2 und km 16,7), Witterungsschutz im Lydiaturm (km 0,2), auf dem Klostergelände (km 5) und in Schutzhütten (km 5,1, km 10,7 und km 16,7)

Einkaufsmöglichkeit im Hofladen auf dem Klosterparkplatz (km 4,8)

Tradis: GC5WYYR Der Lydiaturm, GC829VA Zur Erinnerung an ... (01), GC6TA9M Das Ofenrohr, GC13PHN Teufelsblick; Earthcaches: GC2ZEDG Nutzung unseres vulkanischen Erbes, GC25N7Q Laacher See: Rötlicher Tuffbruch; außerdem zahlreiche Multis und Mysterys

Für ungeübte und jüngere Kinder ist die Strecke zu lang, ältere Kinder müssen trittsicher und schwindelfrei sein.

Der Weg ist nicht buggytauglich. Mit einem normalen Buggy lässt sich der 8 km lange Seerandweg laufen. Mit robusten Buggys und kräftigen Buggyschiebern kommen Sie auf dem 14 km langen Naturfreundeweg zurecht, der den See auf Höhenwegen umrundet.

Bitte Wasser mitnehmen. Der Weg führt durch das Naturschutzgebiet Laacher See, sodass Hunde leider angeleint wandern müssen.

Bushaltestelle „Waldfrieden/Laacher See“, Bus 310 von/nach Andernach, Mo bis Sa 3x

P Wanderparkplatz Waldfrieden und einige andere Wanderparkplätze

Der alpine Abstieg an der Teufelskanzel ist an Regentagen unfallträchtig. Eine Umleitung ist vor Ort markiert.

Zwischen Lydiaturm ❶ und Kloster ❷ verläuft der Weg zum Teil auf schmalen Pfaden. Wenn im Sommer alles wächst und sprießt, sind hier lange Hosen ratsam (oder Sie weichen an der L115 auf den Naturfreundeweg aus).

Der Weg lässt sich hinter der Lavagrube (km 9) um 4,4 km abkürzen.

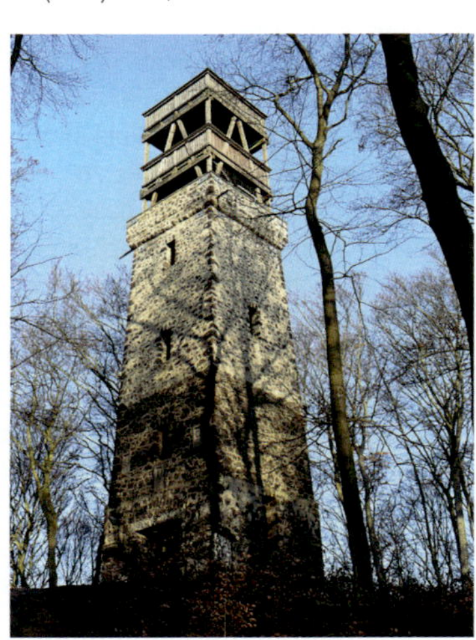

*Der Lydiaturm*

Auf dem Wanderparkplatz Waldfrieden wenden Sie sich dem gleichnamigen Gasthaus zu, überqueren die L113 und laufen hinter dem **Haus Waldfrieden** links die Zufahrt (N) zum Wirtschaftshof hinauf. In deren Verlängerung führt ein breiter Waldweg zu einer Kreuzung am **Lydiaturm** ❶. Benannt ist er nach Lydia Andreae, der Ehefrau des Eifelverein-Mitbegründers Dr. Hans Andreae. Der bis in 16 m Höhe gemauerte Turm entstand 1927, nachdem der hölzerne Vorgänger baufällig geworden war. 1986 wurde er um weitere 7 m erhöht, um über die Baumkronen zu kommen. Der Abstecher (➲ 50 m) und die 132 Stufen werden mit einem fantastischen Panoramablick über das gesamte Laacher-See-Gebiet, hinüber nach Wassenach und an klaren Tagen bis ins Rheintal und zum Siebengebirge belohnt.

Wieder zurück an der Kreuzung unterhalb des Turms laufen Sie in alter Laufrichtung links bergab (N). An der T-Kreuzung kurz vor der L113 gehen Sie nach rechts (1) auf dem Waldweg zur Gabelung am Rettungspunkt 5509-319 und dort links (N, 1) leicht bergab. Auf dem nächsten Kilometer laufen Sie auf einem Höhenweg. Hier haben Sie im Winter immer einen Blick zwischen den Bäumen hindurch auf den Laacher See.

## Doppelt gemoppelt

Sprachwissenschaftler stöhnen oder schmunzeln, wenn sie „Laacher See“ hören. Denn sie wissen, dass es eine unnötige Doppelung wie „kaltes Eis“ oder „tote Leiche“ ist. Denn der lateinische Begriff für See war *lacus*. Hieraus entwickelten sich das englische *lake* und das französische *lac* – und auch das althochdeutsche *lache*, das sich mit zwei *a* im Namen des Sees wiederfindet.

Sie kommen zum Rettungspunkt 5509-310. Folgen Sie hier der L115 geradeaus für etwa 50 m zu einem kleinen Platz, an dem Sie links abbiegen und dem Weg hinter der Schranke bergab folgen. Weitere schöne Blicke hinab zum See eröffnen sich. Der Weg führt aus dem Wald heraus und am Waldrand entlang. Am Ende des Ackers (Rettungspunkt 5509-312) laufen Sie geradeaus weiter, zunächst bergauf, dann hinab zu einer Einmündung von rechts, an der Sie Ihren Weg nach halb links fortsetzen.

Nun ist der Weg nur noch pfadbreit, schwenkt nach rechts und führt oberhalb der Seeuferstraße L113 entlang zu einem Waldweg. Diesem folgen Sie nach links bis zu einer Schranke. Direkt dahinter, noch vor der Straße, gehen Sie geradeaus auf dem **Naturpfad** weiter. Nach etwa 300 m führen einige Stufen hinab zum Ortseingangsschild von Maria Laach. Sie laufen hier rechts auf dem geschotterten Weg neben der Straße auf den Gebäudekomplex rund um die Abtei zu und kommen an den Abgang zur Unterführung. Hier gehen Sie rechts am 🛏 ✕ Seehotel und der ✕ Klostergaststätte entlang und biegen vor der Buch- und Kunsthandlung links ab. An dem künstlerisch gestalteten Engel geht es später halb rechts bergauf weiter, aber zunächst wollen Sie sicherlich geradeaus zur **Abtei Maria Laach ❷** gehen.

🛏 ✕ Seehotel Maria Laach, Am Laacher See, 56653 Maria Laach, ☎ 026 52/584-0, 💻 seehotel-maria-laach.de, 🚪 Mo bis Fr 6:30 bis 10:00, Sa und So 7:00 bis 11:00, täglich 12:00 bis 14:00/14:30 und 17:00/18:00 bis 21:30

✕ Klostergaststätte Maria Laach, 56653 Maria Laach, ☎ 026 52/584-506, 💻 www.maria-laach.de/klostergaststaette, 🚪 täglich 12:00 bis 14:00

Ihren Proviant können Sie im Hofladen auf dem Klosterparkplatz auffüllen. In der Buch- und Kunsthandlung finden Sie ausgesucht schöne Literatur und Geschenke. Bei Anreise mit dem Auto ist auch ein Besuch in der Klostergärtnerei lohnenswert.

✝ Benediktinerabtei Maria Laach. Das Kloster wurde 1093 gegründet. Schauen Sie sich die Fassade etwas genauer an. Sehen Sie den Übergang zwischen dem roten und dem weißen Tuff? Genau hier gab es eine Bauunterbrechung (1099-1127), als der Stifter des Klosters, der Pfalzgraf Heinrich II., verstarb. Die

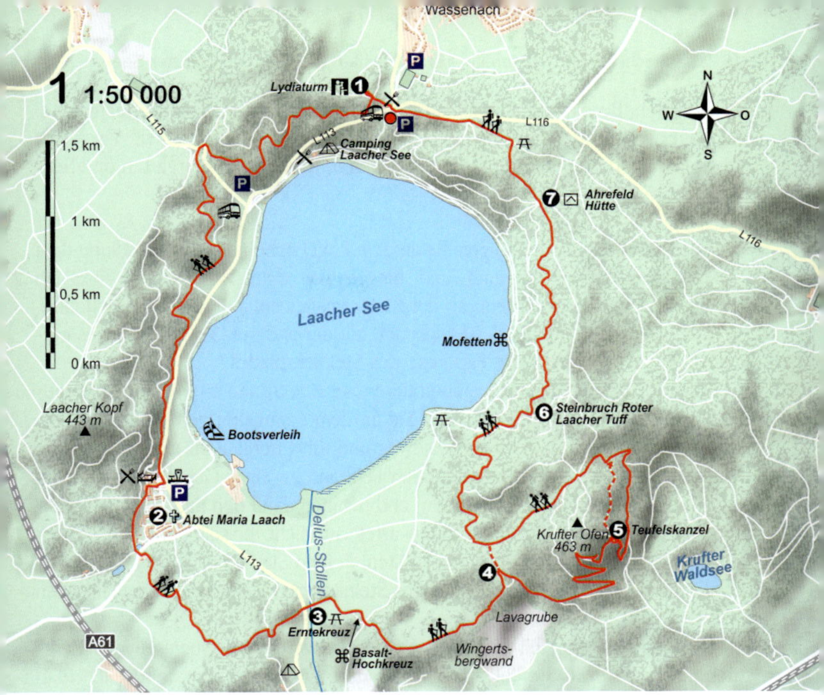

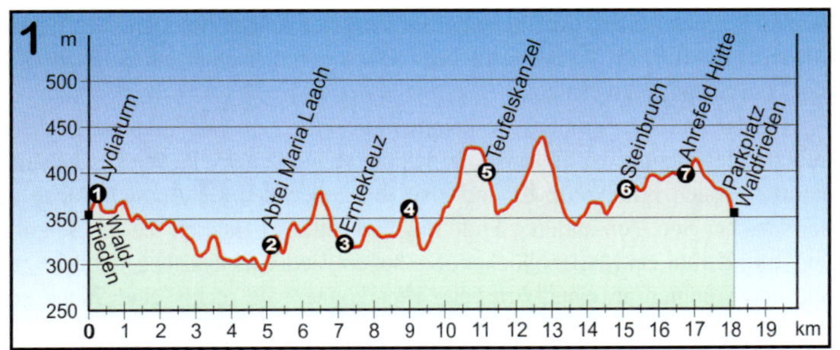


Basilika wurde 1156 geweiht, die weiteren Arbeiten an Altarraum, Chor und Flankentürmen zogen sich noch bis ins Jahr 1216. 1802 wurde das Kloster säkularisiert und 1855 bei einem Brand stark beschädigt. Nach dem Wiederaufbau zogen 1892 wieder Benediktinermönche ein, die nach dem Wahlspruch *Ora et labora* (Bete und arbeite!) fleißig und talentiert in den verschiedenen Klosterbetrieben tätig sind. Ordensleute und Laien arbeiten gemeinsam in den vielfältigsten Bereichen: Kunst- und Buchhandlung, Kunst- und Buchverlag, Bildhauerwerkstatt, Glockengießerei, Kunstschmiede, Schreinerei, Fischerei, Obstplantage, Gärtnerei, Klostergut, Hofladen, Restaurant, Biergarten und Seehotel.

Nach der Besichtigung folgen Sie an dem Engel neben der Buchhandlung dem Schild „Wanderwege" bergauf und biegen vor dem **Waldfriedhof** links ab (N, Jakobsweg). Sie laufen nun an der Klostermauer entlang. Das liest sich langweiliger, als es ist, denn an der Mauer und auf der anderen Seite des Weges entdecken Sie viele interessante Exponate des **Steinlehrpfades**.

Am Ende des Abteigeländes überqueren Sie eine Straße und gehen geradeaus zu einer Hauseinfahrt. Dieser folgen Sie an dem dazugehörigen Wohnhaus entlang, die Einfahrt wird zu einem Waldweg und führt bergauf an einem Hügel mit Kiefern entlang, dann wieder bergab am Feldrand zu einer Gabelung. Sie laufen dort nach rechts zu einer T-Kreuzung und nehmen dann den nach rechts führenden Wirtschaftsweg. Er endet unerwartet an nicht beiseitegeräumten (oder absichtlich als Barriere eingesetzten) Ästen. Folgen Sie dem schmalen Weg nach links in den Wald. Sie passieren ein altes **Steinkreuz** zwischen zwei ebenfalls alten Eichen.

Dahinter geht es steil hinauf zu einem Grenzstein auf einem kleinen **Bergrücken**. Dort biegen Sie links ab und wandern auf einem zum Teil steilen Pfad hinab zu einem Waldweg. Folgen Sie diesem nach rechts bis zu der Kreuzung mit dem Heiligenhäuschen, dort nehmen Sie den nach links führenden Weg (N) zur Vulkanstraße (L113). ✋ Vorsicht beim Überqueren, manch ein Autofahrer ist hier vom Seeblick abgelenkt.

Auf der anderen Straßenseite kommen Sie zu einem 🅿 Parkplatz mit einer Infotafel der Deutschen Vulkanstraße, einem steinernen Picknicktisch, einem eindrucksvollen **Erntekreuz** ❸ und einer bezaubernden Aussicht hinab auf den Laacher See. Am anderen Ende des Parkplatzes passieren Sie die Schranke und kurz darauf ein Marienbildchen. Sie haben wieder fantastische Talblicke zum See und kommen an einen Abzweig. Hier können Sie rechts eine Stiege zum **Basalthochkreuz** hinaufsteigen, diese ist bei Regen oder Minusgraden aber nicht ungefährlich.

Hinter einem Rechtsbogen kommen Sie an eine Kreuzung, hier kommt von rechts die Stiege wieder herab. Sie nehmen den geradeaus und bergauf führenden Weg. Er führt auf etwa 1,2 km Länge oberhalb der **Lavagruben** durch einen Wald, an einem Feldrand entlang und wieder durch das Waldgebiet. An einem Zaun des Lavabruchs knickt der Weg nach links und führt nach wenigen Metern nach rechts, zusammen mit einem Reitweg. Er endet an einem Forstweg ❹.

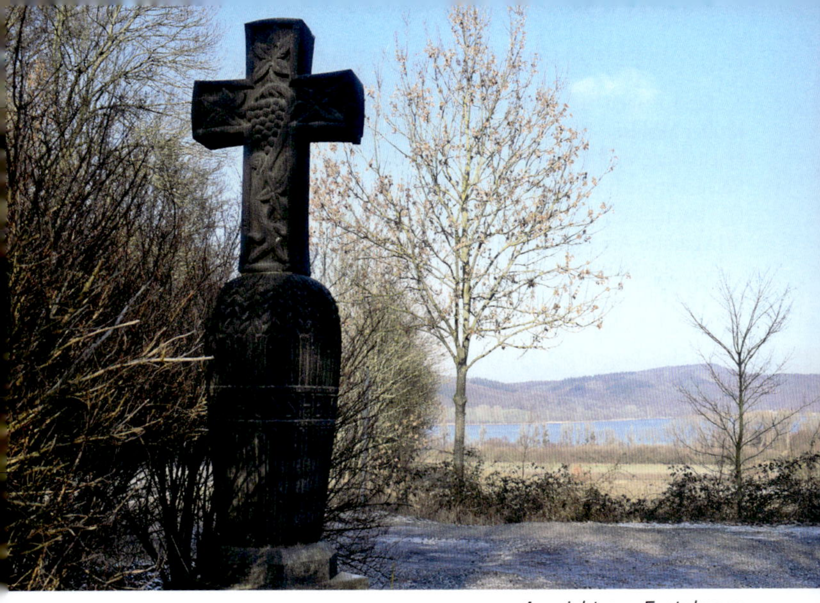

*Aussicht am Erntekreuz*

↳ Hier besteht die Möglichkeit, den Weg um etwa 4,4 km abzukürzen, indem Sie links abbiegen.

Für die lange Strecke biegen Sie rechts ab. An der nächsten Wegkreuzung geht es geradeaus und bergab. Hinter der Rastbank am Rettungspunkt 5609-618 wandern Sie nach links bergauf, nach etwa 100 m bleiben Sie geradeaus auf dem breiten Forstweg und folgen dann einer Spitzkehre nach links. Nach etwa 250 m treffen Sie auf den Traumpfad **Pellenzer Seepfad**, dessen orange-weißen Markierungen Sie nun bis hinter die Teufelskanzel folgen können, indem Sie rechts abbiegen.

## Traumpfade

Im Rhein-Mosel-Eifel-Land wurden bislang 26 Rundwanderwege mit Premiumqualität angelegt, die unverlaufbar ausgeschildert sind und durch die schönsten Landschaften von Eifel, Rhein und Mosel führen. Sie sind zwischen 6,6 und 18,6 km lang. Später kamen noch zehn Traumpfädchen hinzu, die kurz und knackig auf 3 bis 7 km Länge ebenfalls zu wunderschönen Aussichten und durch einmalige Landschaften führen. Die ☞ Tour 2 in diesem Buch ist eines der Traumpfädchen, die ☞ Tour 6 führt auf einem der Traumpfade zur Burg Eltz.

Sie kommen zu einer Bank, an der Sie einen schönen Ausblick auf den **Krufter Waldsee** haben. Hier folgen Sie der Serpentine nach links, kommen zu einem weiteren Aussichtspunkt mit Bank und folgen dort dem Weg durch eine Rechtskurve. Nach etwa 80 m biegen Sie scharf rechts Richtung „Kruft" ab (1, Traumpfad). An der kommenden Gabelung gehen Sie links hinauf zur Schutzhütte Am Krufter Ofen.

Von der Hütte führt ein Pfad bergab Richtung Waldsee zum anderen Weg der letzten Gabelung, dem Sie nach links folgen. Er führt an einer weiteren Aussichtsbank vorbei zur **Teufelskanzel ❺**, einem auffälligen Felsen auf dem Krufter Ofen. Hier biegen Sie nach rechts ab und können von dem Aussichtspunkt erneut auf den Krufter Waldsee, auf den Ort Kruft, in die Pellenz und bis weit ins Neuwieder Becken im Rheintal blicken. An dem Aussichtspunkt folgen Sie nun dem steilen, fast alpinen Pfad bergab.

Bei Regen, Eisglätte und schwachen Knien folgen Sie lieber an der Teufelskanzel dem ausgeschilderten Alternativweg des Traumpfades.

Der steile Pfad führt an den Fuß der Felskanzel, an einigen weiteren Felsen entlang und in kleinen Bögen weiter abwärts, zum Teil mit Geländer gesichert. Am Ende des Steilstücks macht der Pfad eine Linkskurve zu einem Forstweg. Hier verlassen Sie den Traumpfad und gehen links bergauf. An der Wegkreuzung bleiben Sie zunächst geradeaus auf dem Forstweg, um dann etwa 100 m weiter an einer Rastbank scharf nach links abzubiegen.

Der Forstweg führt zu einer T-Kreuzung, an der von links der Alternativweg kommt. Dort gehen Sie rechts (1) durch den Hohlweg hinauf zur Wegkreuzung Jägereiche (Rettungspunkt 5509-328). Hier geht es halb links (N) bergab. An der Kreuzung mit dem Traumpfad bleiben Sie auf dem geradeaus weiterführenden Teerweg, der schon bald wieder ungeteert durch den Wald führt. Im Winter kann es Ihnen hier selbst an Wochenenden passieren, dass eine Wildschweinrotte Ihren Weg kreuzt.

Sie wandern weiter zur nächsten Kreuzung (Rettungspunkt 5509-327, hier kommt der Abkürzungsweg von links) und auch dort noch geradeaus. Erst nach weiteren etwa 100 m biegen Sie rechts in den Höhenweg (N, 1) ein.

Alternativ laufen Sie geradeaus bis zum See und auf dem Seeuferweg weiter, wenn Sie sich den Laacher See gerne aus der Nähe anschauen wollen. In diesem Fall werden Ihnen einige **Mofetten** auffallen, aus denen Gasbläschen austreten, die auf den vulkanischen Ursprung des Sees hinweisen.

## Vulkan Laacher See

Unter dem Laacher See schlummert ein Vulkan. Seit seinem letzten großen Ausbruch sind keine 13.000 Jahre vergangen. Geologen, die gerne in Jahrmillionen rechnen, sprechen in diesem Zusammenhang mitunter von „kürzlich". Bislang ging man dennoch davon aus, dass ein Vulkan erloschen ist, wenn sein letzter Ausbruch mehr als 10.000 Jahre zurückliegt. Wer beim Anblick der Mofetten trotzdem ein kribbeliges Gefühl hat, kann sich von den neuesten Forschungsergebnissen bestätigt fühlen: Zumindest für den Laacher See scheint die 10.000-Jahre-Regel nicht zu gelten, denn Forscher haben Anfang 2019 erkannt, dass sich seine Magmakammer wieder mit geschmolzenem Gestein füllt. Seit 2014 werden immer wieder Mikro-Erdbeben gemessen, die – zusammen mit den aufsteigenden Gasen – auf ein aktives magmatisches System hinweisen. Sie können diese Tour dennoch unbesorgt laufen, denn bis es zu einem erneuten Ausbruch kommt, können noch Tausende von Jahren vergehen. Die Messergebnisse sind sicherlich in erster Linie auf besonders feinfühlige Messgeräte zurückzuführen.

Vom Seerand folgen Sie den Wegweisern zurück zum Waldfrieden, kommen also erst kurz vor dem Ziel wieder zurück auf den in der Karte eingetragenen Höhenweg.

Auf dem Höhenweg geht es an der nächsten Gabelung links (N) zum **Steinbruch Roter Laacher Tuff ❻**. Hier wurde der rote Tuffstein abgebaut, der Ihnen vielleicht schon in der unteren Hälfte der Fassade der Klosterkirche aufgefallen ist. Erst nach einem Baustopp wurde dort der weiße Tuff aus Weibern verwendet.

Am Steinbruch folgen Sie dem Höhenweg nach links und erreichen nach etwa 1,5 km an einer T-Kreuzung den sogenannten „Oberen Weg". Diesem folgen Sie nach links zur **Ahrefeld-Hütte ❼** (Rettungspunkt 5509-331). Hier gehen Sie geradeaus auf dem Waldweg über die Kuppe und kommen zu einer Kreuzung mit Stehtischen, einer Bank und einem „Großen Hessischen Vogelfutterhaus". Dort nehmen Sie den hinteren der beiden nach links führenden Wege (Jakobsweg). Er überquert einen **P** Wanderparkplatz und führt auf einem Höhenweg zurück zum Startpunkt.

Vulkan Waldfrieden, Am Laacher See, 56653 Wassenach, ☏ 026 36/809 60, www.vulkan-waldfrieden.de, täglich 11:00 bis 22:00, Jan bis März Mo, Di Ruhetag, gute Eifelküche, Wild aus den umliegenden Wäldern, fangfrische Laacher Felchen aus der Klosterfischerei. Besonders schön ist ein Ausklang der Wanderung auf der Sonnenterrasse.

# ❷ Traumpfädchen Eifeltraum

*Tour für Sonntagsspaziergänger*

*Dichter Buchenwald, urige Eichen, schlanke Kiefern und offene Felder lockern diese Waldrunde auf. Trotz der Kürze der Strecke sollten Sie Proviant einpacken, denn die Aussicht vom Rastplatz an der Bleiberg-Hütte ist wirklich eine Rast wert.*

Start/Ziel: Parkplatz Rhododendron an der B258 westlich von Mayen-Kürrenberg, GPS N 50°20.090' E 007°08.910'

5,4 km

2 Std.

118 m/118 m

405-512 m

Markierungen als Rollstuhlweg Kürrenberg (Rollstuhl) und als Traumpfädchen (stilisierter weißer Pfad auf hellblauem Grund)

breite Waldwege, eher schattig

Rucksackverpflegung, keine Einkehrmöglichkeit am Weg

einige Sitzbänke, außerdem ein Picknicktisch (km 0), Schutzhütten (km 0,6 und km 2,3) und Ruheliegen (km 2,3 und km 4,6)

WC behindertengerechte mobile WC-Kabine (km 0)

Packen Sie ein Handtuch für das Kneippbecken ein (km 3,4)

Der Multicache GC7R0N1 Eifeltraum führt auf etwa 8 km Länge zu allen schönen Punkten von Traumpfädchen und Rollstuhlweg.

Kinder werden je nach gewählter Strecke beim Verrottungsrätsel gefordert oder haben im Kneippbecken ihren Spaß.

Das Traumpfädchen ( ) ist gut geeignet für Familien, die für die steilen Abschnitte einen kräftigen Schieber haben. Der als Alternative beschriebene barrierefreie Weg ( ) umfasst so geringe Steigungen, dass jedermann mit Buggy, Laufrad und/oder Rollstuhl darauf zurechtkommt.

Es ist keine Leine nötig, gefährliche Straßen sind weit genug entfernt.

Bushaltestelle „Mayen-Kürrenberg, Laachstraße“, Bus 343/344 von Mayen, Mo bis Fr 5x

Wanderparkplatz Rhododendron und in der Laachstraße in Kürrenberg

Als Variante für Rollstuhlfahrer bietet sich der Rollstuhlwanderweg an (3,3 km, ↑↓ 33 m, Beschreibung ☞ unten). Er ist gut markiert, und zwar mit Rollstuhlsymbolen.

## Traumpfädchen

Wem die Traumpfade zu lang sind, der wählt ein Traumpfädchen. Diese Wege sind genauso schön, nur kürzer. Denn das „-chen" bezieht sich auf die Länge der Strecke, nicht etwa auf die Breite des Weges. Ein Spaziergang ist diese Runde dennoch nicht. Am Ende werden alle das Gefühl haben, von einer Wanderung zurückzukommen.

Am Ende des Parkplatzes Rhododendron ⛼ laufen Sie an dem Findling geradeaus (6, 7, 8, ♿) und passieren auf dem parallel zur B258 verlaufenden Weg einige Sitzbänke. Hinter der dritten Sitzbank trennen sich die Wege: Der Rollstuhlweg verläuft weiter geradeaus, das Traumpfädchen führt nach rechts zur ⌂ **Reinig-Hütte ❶**.

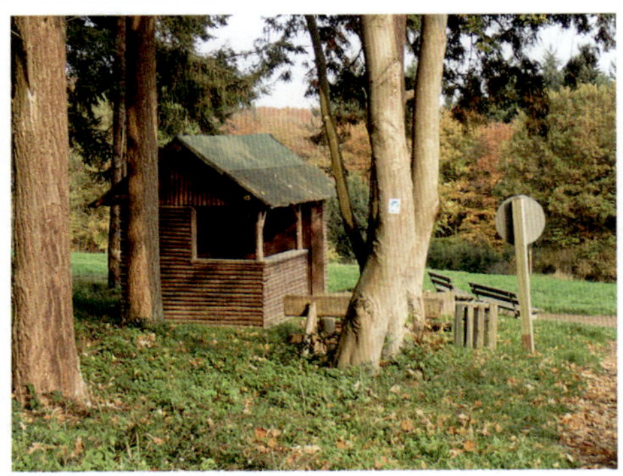

*Die Reinig-Hütte*

↳ Um dem Rollstuhlweg zu folgen, bleiben Sie hinter dem **P** Parkplatz Rhododendron immer geradeaus auf dem Waldweg parallel zur B258. Er passiert nach etwa 1 km ein Hügelgrab aus der Latènezeit und trifft auf einen Teerweg, dem Sie nach rechts zum Waldparkplatz folgen. Dort finden Sie eine Schutzhütte und ein Verrottungsrätsel: Schauen Sie sich das abgegrenzte Feld mit ausgewähltem Müll an. Können Sie einschätzen, wie lange Getränkedosen oder Batterien benötigen, bis sie verwittert sind?

Der erste nach rechts abgehende Weg führt nun zurück, dabei passieren Sie die Reinig-Hütte. Etwa 50 m vor den ersten Häusern des Dorfes laufen Sie rechts zu einem Holzlager und von dort rechts zurück zum Startpunkt.

Hier laufen Sie links dem Rollstuhlwanderweg entgegen und nach 20 m über die Wiese rechts bergab. Nun wandern Sie links am Waldrand entlang, nach etwa 50 m führt der Weg rechts bergab durch den Hochwald, einen schönen Mischwald aus Buchen und Fichten. Der Weg trifft auf einen Forstweg, diesem folgen Sie nach halb rechts bis zu einer T-Kreuzung mit Bank. Hier orientieren Sie sich an den nach rechts zeigenden Wegweisern zur Bleiberg-Hütte.

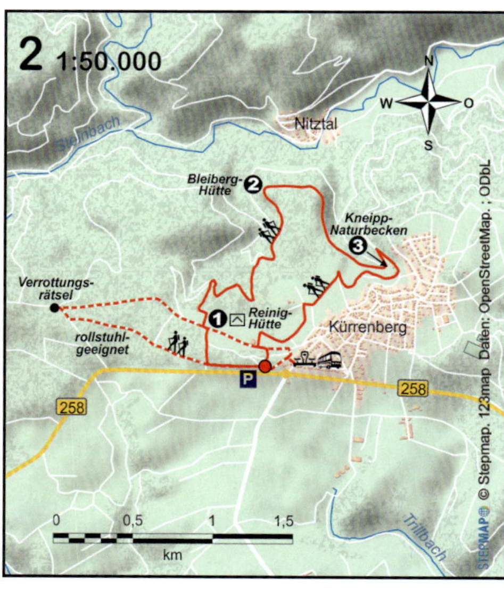


An der nächsten Kreuzung gehen Sie rechts weiter Richtung Bleiberg-Hütte. Der Weg führt in Bögen durch den dichten Wald und quert einige Kerbtäler. Nach etwa 500 m nehmen Sie an einer Bank den zweiten Weg nach links, er führt wieder leicht bergauf. Der Wald lichtet sich. Niedrig gewachsene Eichen, duftender Ginster und hohe Kiefern lassen ahnen, warum dieser Weg Eifeltraum genant wurde. Besonders gut lässt es sich auf der Ruheliege an der **Bleiberg-Hütte ❷** träumen, die Sie nun erreichen. Hier haben Sie einen weiten Blick hinab ins Nitztal.

Keine 100 m weiter lädt eine Sitzbank mit Aussicht auf den Ort Nitztal zu einer weiteren kleinen Rast ein. Hier erfahren Sie auf einer Infotafel Einzelheiten zum Bleiberg mit seinen Johanna-Stollen (270 m lang) und einem namenlosen Stollen (210 m lang). Von 1402 bis 1914 wurden hier Bleierze, Kupferkies, Quarz, Siderit, Chalkopyrit, Galenit und Zinkerze geschürft.

*Rast an der Bleiberg-Hütte*

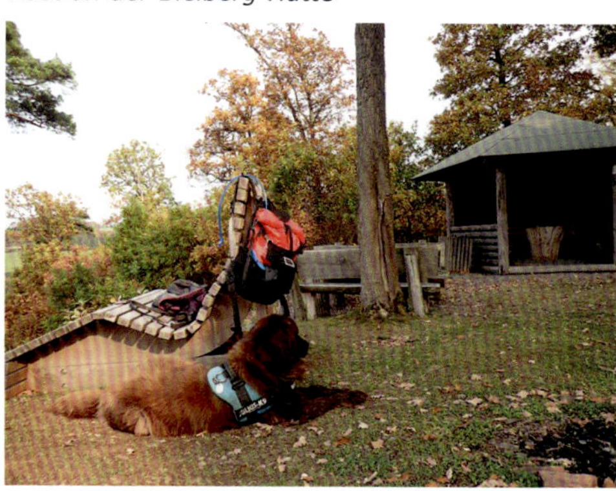

Der Weg führt nun durch raschelndes Buchenlaub und leicht bergauf. Etwa 200 m hinter der Sitzbank gelangen Sie zum **Kneippnaturbecken ❸**. Nach der erfrischenden Kneippanwendung laufen Sie halb links bergauf und folgen diesem Forstweg weiter oben scharf nach rechts. Der Weg führt aus dem Wald heraus und durch offene Wiesenlandschaft. Hinter drei Ferienhäusern, aber noch vor dem Ortsrand laufen Sie rechts auf dem Grasweg leicht bergab an weiteren Häuschen entlang.

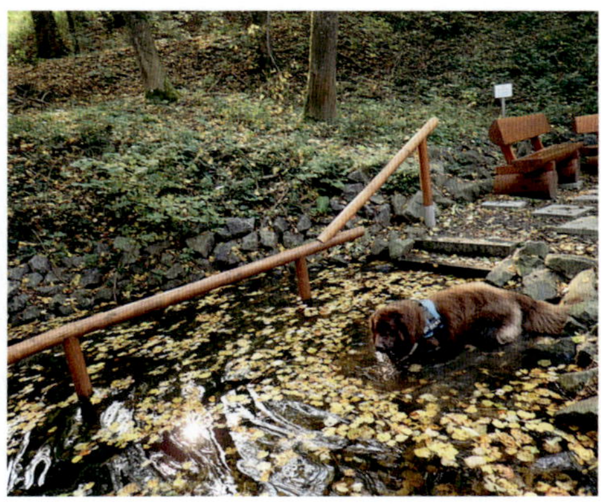

*Das Kneippbecken im Herbst*

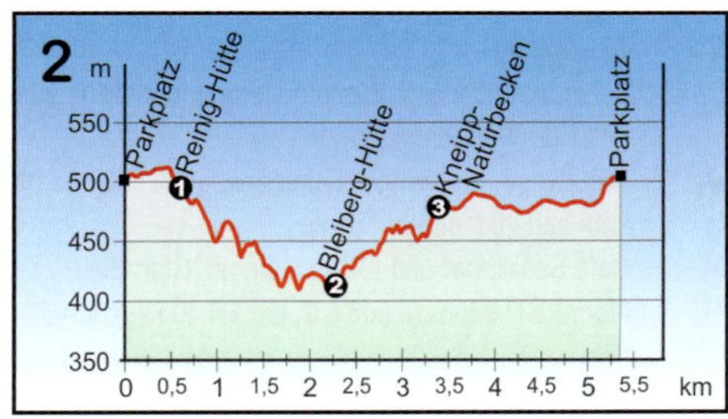


Leicht bergauf wandern Sie nun bis zu einer großen Wiese und dort scharf nach links. Nach 10 m gehen Sie an der Gabelung rechts auf dem Höhenweg auf die Windräder und eine Ruheliege zu. Karger Boden mit vielen Steinen lässt ahnen, wie mühevoll die Landwirte in dieser Region ihre Äcker bestellen müssen.

Hinter der Liege biegen Sie rechts ab und gehen nach 50 m links auf das Dorf zu. An einer einzelnen Eiche nehmen Sie den oberen der beiden nach rechts führenden Wege. Er führt an einem Zaun entlang durch lichten Wald, macht einen Linksbogen und trifft nach einem letzten kleinen Anstieg wieder auf den Rollstuhlwanderweg, dem Sie nach links folgen. An der Sitzbank nehmen Sie den nach rechts führenden Pfad (🛒 zwei dicke Wurzeln) zurück zum Parkplatz und zum Startpunkt.

# ❸ Die Geschichtsstraße rund um den Hochkelberg

*Tour für Geschichtsfreunde*

*Die Geschichtsstraße rund um den Hochkelberg umfasst mehrere Varianten von bis zu 38 km Länge. Vollkommen buggytauglich ist diese barrierereduzierte Rundroute. Sie ist auch für Menschen mit Rollstuhl und Rollator befahrbar, wenn sie kleinere Steigungs- und Gefällestücke bewältigen können. An sechs Punkten stehen Informationstafeln auf eifeltypischen Basaltsäulen.*

Start/Ziel: Kelberg, Infopavillon am Markt, GPS N 50°17.158' O 006°55.085'

6 km

2 Std.

130 m/130 m

451-550 m

Keine durchgängige Wegmarkierung, der Weg verläuft auf der Georoute (G) und auf örtlichen Wanderwegen.

Naturwege, Waldwege, Schotterwege, Gehwege und kurze Teerabschnitte, anfangs eher schattig, später sonnig

Café Schillinger und Il Gabbiano am Start/Ziel

Mehrere Rastplätze (km 0,7, km 1,4, km 2,3, km 3,1), dazwischen ausreichend Rastbänke. Die Kapelle (km 2,3) ist tagsüber geöffnet, bietet also bei Wetterkapriolen Witterungsschutz.

Einkaufsmöglichkeiten in Kelberg (km 0)

Mehrere Spielplätze lockern die Strecke auf.

Die Strecke ist insofern barrierearm, als dass keine Stufen zu bewältigen sind. Die Steigung hinauf zur Wallfahrtskapelle ist für durchschnittlich trainierte Menschen machbar, nur für den Abstecher zur Alten Eiche müssen Sie den Buggy stehen lassen.

Hunde müssen beim Überqueren der Bundesstraße und in den beiden Dörfern an der Leine geführt werden. Saufmöglichkeiten gibt es an den Bächen und im Brunnen in Zermüllen ❸.

Busbahnhof Kelberg, Bus 520 von/nach Daun, ZOB, Mo bis Fr stündlich, Sa 8x, So 7x, Bus 525 von/nach Uersfeld und Ulmen (RufBus: ☏ 06 51/99 98 78), Mo bis Fr 6x, Bus 526 von/nach Retterath, Uersfeld und Ulmen (RufBus: ☏ 06 51/99 98 78), Mo bis Fr 8x, Sa 7x, So 6x, Bus 859 von/nach Adenau, Markt, Mo bis Fr 4x (an Schultagen 6x)

P Parkmöglichkeit – sogar für E-Autos – in der Ortsmitte „Markt“

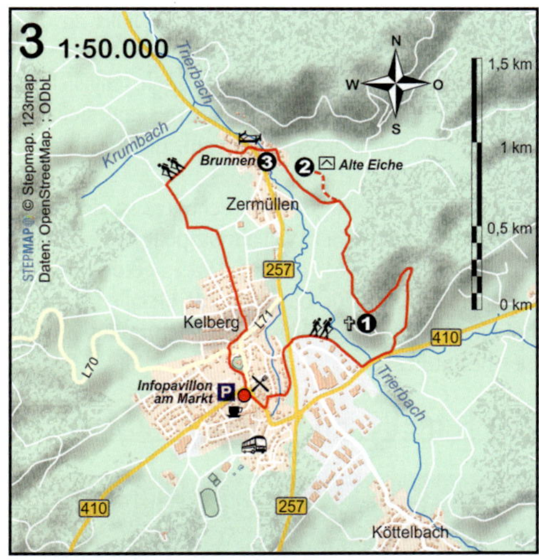


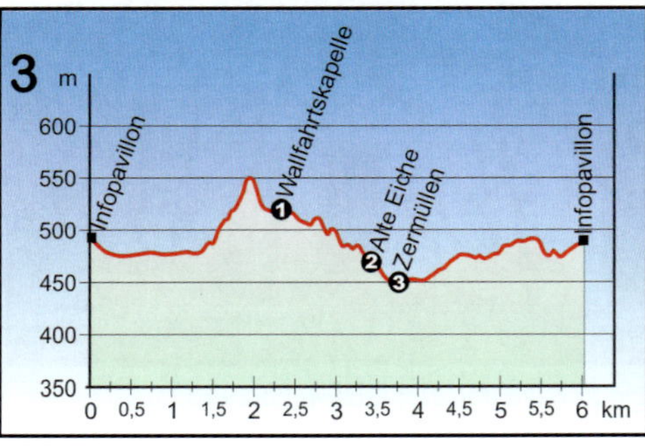


Nur wenige Schritte müssen Sie vom Startpunkt am **Infopavillon** hinüber zur Station 1 der Geschichtsstraße zurücklegen. Sie liegt an der B410 auf dem Gehweg Richtung Schwimmbad (G) und informiert über die Luftangriffe der alliierten Jagdbomber am 16. Januar 1945. Durch sie wurden zwei Drittel des Dorfes zerstört, zahlreiche Zivilisten und Soldaten starben. Für die getöteten Soldaten wurde neben der Wallfahrtskapelle ein Soldatenfriedhof angelegt, zu dem diese Wanderung auch führen wird.

Sie kommen schnell wieder auf heitere Gedanken, wenn Sie das Haus mit den zahlreichen **Mühlenmodellen** passieren. Dort biegen Sie links ab (Im Browelt), überqueren den Kelberger Bach und folgen der Straße durch einen Linksbogen. Sie verläuft parallel zur B257. Sie passieren einen Spielplatz und biegen am Ende der Straße rechts ab, um die B257 zu queren.

Dahinter nehmen Sie an der Gabelung den linken Weg und laufen nach 20 m an der nächsten Gabelung rechts auf dem Teerweg am Feldrand entlang. Kaum 10 m vor der B410 wandern Sie links auf dem Pfad (1, 9) weiter, er führt hinter einer schützenden Leitplanke parallel zur Bundesstraße über den **Trierbach** und an einem kleinen Wäldchen vorbei.

Am Ende der Leitplanke gehen Sie links an dem Heiligenhäuschen mit der Bank vorbei und nach 20 m geradeaus Richtung Schwarzenbergkapelle. An der Weggabelung mit dem ⛼ Picknicktisch teilt sich der Weg, die offizielle Route führt rechts Richtung Schwarzenberg, eine steilere Abkürzung links direkt zur Kapelle. Sie wandern stetig bergauf, die Steigung flacht hinter einer Linkskurve etwas ab.

Auf dem Gipfel des Schwarzenbergs ist der höchste Punkt der Wanderrunde erreicht. Hier, nahe der **Wallfahrtskapelle ❶,** wurde ein Ehrenfriedhof für die beim Luftangriff vom 16. Januar 1945 getöteten Soldaten angelegt, weil der Gemeindefriedhof für die etwa 60 Gefallenen zu klein war. Auch die bei der Befreiung Kelbergs im März desselben Jahres umgekommenen Soldaten wurden hier bestattet.

## Die Kapelle auf dem Schwarzenberg

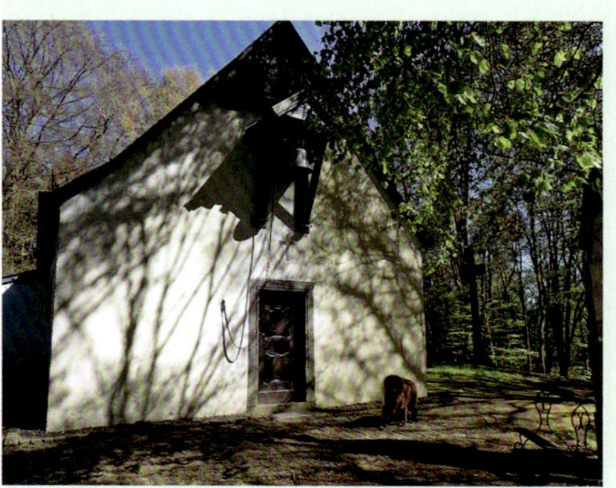

*Die Kapelle auf dem Schwarzenberg*

Das ursprüngliche Baudatum der Kapelle auf dem Schwarzenberg ist nicht überliefert. Der Baustil ist spätgotisch, man geht daher von einem Baubeginn im 15. Jahrhundert aus. Gesichert ist hingegen, dass die Kapelle im Jahr 1719 erweitert wurde. Dies war den Bewohnern von Kelberg nach der Überwindung der Pest ein Herzensanliegen. Offiziell heißt sie Wallfahrtskapelle zur Schmerzhaften Muttergottes, sie wird aber mindestens genauso oft schlicht Schwarzenbergkapelle genannt.

Die 14 Stationsbilder des Kreuzweges entstanden 1869 als Ersatz für sieben Fußfallstationen. Bis in die heutige Zeit wird die Muttergottes in der Kapelle von Gläubigen besucht, die für Heilung und Genesung beten.

Der **Schwarzenberg** ist ein guter Platz, um sich auf den Sitzbänken und am ⛼ Picknicktisch auszuruhen. Die Waldidylle wird je nach Jahres- und Tageszeit mit viel Vogelgesang abgerundet.

Von hinten kommt die Abkürzungsstrecke auf dem Kreuzweg hinauf. An der Kreuzwegstation XIII wandern Sie geradeaus (G, 5), es geht mit schönen Ausblicken bergab. Am Waldrand passieren Sie eine Sitzbank. An Wochenenden mit schönem Wetter dröhnt leider das Röhren der Motorräder aus dem Tal herauf, das Ziel der Fahrer ist wahrscheinlich der nahe gelegene Nürburgring.

Sie bleiben auf der Höhe, ignorieren also den von links kommenden Weg. An einer braun gestrichenen Bank laufen Sie halb links (5) an einem Heiligenbild von 1959 vorbei bergab zu einer Kreuzung mit einem weiteren Picknicktisch. Hier folgen Sie dem nach links bergab Richtung Zermüllen führenden Weg (G, 5).

*Die alte Eiche mit der Schutzhütte im Hintergrund*

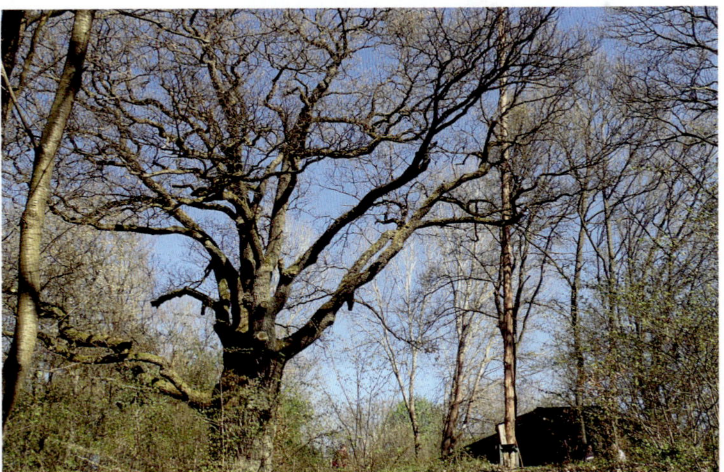

Sie passieren den Infostein 4, der die Historie des schon 1940 angelegten Naturschutzgebiets und die Besonderheiten der Wacholderheide erläutert, und wandern bergab auf den Ortsrand von Zermüllen zu. Vor den ersten Häusern sollten Sie noch kurz einen Abstecher nach rechts machen. Ein steiler Pfad führt Sie zur **Alten Eiche ❷** und der gleichnamigen Schutzhütte. Auch die Alte Eiche wurde schon 1940 als schützenswert erkannt und als Naturdenkmal ausgewiesen. Ihr Alter wird auf etwa 330-340 Jahre geschätzt.

Im Dorf gehen Sie an der T-Kreuzung links (Bachstraße), dann geradeaus über den Trierbach zum **Dorfbrunnen von Zermüllen ❸**. Seine Form zeigt dem Wanderer noch deutlich, dass in früheren Zeiten viele Dorfbrunnen nicht nur zum

Wasserholen und zum Wäschewaschen, sondern auch als Viehtränke genutzt wurden. Auch heute noch erfreuen sich Vierbeiner an dem Brunnenwasser, egal ob es ein mitwandernder Hund, das Pferd eines Wanderreiters oder eine Dorfkatze auf Freigang ist.

An der Ampel am Hotel überqueren Sie die B257 und laufen links die Straße Im Garten hinauf (5,7). Geradeaus wandern Sie aus dem Dorf hinaus und in einem weiten Linksbogen bergauf. Oben an der Kreuzung mit der Sitzbank biegen Sie links ab. ✋ Lassen Sie sich nicht von den Wegweisern nach rechts irritieren, diese beziehen sich auf die große Geschichtsstraßenrunde für Radler.

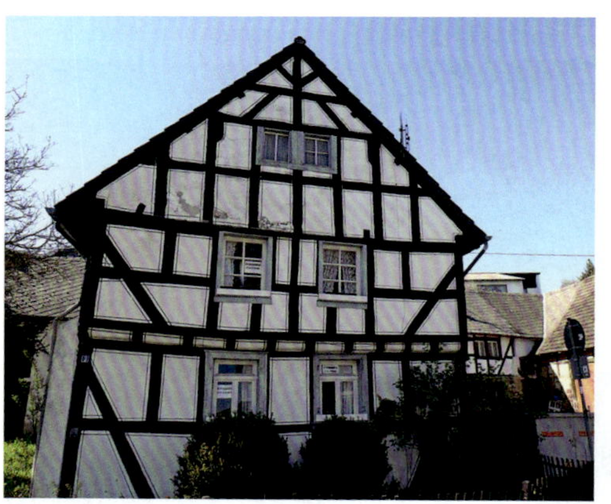

Die Winkelhofanlage in Kelberg

An der Infotafel 7 können Sie etwas über Weidegenossenschaften lernen, bevor Sie zwischen Pferdekoppeln leicht bergauf zu einer T-Kreuzung wandern. Dort führt der rechte Weg wieder nach Kelberg, wo Sie geradeaus durch das Neubaugebiet gehen (10). An dem steinernen Kruzifix mit den Sitzbänken laufen Sie bergab weiter. Die Straße macht an einem Heiligenbild einen Rechtsbogen zur Station 44, einer **Winkelhofanlage** aus dem 18. Jahrhundert an der Bergstraße. Dieser folgen Sie und halten sich an der Gabelung links, danach gehen Sie geradeaus (10) und den Marienweg hinauf. Er führt an der Kelberger Kirche vorbei zur B410. Dieser folgen Sie halb rechts zum Startpunkt. Kinder, die nach dieser Wanderung immer noch Reserven haben, finden dort einen weiteren Spielplatz.

☕ Café Schillinger, Am Markt 3, 53539 Kelberg, ☏ 026 92/92 14 10, 💻 www.schillingers.de, 🚪 Mo bis Sa 6:00 bis 18:00, So und Fei 7:00 bis 18:00, Kuchen, Pizza, Salat, Flammkuchen

🍴 Il Gabbiano, Mayener Straße 5, 53539 Kelberg, ☏ 026 92/932 43 85, 🚪 Di bis Sa 17:00 bis 22:00, So 12:00 bis 22:00

# ❹ Auf zum Baumhaus Holzberg!

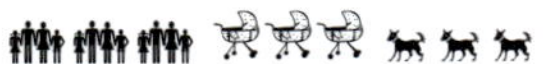

*Tour für kleine Abenteurer*

*Als Ergänzung zur Rundwanderung um Kelberg (☞ Tour 3) können Sie auf dieser Runde einige weitere Wegpunkte der Geschichtsstraße rund um den Hochkelberg kennenlernen. Sie liegen an einem Weg im Tal des Uersfelder Bachs. Hinter Uersfeld wandern Sie durch die Felder nach Retterath und von dort durch den Uersfelder Wald an einem beeindruckend großen Baumhaus vorbei zurück zum Heilbachsee.*

Start/Ziel: Gunderath, Wanderparkplatz Heilbachsee (= Rettungspunkt 5707-635), GPS N 50°15.305' O 006°58.854'

9,8 km

3 Std.

↑↓ 172 m/172 m

⇧ 422-548 m

keine Wegmarkierung

Es geht überwiegend über geteerte Wirtschaftswege und Waldwege, in den Ortschaften über Gehwege. Diese Tour können Sie daher auch bei Regen laufen, ohne im Schlamm zu versinken. Etwa zu gleichen Teilen sonnig und schattig.

Ristorante Pizzeria La Terrazza „Im Poststübchen“ (km 3,1), weitere Restaurants in Gunderath (km 0) und Uersfeld (km 3)

geschützte Sitzgelegenheiten in den Bushaltestellen in Gunderath (km 0) und Uersfeld (km 3) sowie im Stolleneingang (km 1,6), Gelegenheiten für eine Pause an neun Rastplätzen (km 0, km 1,3, km 2,8, km 3,6, km 5,5, km 7,5, km 8,1, km 8,6 und km 9,3) und auf einigen Sitzbänken

WC Das WC am Baumhaus (km 8,7) ist im Winter verschlossen.

Einkaufsmöglichkeit in Uersfeld (km 3)

Tradi: GC1WF05 Bergwerklore

Planen Sie für die Strecke vom Baumhaus zum Ziel (ca. 2 km) die gleiche Zeit ein wie für die erste Strecke, denn außer dem Baumhaus warten noch etliche andere Abenteuer auf Ihre Kinder. Die Wege bis hinter Retterath sind uneingeschränkt laufradtauglich, dahinter wird es im Wald etwas holprig.

Die Strecke ist weitgehend gut für Buggys geeignet, im Waldstück kurz vor dem Baumhaus muss bei einem Steilstück aufgepasst werden.

Eine hundefreundliche Runde mit ausreichend Wasserstellen. Nur in den Ortschaften muss der Vierbeiner an die Leine.

Bushaltestelle „Gunderath Kapelle“, Bus 334 von Mayen und Ulmen, Mo bis Fr 2x, Bus 525 von/nach Kelberg, Uersfeld und Ulmen (RufBus: ☏ 06 51/99 98 78), Mo bis Fr 6x, Bus 526 von/nach Kelberg, Retterath, Uersfeld und Ulmen (RufBus: ☏ 06 51/99 98 78), Mo bis Fr 8x, Sa 7x, So 6x

**P** Wanderparkplatz Heilbachsee

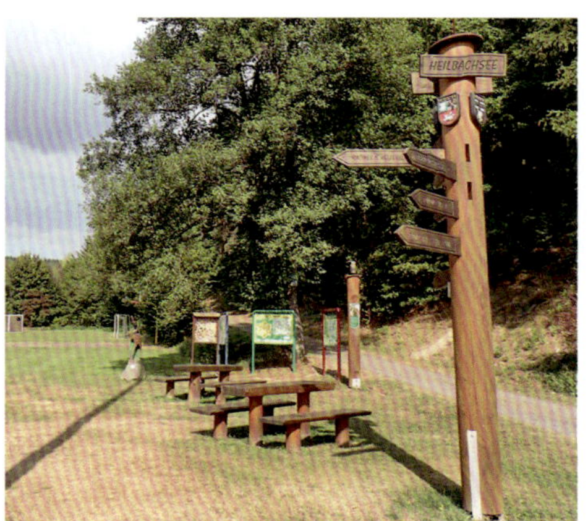


*Am Wanderparkplatz Heilbachsee*

Zu Beginn der Wanderung überqueren Sie neben der Bushaltestelle den **Uersfelder Bach** und biegen dahinter links in die Blumenstraße ein. Merken Sie sich die beiden Restaurants, die Sie nun passieren, für das Ende der Wanderung, falls die Speisekarte in Uersfeld nichts nach Ihrem Geschmack bietet. Am Ortsende von Gunderath laufen Sie auf dem „Radweg nach Uersfeld“ geradeaus.

Leicht bergauf wandern Sie bis zum Ende des kleinen Waldstücks und bleiben an der Gabelung links auf dem Teerweg, der nun leicht bergab führt. Am Teich der **Blumsmühle** entdecken Sie die Tafel 22 der Geschichtsstraße Hochkelberg, der Sie vielleicht schon beim Lesen der ☞ Tour 3 begegnet sind.

Sie laufen rechts durch das Uersbachtal, biegen hinter einer Blechhütte links ab und erreichen den ⩚ Rastplatz „De Kaul“ mit der Tafel 21. Sie queren die K94 und laufen halb rechts zum **Bergwerkstollen**. Auf der Tafel 20 können Sie Details zum Barytabbau in diesem Stollen nachlesen.

Sie bleiben links auf dem Teerweg, der Sie zur Tafel 19 „Alter Steinbruch“ bringt. Dort bleiben Sie weiterhin auf dem Teerweg und laufen nach Uersfeld herein. An der T-Kreuzung hinter der Station 18 „Dreese Mühle“ überqueren Sie den Elzbach und gehen rechts den Mühlenweg hinauf. Hier verläuft auch der Hochkelberg-Panoramapfad, einer der Traumpfade der Osteifel.

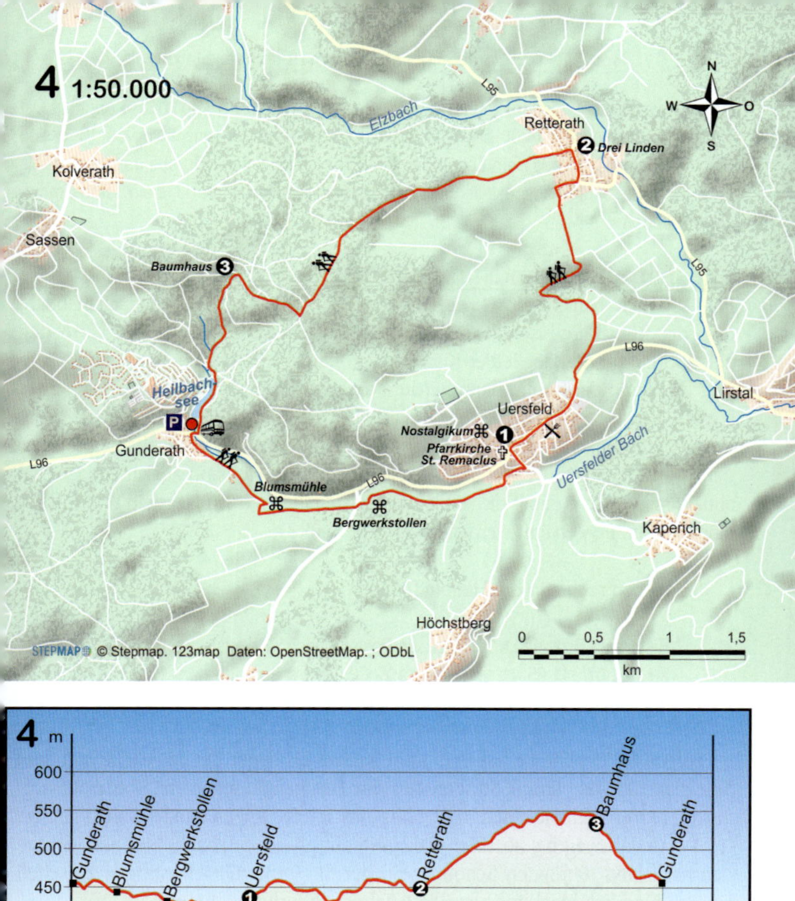


An einem kleinen Park mit Rastplatz laufen Sie links die Bahnhofstraße hinauf bis zur Hauptstraße von **Uersfeld** ✕ ☕ 🍷. Dieser Ort bietet sich für eine Rast an: Einkauf und Einkehr sind gleichermaßen möglich, die Kirche **St. Remaclus** ❶ ist ebenso sehenswert wie das kleine ⌘ Museum Nostalgikum gleich nebenan.

⌘ Nostalgikum, Lindenstraße 1, 56767 Uersfeld, ☏ 026 57/94 01 13, April bis Okt Di, Do und So 14:00 bis 17:00. In der ehemaligen Jungenschule von 1900 sind Gegenstände aus dem Leben der einfachen Landbevölkerung aus den 1940er- bis 1960er-Jahren ausgestellt, unter anderem ein Klassenzimmer und ein Tante-Emma-Laden.

## Umstrittene Grundsteinlegung

Ein Schreiber namens de Lorenzi notierte im St.-Remaclus-Bruderschaftsbuch, dass der Kölner Erzbischof Konrad von Hochstaden am 14. August 1248 den ersten Stein für die Uersfelder Kirche gelegt haben soll. Dazu schüttelt die Fachwelt zweifelnd die Köpfe, denn genau am nächsten Tag, dem 15. August 1248, legte Konrad von Hochstaden nachweislich den Grundstein für den Kölner Dom. War es eine unklare oder unleserliche Eintragung im Bruderschaftsbuch? Hatte der Erzbischof einen Vertreter geschickt? Oder wollte jemand absichtlich Zweifel aufkommen lassen, damit die beiden Grundsteinlegungen in Uersfeld und Köln in einem Atemzug genannt werden? Niemand weiß es.

Sie biegen rechts in die Hauptstraße ein.

✕ Ristorante Pizzeria La Terrazza „Im Poststübchen", Hauptstraße 16, 56767 Uersfeld, ☏ 026 57/941 65 41, 17:00 bis 22:00, Do bis So außerdem 12:00 bis 14:30, Mi Ruhetag, Steinofenspezialitäten, sehr kinderfreundlich

Folgen Sie der Straße aus dem Dorf hinaus, bis hinter der Tankstelle und dem Spielplatz auf der linken Straßenseite ein Heiligenhäuschen mit Rastplatz auftaucht. Dort haben Sie einen weiten Blick ins Tal. Sie folgen nun links dem geteerten Wirtschaftsweg bis zu einer Gabelung mit grüner Sitzbank, hier nehmen Sie den nach links führenden Schotterweg, der Sie im weiten Linksbogen zwischen Feldern hindurch hinab ins bewaldete Tal des Wehrbachs bringt.

Dahinter bleiben Sie an der Wegkreuzung auf dem breiten Forstweg halb links (8) und wandern leicht bergauf am Hochsitz vorbei durch duftenden Mischwald. Vor dem rostigen Tor gehen Sie rechts weiter bergauf durch den Wald. Hinter dem Waldrad laufen Sie zunächst links, dann rechts auf **Retterath** zu durch offene Felder. Am Ortsrand gehen Sie geradeaus auf einem Schotterweg an zwei Häusern vorbei, dann rechts die Straße hinab zu einem Rastplatz. Dahinter biegen Sie links in den Jägerpfad und laufen auf einem Fußweg zur Hauptstraße, der Sie nach links bis zu den **Drei Linden** ❷ folgen. Dies ist ein idyllisches Plätzchen mit – als hätten Sie es geahnt – drei Linden und einem Kreuz, wo Sie auf Sitzbänken im Schatten sitzen und ausruhen können.

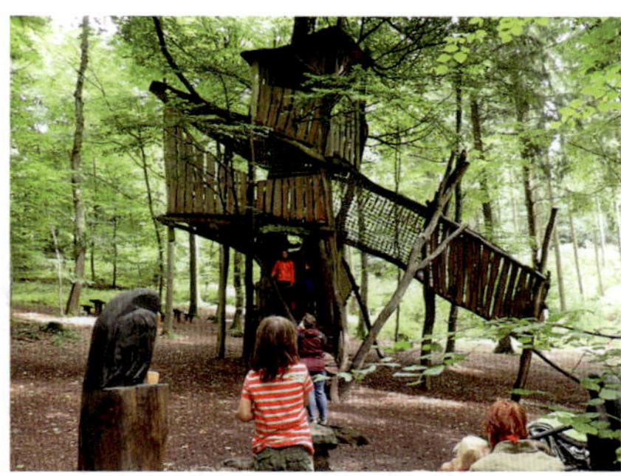
*Das Baumhaus Holzberg*

Wandern Sie nun links die Lindenstraße hinauf, sie heißt im weiteren Verlauf Lerchenweg (1, 8, 9). An der Gabelung laufen Sie geradeaus in das Wäldchen hinein und auf dem geteerten Wirtschaftsweg stetig bergauf. An der Gabelung mit der Sitzbank nehmen Sie den rechten Weg, er führt an einem Abzweig geradeaus auf den Wald zu und ist nun nur noch geschottert. Am Waldrand entlang wandern Sie zum ⛼ Rastplatz am Rettungspunkt 5708-751, dort halten Sie sich links. An der nächsten Gabelung sitzt ein Holzrabe auf einem Pfahl. Daran erkennen Sie, dass Sie sich dem Abenteuerwald rund um das Baumhaus nähern.

An dem Raben biegen Sie rechts ab und laufen weiter am Waldrand entlang leicht bergauf. Im Wald biegen Sie an einer Gabelung mit Sitzbank links ab und laufen auf dem Waldweg immer geradeaus, bis Sie den Rastplatz Klein-Amerika erreichen. Dort biegen Sie rechts ab und gehen vor einer Linkskurve an einem weiteren Rabenpfahl links den kurzen steilen Weg bergab zum **Baumhaus** ❸.

Das insgesamt 8 m hohe Baumhaus wurde in drei Ebenen angelegt, bietet also für unterschiedlich mutige Kletterer Platz zum Beobachten, Winken und Spielen. Beim Auf- und Abstieg helfen eine Rampe und ein Netztunnel. Es wurde aus Robinienhölzern um den Stamm einer alten Buche gebaut, ohne diese im Wachstum zu beeinträchtigen. Wer nicht klettern möchte, ruht sich an den ⛼ Picknicktischen, auf den Ruheliegen, im Mini-Wigwam oder auf den Sitzbänken aus.

Hinter dem Mini-Wigwam laufen Sie geradeaus Richtung Heilbachsee. Der Weg führt durch das Heilbachtal bergab. Zwei lustige **Hängebrücken** über das Bachtal laden zu Abstechern ein, bevor Sie Ihr Gleichgewicht in einem kleinen Niedrigseilgarten unter Beweis stellen können.

Der Talweg endet an einem Rastplatz und einem großen Spielschiff. Dahinter wandern Sie am linken Ufer des **Heilbachsees** weiter. Ein ganz besonderer Beobachtungsturm führt nicht – wie sonst bei Beobachtungstürmen üblich – eine Treppe hinauf, sondern durch eine geschwungene Gitterröhre hinab zum See. Auf der anderen Seite grenzt der Center-Parcs-Park Eifel 🛏 ✕ ☕ 🍷 🏊 unmittelbar an den See an.

Sie passieren die Staumauer und wandern zurück zum Startpunkt, wo ein weiterer Spielplatz auf noch unverbrauchte Energien Ihrer Wanderkinder wartet.

# 5 Traumpfad Eltzer Burgpanorama

WC

*Tour für Ritter, Prinzessinnen und andere Freunde idyllisch gelegener Märchenburgen*

*Über die offene Ackerlandschaft des Maifelds und durch den Gräflich Eltz'schen Wald führt diese Wanderrunde. Weite Blicke und bezaubernde Panoramen, das Plätschern des Elzbachs und die Kühle des dichten Waldes mit seinen Farnen und Moosen – herrlich! Plötzlich taucht hinter einer Kurve die Burg Eltz auf – und jedem ist sofort klar, warum diese Burg den Weg auf einen DM-Geldschein fand.*

Start/Ziel: Dorfgemeinschaftshaus Wierschem, GPS N 50°13.556' E 007°20.810'

12,9 km

4 Std.

345 m/345 m

98-295 m

markiert als Traumpfad: stilisierter weißer Pfad auf orangem Grund

Waldwege und Pfade, sonnig und schattig

Unterschänke und Oberschänke, Burg Eltz (km 5,4), Ringelsteiner Mühle (km 7,9), Landhaus Neuhof (km 12,5)

Gelegenheiten für eine Rast auf Sitzbänken und an zwei Rastplätzen (km 0 und km 3,5)

WC in der Burg Eltz (km 5,4, nur im Sommer)

Tradis: GC4EQB7 Traumpfad Eltzer Burgpanorama, GC4F9VC Panoramablick, GC55Y6Q Waldgeister „Happy", GC4F9X7 Waldgeister „Lazy", GC4F9YG Waldgeister „Tizzy", GC4FA09 Waldgeister „Crazy", GC7NMG9 20-19 Moselsteig, GC7NMKQ 20-20 Moselsteig, GC7NMM1 20-21 Moselsteig, GC7NMM9 20-22 Moselsteig, GC7NMMM 20-23 Moselsteig, GC7NMMV 20-24 Moselsteig, GC7NMN3 20-25 Moselsteig, GC429XG Bodo, GC4DR8G Waldgeister „Woody"; Earthcache: GC6KV00 Hebung / Burg Eltz

ziemlich lange Strecke, aber mit zahlreichen Caches, mehreren Spielplätzen und einer Vorzeigeritterburg

stark eingeschränkte Buggytauglichkeit wegen feuchter Graswege, holpriger Waldwege und einiger Steigungen, außerdem eine nicht umgehbare Treppe an der Burg

Die Leine ist nur in Wierschem und auf dem Burggelände nötig, gefährliche Straßen sind weit entfernt.

Bushaltestelle „Wierschem Brunnen“, Linie 337 von/nach Münstermaifeld und Hatzenport Bf., Mo bis Fr 3x täglich, Burgenbus Linie 330 von/nach Treis-Karden Bf., Moselkern, Hatzenport Bf. und Burg Pyrmont, Sa und So 4x täglich

P hinter dem Dorfgemeinschaftshaus am Startpunkt

☺ Der Weg ist zwar ganzjährig begehbar, aber die Burg Eltz nebst Schänken und WC ist nur von April bis Oktober geöffnet

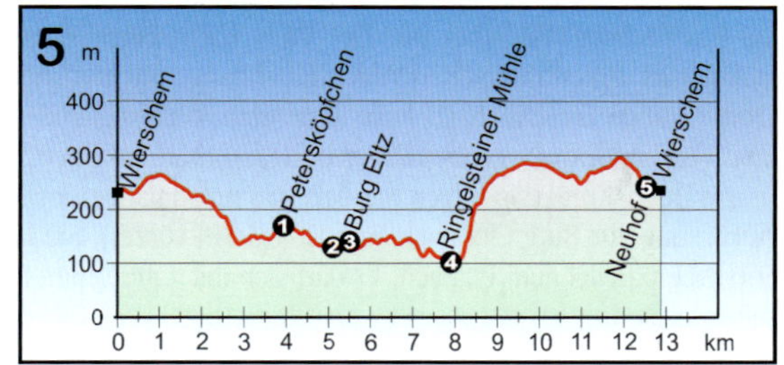

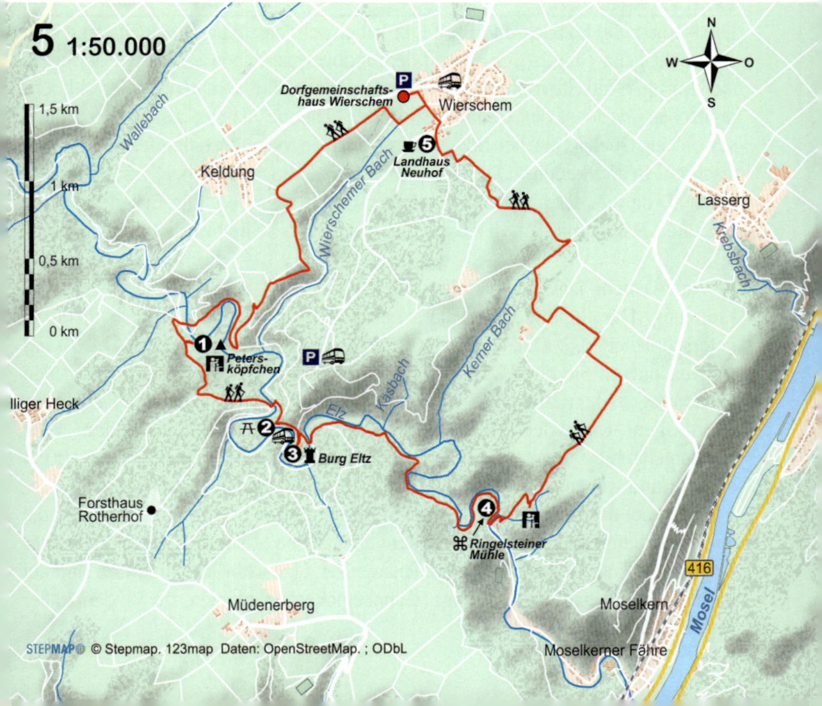

Am Dorfgemeinschaftshaus, manchmal auch Bürger- und Feuerwehrhaus genannt, beginnen Sie Ihre Wanderung, indem Sie rechts auf dem Teerweg bis zum Spielplatz gehen und dahinter rechts auf einem Grasweg bergab wandern. An der T-Kreuzung gehen Sie rechts den Hang hinauf. Der Weg führt auf der Höhe zwischen Feldern hindurch. Diese Hochfläche gehört zum Moselplateau. Rechter Hand liegt das Dorf Keldung im Tal.

Hinter dem kleinen Wäldchen halten Sie an der Gabelung halb links bergab auf das nächste Waldstück zu. Der Weg macht einen Bogen um ein Feld. Sie laufen links weiter am rechten Waldrand entlang zum höchsten Punkt des Hügels. Dort nehmen Sie den nach links führenden Waldweg und wandern bergab bis zum Waldrand, dort rechts und nach 20 m scharf links den Waldweg hinab.

An der T-Kreuzung folgen Sie der Traumpfadmarkierung nach rechts (☺ die Abkürzung zur Burg Eltz nach links ist 1,3 km kürzer). Sie laufen nun auf einem Forstweg parallel zum Elzbach. Er darf sich mit zahlreichen Bacharmen sein Bett selbst suchen.

## Der Erlenbach

Die Namen von Elzbach und Burg Eltz haben sehr alte Wurzeln, auch wenn man sich nicht ganz einig ist, ob es von dem indogermanischen *el* (= sich bewegen, fließen), vom altkeltischen *alt* (= Höhe, aus der Höhe kommend) oder althochdeutschen *els* (= Erle) kommt. Die letzte Theorie scheint zuzutreffen, denn sowohl im Quellgebiet bei Bereborn als auch in vielen Abschnitten des Elztals wachsen Schwarzerlen. Die Erle wurde im Althochdeutschen *els* oder *else* genannt, da war der Name für den Bach schnell gefunden. Die Burg trägt noch den alten Namen mit t-z, der Bach schon die neue Schreibweise ohne das t.

Nach einem Linksbogen führt der Weg bergauf vom Bach weg zu einer Kreuzung. Der Rundweg führt links neben dem Picknicktisch bergab Richtung Petersköpfchen. (☺ Der Weg rechts führt zur Schutzhütte Keldung, ➲ 200 m.)

Nun queren Sie den Elzbach auf einer Brücke und nehmen nach 40 m den linken Weg. Er kreuzt nach 15 m einen Forstweg und führt bergauf. Nach einem Linksbogen wird der Weg mit einem von rechts kommenden Weg zusammengeführt und erreicht das **Petersköpfchen ➊**. Der Gipfel ist etwa 100 m entfernt und wegen seiner Aussicht durchaus einen kleinen Abstecher wert.

Oben auf dem Petersköpfchen laufen Sie geradeaus bergab und ignorieren die von links kommenden Wege. Hinter dem ehemaligen Steinbruch gehen Sie an der T-Kreuzung links weiter durch die Bachauen zur Elzbachbrücke. Im März sind auf diesem Streckenabschnitt riesige Schneeglöckchenkolonien zu finden. Hier verläuft auch der Moselsteig.

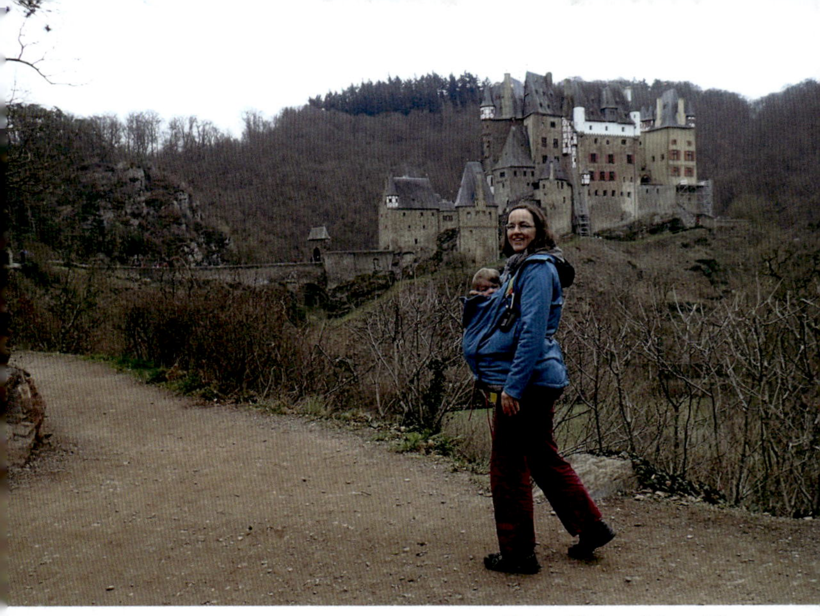

*Erster Blick auf Burg Eltz*

Gehen Sie links über die Brücke, passieren Sie den Rettungspunkt 5710-177 und biegen Sie dahinter scharf rechts ab. Sie wandern nun über eine Wiese den Berg hinauf und einer **Rastbank ❷** entgegen, auf der Sie bestimmt kurz den Rucksack abstellen wollen, um ein Foto von oder mit der Burg zu machen.

Nun sind es nur noch wenige Schritte hinüber zu einer der bekanntesten Burgen Deutschlands, der **Burg Eltz ❸**.

## Die 500-DM-Burg

Zwischen 1961 und 1995 zierte die Burg Eltz den 500-DM-Schein. Für diese Währungsstufe schwebte den Entscheidern der Bundesbank ein Symbol deutscher Ritterlichkeit vor. Was lag also näher als diese Burg? Sie ist seit 850 Jahren im Besitz einer Familie, wurde nie zerstört und sieht ganz genau so aus, wie sich schon kleine Mädchen und Jungen eine Ritterburg vorstellen.

Wer sich Zeit für eine Burgführung nimmt, wird viele liebenswerte Details erfahren. Oder hätten Sie ohne die entsprechenden Hinweise gewusst, dass die Rosen im Baldachin des großen Bettes im Rübenacher Schlafgemach und im Rittersaal „Rosen des Schweigens“ genannt werden, weil sie für das Versprechen stehen, dass ein gesprochenes Wort den Raum nicht verlassen darf?

Unterschänke und Oberschänke, Burg Eltz, ☏ 026 72/95 05 00, www.eltz.de, April bis Okt 10:00 bis 18:30, warme Speisen bis 16:00, Wildgulasch aus eigener Jagd, Wildschweinbraten, Spießbraten, Flammkuchen, rustikale Erbsensuppe

Vor dem Burgtor steigen Sie die scharf links ins Tal führende Treppe hinab und überqueren eine Brücke, dahinter wandern Sie links bergauf. An der Gabelung orientieren Sie sich an dem geradeaus zeigenden Wegweiser Richtung Moselkern, Sie laufen bergauf und überwinden einen Felsgrat, bevor Sie wieder bergab gehen. Der Weg verläuft nun parallel zum Elzbach durch urwüchsigen Wald. An der Gabelung laufen Sie links den Weg mit dem Geländer hinab und auf dem breiten Uferweg zur **Ringelsteiner Mühle ❹.**

Ringelsteiner Mühle, Elztal 94, 56254 Moselkern, ☏ 026 72/91 02 00, www.ringelsteiner-muehle.de, täglich 12:00 bis 20:00, gutbürgerliche Küche und riesige Kuchenauswahl

Dort wandern Sie links über die Brücke und dahinter links dem Elzbach entgegen. Kurz darauf windet sich der Weg in Serpentinen den Berg hinauf, auf Höhe der Villa gehen Sie scharf links. Nach gut 500 m haben Sie an einer Rastbank den schlimmsten Anstieg geschafft und einen guten Ausblick zurück ins Tal. Nach rechts ist ein kleiner Abstecher zu einem Aussichtspunkt möglich (➲ 50 m).

Wandern Sie links weiter bergauf, zunächst durch den Wald, dann am Waldrand bis zu einer Kreuzung namens „Ober der Moorwies". Der Moselsteig geht rechts weg, der Traumpfad führt auf dem Teerweg geradeaus weiter und verläuft leicht ansteigend zwischen den Feldern hindurch. Auf der Höhe laufen Sie an der Gabelung links und folgen dem Teerweg zum Tholeisterhod, d. h., Sie biegen an der T-Kreuzung hinter der Sitzbank rechts ab und nehmen den ersten Teerweg nach links.

*Im Elzbachtal bei der Ringelsteiner Mühle*

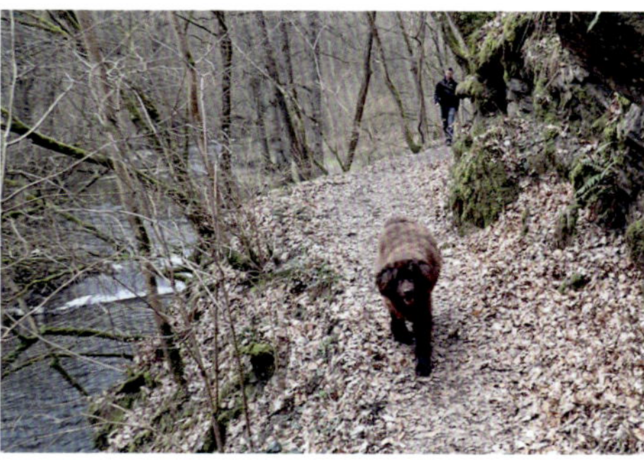

Nun wandern Sie parallel zu einer Stromleitung bergab und folgen dem Weg durch eine Linkskurve. Auf diesem Abschnitt ist an alle gedacht: Neben dem Teerweg wurde ein Grünstreifen für Wanderer angelegt.

Sie erreichen eine Rastbank und folgen dem nach rechts bergab führenden Pfad durch ein Waldstück. An dessen Ende gehen Sie nach rechts. Der leicht ansteigende Weg vereinigt den Traumpfad mit dem Eifel-Camino und dem Moselhöhenweg, diese werden aber schon am nächsten Waldrand wieder verlassen. Sie biegen hier links ab und laufen durch offenes Gelände hinauf zu einer Schutzhütte. Gehen Sie rechts und gleich hinter der Schutzhütte wieder links auf einem Pfad durch den Wald. Am Waldrand halten Sie sich links und können schon das Ziel in Wierschem sehen.

Am Ortsrand laufen Sie links am Zaun eines Gehöfts entlang zu einem Teerweg, diesem folgen Sie rechts ins Dorf. Dabei passieren Sie das 🛏 ☕ **Landhaus Neuhof ❺.**

🛏 ☕ Landhaus Neuhof, Burg-Eltz-Straße 23, 56294 Wierschem, ☏ 026 05/565, 💻 www.landhausneuhof.de, Kuchen und El"z"ässer Flammkuchen zu frisch gezapftem Bier und erlesenem Wein aus der Region

Sie folgen der Straße geradeaus und gehen nach etwa 60 m links auf der Straße In den Wiesen an einem Spielplatz vorbei zurück zum Startpunkt. Dort können Sie sogar Ihre Schuhe reinigen, die Wegeplaner haben an alles gedacht.

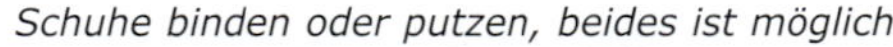

*Schuhe binden oder putzen, beides ist möglich*

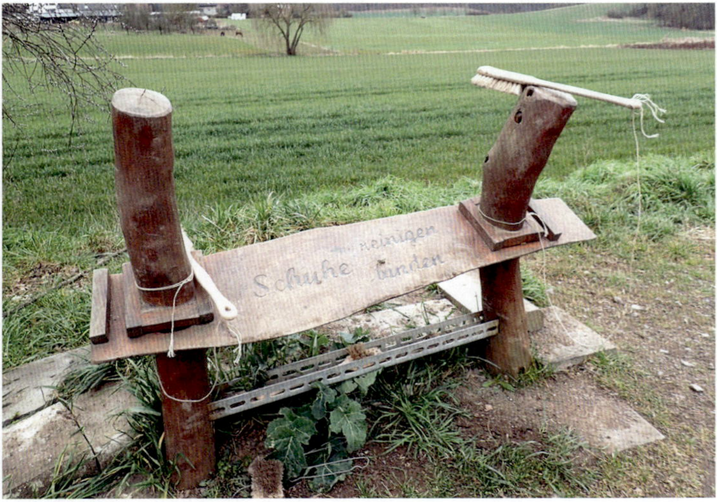

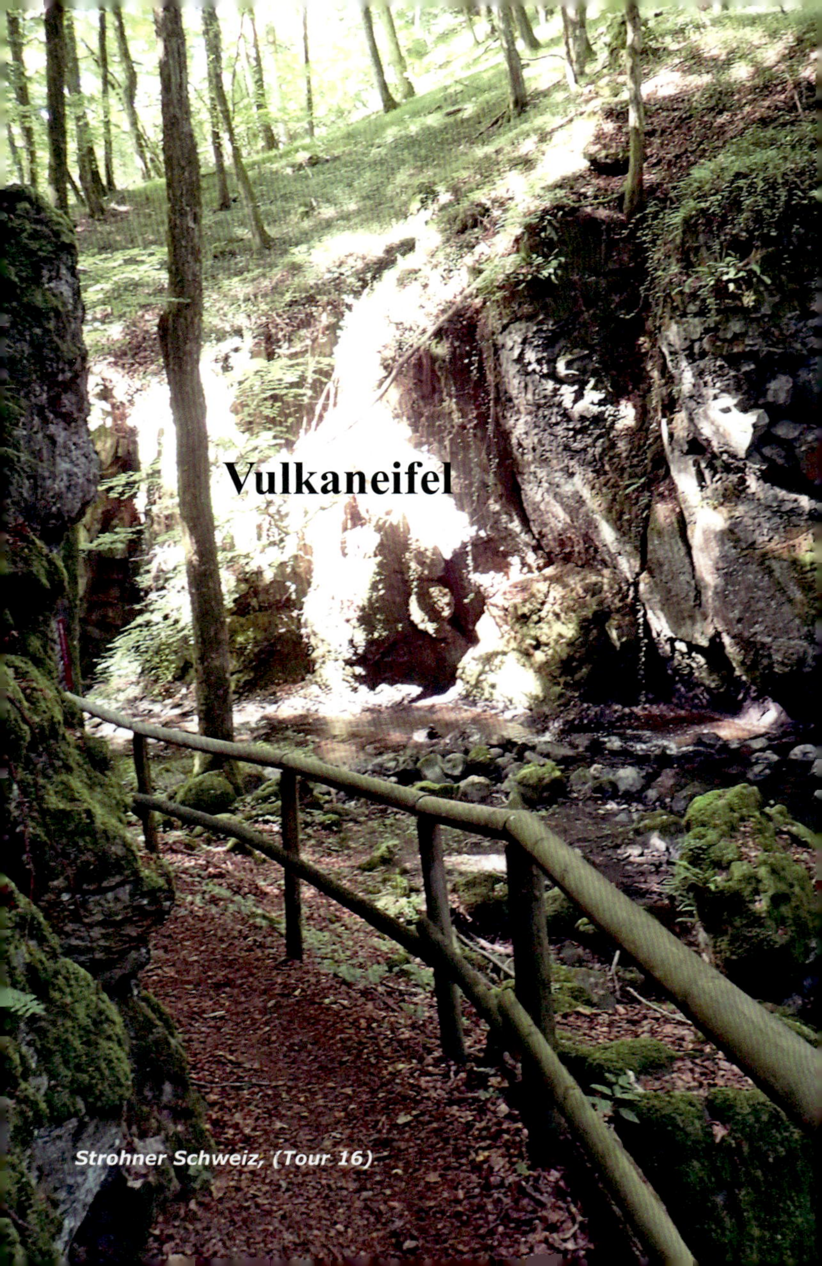

# Vulkaneifel

Strohner Schweiz, (Tour 16)

# 6 Eifelkrimi-Wanderweg (Nordrunde)

*Tour für Krimifreunde und Burgenfans*

*Stattliche Burgen, eine beeindruckende Klosterkirche und ein wachsender Wasserfall bieten auf dieser Rundwanderung eine perfekte Kombination aus Kultur und Natur. Die Eifelkrimis muss man nicht gelesen haben, um diese Wanderung genießen zu können. Alles Wesentliche wurde gut verständlich auf den Infotafeln zusammengefasst.*

Start/Ziel: am Kleinen Landcafé, Fritz-von-Wille-Straße 8, Kerpen, GPS N 50°18.637' E 006°43.744'

20,3 km

7 Std.

329 m/329 m

342-509 m

Weiße Schilder mit dem Text „Eifelkrimi-Wanderweg". Die Markierungen sind beliebte Sammlerobjekte. Obwohl sich das Markierungsteam redlich Mühe gibt, fehlende Schilder schnell zu ergänzen, und obwohl man die Schilder in der Touristeninformation Hillesheim kaufen kann, fehlen immer wieder an entscheidenden Punkten die Wegweiser.

Wanderwege und Pfade im Wald, vergleichsweise viele geteerte Wirtschaftswege, in den Orten gibt es Gehwege. Der Weg ist etwa zu gleichen Teilen sonnig und schattig.

Das kleine Landcafé am Start/Ziel, Hoflokal Die Einkehr (km 0,2), Café Nohner Mühle (km 15,6), Landgasthof Schröder (km 17,9)

schöne Rastmöglichkeiten an der Üxheimer Kirche (km 7,1), an der Burgruine Neublankenheim (km 9,9), an der Ahüttener Kirche (km 13,1), am Wasserfall (km 14,9) und auf einigen Sitzbänken, Witterungsschutz in der Bushaltestelle Kerpen (km 0,1)

Bäckerei Smith (km 0,2), Tante-Emma-Laden in Üxheim (ca. km 7)

Tradis: GC1HC45 Burgruine Neublankenheim, GC32VEE Eifel Genuss #4 – Saugut, GC32V8X Eifel Genuss #3 – Felschbach; Earthcaches: GC2MZPV Der Dreimühlen Wasserfall, GC2M4D8 Marmor in der Eifel

Obwohl die Strecke durch Aussichtspunkte, Burgen, eine Klosterkirche und den wachsenden Wasserfall abwechslungsreich ist, dürfte sie für die meisten Kinder zu lang sein.

Ich vergebe keine Punkte für Buggytauglichkeit, weil einige Pfade sehr schmal und holprig sind. Außerdem muss hinter Ahütte eine Brücke mit vielen Stufen überwunden werden, auch hinter Niederehe führt ein Pfad mit Stufen bergauf. Wer davor nicht zurückschreckt, sollte am Wasserfall links den parallel zum Ahbach verlaufenden Weg gehen, denn der Pfad vom Wasserfall zur Nohner Mühle ist zu schmal für Buggys.

Für manch einen Hund ist die Strecke zu lang und zu anstrengend. Wenn Ihr Hund Probleme mit Metallgittern hat, sollten Sie sich darauf einstellen, ihn über die Brücke hinter Ahütte zu tragen. Wasser gibt es unterwegs genug, die Leine ist mehrfach nötig, wenn Sie ein kurzes Stück am Straßenrand oder durch einen Ort laufen.

Bushaltestelle „Gasthaus Burghof“, Bus 522 von/nach Hillesheim ZOB, Mo bis Fr 4x (☝ Schulbus)

**P** Parkplatz neben dem Spielplatz an der Kreuzung Fritz-von-Wille-Straße, Illinger Straße und Auf dem Stilsdorf (☝ Achtung bei der Eingabe ins Navi: Kerpen/Eifel – nicht zu verwechseln mit Kerpen/Rheinland)

In der Begleitbroschüre zum Eifelkrimi-Wanderweg finden Sie zahlreiche Hintergrundinformationen und Zitate aus den Eifelkrimis, deren Schauplätze am Weg liegen (€ 3,80 in der **i** Touristeninformation Hillesheim, Adresse ☞ Tour 7).

♦ Die Karte „Regionales Wanderwegenetz im Hillesheimer Land“ erhalten Sie ebenfalls in der **i** Touristeninformation Hillesheim (€ 4,90).

Infos zu den jeweiligen Tatorten erhalten Sie auch, indem Sie dort den QR-Code mit Ihrer Smartphone-Kamera scannen oder einen dort angegebenen Code per SMS schicken. Sie erhalten dann Texte, Fotos und Karten aufs Smartphone.

www.eifelkrimi-wanderweg.de

☺ Die Burg Kerpen ist einen Abstecher am Beginn oder am Ende der Wanderung wert.

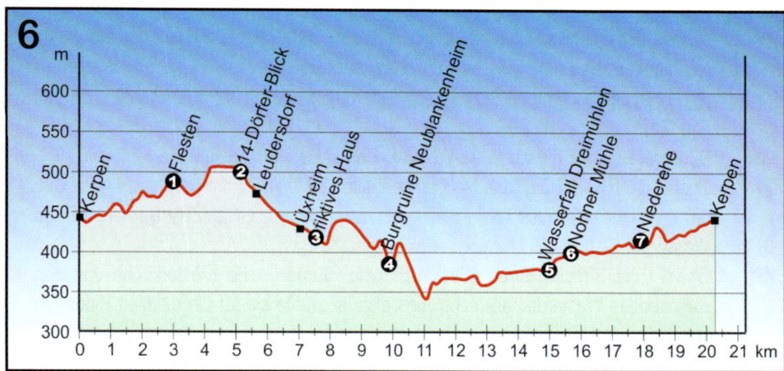

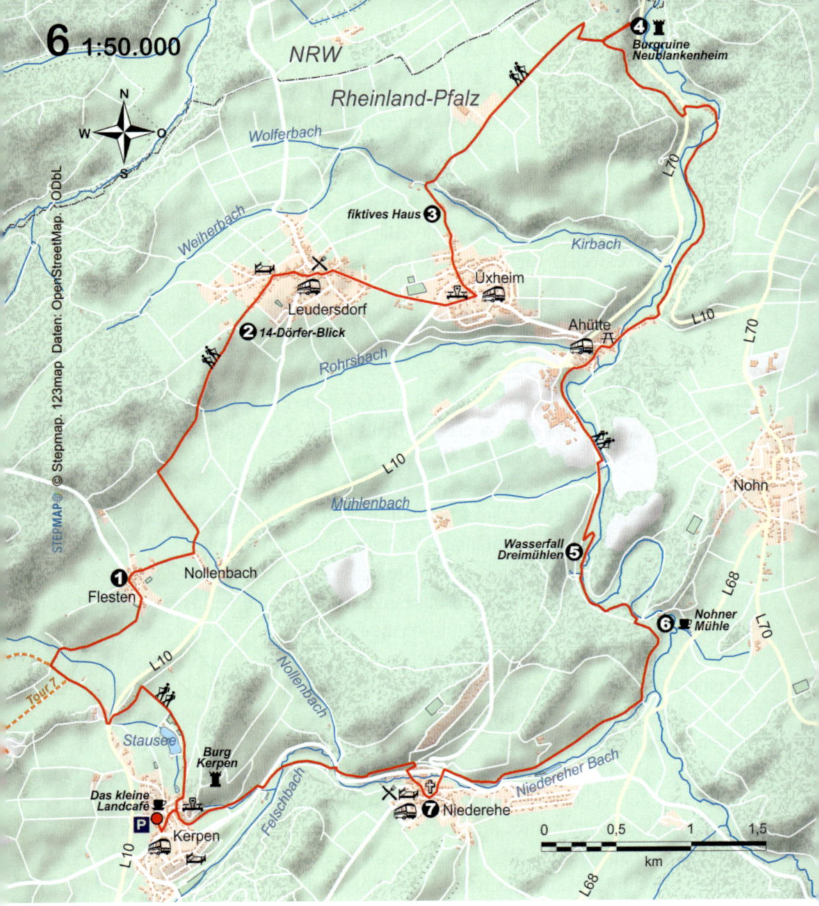


# Mörderische Eifel

In kaum einer anderen deutschen Region spielen so viele gute Regionalkrimis wie in der Eifel. Spätestens seit der Veröffentlichung von Jacques Berndorfs „Eifel-Blues“ im Jahr 1989 sind die Eifelkrimis ein festes Genre in der deutschen Literatur. Etwa 50 Autorinnen und Autoren suchen sich die malerischsten Punkte der Eifel als Schauplätze für ihre Krimis aus. Hillesheim mit seinem Kriminalhaus gilt als das Zentrum der Eifelkrimis. Der Eifelkrimi-Wanderweg ist in Form einer Acht angelegt und verbindet auf etwa 40 km Länge elf Schauplätze der beliebtesten Eifelkrimis zu zwei Tageswanderungen. Eine dritte Route ist geplant.

Laufen Sie vom Parkplatz am Kleinen Landcafé vorbei zur Bushaltestelle. Hier am Fritz-von-Wille-Denkmal gegenüber dem ehemaligen Hotel Burghof folgen Sie links der Fritz-von-Wille-Straße hinunter in den Ort. An der Gabelung halten Sie sich rechts Richtung Stausee und passieren einen mittelalterlichen Pranger. Ganz unten im Dorf gehen Sie am **Brunnen** links Richtung Flesten. Hinter dem Hoflokal Die Einkehr und der Bäckerei Smith biegen Sie rechts ab und folgen dem Wegweiser Richtung Stausee.

Herberge & Hoflokal Die Einkehr, Bachstraße 2, 54578 Kerpen/Vulkaneifel, 065 93/309 96 00, www.die-einkehr.de, Do bis Sa ab 18:00, So 12:00 bis 15:00, Mo bis Mi Ruhetag

Bäckerei Smith, Im Kapelleneck 20, 54578 Kerpen/Eifel, 065 93/14 95, www.baeckerei-smith-eifel.de, Di bis Fr 7:00 bis 11:00, Sa 6:00 bis 12:00, So 7:00 bis 10:00

Am Ortsende laufen Sie links bergauf und an der Gabelung erneut links.

Sie passieren die Freizeitanlage Kerpen und laufen an der Wegkreuzung geradeaus zum Waldrand. Dort gehen Sie links bis zur L10, der Sie für etwa 80 m nach links folgen. An der Bushaltestelle wandern Sie rechts die Zufahrt zur ehemaligen **Strumpffabrik** hinauf und bleiben dabei geradeaus auf dem Teerweg.

An der nächsten Wegkreuzung gehen Sie rechts auf dem Schotterweg hinab zu einer Furt mit Steg und dahinter rechts am Waldrand entlang. Zwischen Wiesen und Weiden wandern Sie bergauf zu einem Teerweg, dem Sie geradeaus zur K69 folgen. Hier laufen Sie am Straßenrand nach **Flesten** ❶. Sie biegen rechts in den St.-Rochus-Weg ein und passieren eine Kapelle. Nun laufen Sie aus dem Dorf hinaus und auf Nollenbach zu. Wenn die Straße einen Rechtsbogen macht, folgen Sie dem Feldweg nach links durch die Wiesen. An der Gabelung gehen Sie links zum Wald hinauf und am Waldrand rechts. Auf der Höhe wandern Sie mit einem weiten Blick auf Üxheim zunächst auf Schotter, dann auf Teer. Der Weg führt durch den Wald und kreuzt den Eifelsteig.

Sie passieren eine Infotafel mit Picknicktisch und Ruheliege. Je nach Quelle oder Gesprächspartner stehen Sie hier am 18-Dörfer-Blick, 16-Dörfer-Blick oder 14-Dörfer-Blick ❷. So viele Dörfer sind dort aber selbst bei klarer Sicht nicht zu sehen, selbst gebürtige Leudersdorfer können mir nur 11 Dörfer zeigen und benennen: Zu sehen sind aktuell noch Lommersdorf, Uedelhoven, Aremberg, Dorsel, Reifferscheid, Barweiler, Nohn, Nürburg, Heyroth, Kerpen und Walsdorf. Die Dörfer Leudersdorf, Üxheim und Ahütte liegen zwar sehr viel näher, man muss aber zumindest ein paar Schritte gehen, um sie zu sehen.

An der Wegkreuzung gehen Sie geradeaus und kommen auf der Straße Auf der Heel nach **Leudersdorf** 🚌. Hier folgen Sie der Schützenstraße nach rechts bis zum ehemaligen Dorfladen, dort biegen Sie rechts in die Kapellenstraße und folgen ihr hinter der Kirche nach links. Sie heißt im weiteren Verlauf Lindenstraße und führt in einem weiten Rechtsbogen aus dem Ort und auf dem Fußweg neben der K69 nach Üxheim. Dabei passieren Sie eine Kapelle und den Sportplatz. Am Ortseingang von **Üxheim** 🍷 ⛼ ⛽ 📯 BANK 🚌 laufen Sie geradeaus auf der Kirchstraße weiter und passieren ein Marienbild. Vor der Kirche biegen Sie scharf links in die Heerstraße ein und wandern auf ihr leicht bergab aus dem Ort heraus. Im Tal heißt die Straße nun Wolfgesbach und führt an einem fiktiven Haus ❸ vorbei, vor dem es in Ralf Kramps Kriminalroman „Malerische Morde“ zum Showdown der Kunstfälscher mit der Polizei kam.

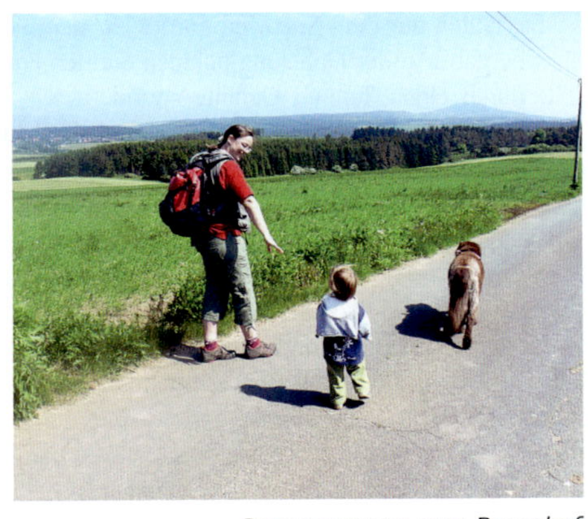

*Panoramaweg zum Beuerhof*

Nach gut 100 m passieren Sie einen Antiquitätenladen und überqueren in der Rechtskurve den Wolfenbach. Sie passieren einen weiteren Eifelkrimi-Tatort namens „Verfolgungsjagd“.

Der Straße folgen Sie nun bergauf und passieren am Ortsausgang den Rettungspunkt 5606-174 und eine Viehtränke, kurz darauf einen Infopunkt („Flucht und Rettung“) sowie eine weitere Tränke.

An der Sitzbank vor der Zufahrt zum **Beuerhof** folgen Sie rechts der Anliegerstraße neben der Stromleitung, zunächst bergauf, dann bergab, bis kurz vor dem Hof vor einer Baumgruppe rechts ein Grasweg in den Wald hinabführt. In einer Linkskurve übersteigen Sie ein Bächlein, der Weg trifft auf einen breiten Forstweg, diesem folgen Sie nach halb links. Nach gut 100 m führt links ein Stichweg zum nächsten Krimischauplatz. Hinter dem Schild 9 des Eifelkrimi-Wanderwegs sind es nur noch wenige Schritte bergab zur **Burgruine Neublankenheim** ⛼ ❹. Von der Burg aus dem 14. Jahrhundert sind noch große Teile der Umfassungsmauern und der 24 m hohe Bergfried erhalten. Die Ruine ist frei zugänglich.

Sie laufen auf dem Stichweg zurück zu dem Forstweg und folgen ihm nach links bergab. An der Gabelung nehmen Sie den linken Weg und unterqueren die L70 durch einen Tunnel. Dahinter wandern Sie zwischen den Gebäuden der Hammermühle hindurch, überqueren den Ahbach und laufen auf der Hofzufahrt durch das Ahbachtal. An der Brücke wandern Sie weiter geradeaus bis zum Ortseingang von **Ahütte**. Hier gehen Sie rechts auf der Ahbachstraße in den Ort hinein.

Sie passieren die Kirche und laufen auf der Hauptstraße in Bögen bergauf. Kurz vor der L70 folgen Sie dem Wegweiser „Fußweg zum Wasserfall" nach links. Zwischen der Sitzbank und dem Steinkreuz folgen Sie der Anliegerstraße bergauf. Sie verläuft unterhalb einer **Zementfabrik** parallel zum Ahbach. Eine Gitterbrücke bringt Sie sicher auf die andere Seite der Werkspiste, dahinter folgen Sie dem nach links führenden, unbefestigten Weg parallel zum Kalkeifel-Radweg. An der folgenden Brücke laufen Sie geradeaus weiter neben dem Radweg, hier kommt der Eifelsteig von rechts hinzu.

An einem einzelnen Baum mit Sitzbank laufen Sie links bergab ins Tal und im Rechtsbogen parallel zum Bachlauf. Sie passieren eine eingezäunte Hütte und erreichen den **Wasserfall Dreimühlen ❺**.

## Der wachsende Wasserfall

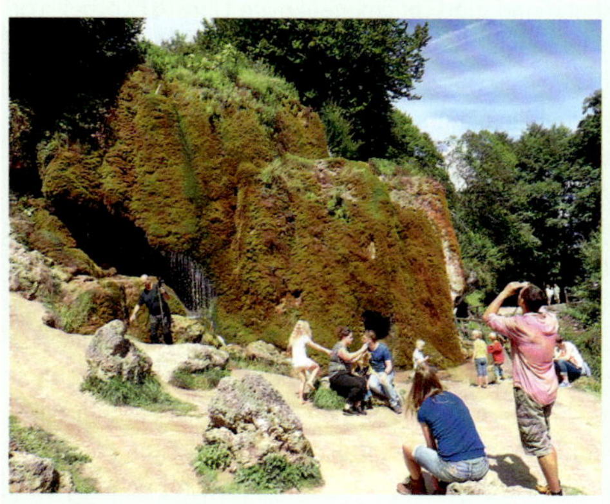

*Am wachsenden Wasserfall*

Beim Bau der Eisenbahnstrecke wurde Wasser aus mehreren stark karbonathaltigen Quelltöpfen zu einem künstlichen Bach zusammengefasst und unter der Bahnstrecke hindurch in den Ahbach abgeleitet. Die Bahnlinie gibt es schon lange nicht mehr, wohl aber den aus dieser Baumaßnahme entstandenen Wasserfall. In Moospolstern an der Geländestufe lagerte sich Kalksinter aus dem Wasser ab, dieses Kalksintergestein wiederum bietet ideale Wachstumsbedingungen für die darauf wachsenden Moose. Auf diese Weise wächst der Vorsprung etwa 10 cm pro Jahr ins Tal hinein.

Der Weg führt vor der Holzbrücke nach rechts und auf Stegen am Wasserfall vorbei. Hinter dem Picknickplatz folgen Sie dem schmalen Pfad, er ist bisweilen sehr matschig. Am Jägerzaun biegen Sie rechts auf den Waldweg ab. Er endet am Rettungspunkt 5606-202. Hier sind Sie nur 100 m vom Café **Nohner Mühle** ❻ entfernt.

Café Nohner Mühle, Nohner Mühle 2, 54578 Nohn, ☏ 026 96/13 14, www.nohnermuehle.de, April bis Nov täglich 11:00 bis 19:00, rustikales Café mit romantischem Biergarten, hausgemachter Kuchen, Waffeln, Brotzeit

Der Eifelkrimi-Wanderweg führt rechts durch die Unterführung und dahinter links auf dem Radweg weiter, der auf einer alten Bahntrasse angelegt wurde. Vor dem Ahbach laufen Sie rechts auf dem Teerweg weiter, nach knapp 400 m, also unmittelbar vor der Brücke, wandern Sie rechts hinauf zum alten Bahndamm. Hier verläuft gleichzeitig der Hochkelberg-Panoramapfad. Am Ende des Pfades laufen Sie links auf der Straße zur Nohner Straße (K59), überqueren die Straße und den Ahbach, passieren den Klosterhof, gehen rechts an der Klostermauer entlang durch die Loogher Straße und erneut rechts die Kerpener Straße hinab.

Der Landgasthof Schröder und die Klosterkirche St. Leodegar gelten als das Zentrum von **Niederehe** ❼.

Landgasthof Schröder, Kerpener Straße 7, 54579 Üxheim-Niederehe, ☏ 026 96/10 48, www.landgasthof-schroeder.de, Mi bis So 10:00 bis 24:00

## Das Kloster von Niederehe

Das ursprünglich nach Plänen von 1162 als Augustinerinnenkloster entworfene Bauwerk wurde 1175 erbaut, aber schon 50 Jahre später der Abtei Steinfeld zugeordnet. Nunmehr wurde es Prämonstrantenserkloster, bis es 1803 unter Napoleon Bonaparte säkularisiert wurde. Das Chorgestühl aus dem Jahr 1530, die wertvollen Gemälde und die Balthasar-König-Orgel von 1715 locken bis heute zahlreiche Kunstinteressierte an. Es handelt sich um die älteste spielbare Orgel in Rheinland-Pfalz.

Am Ende der Kerpener Straße laufen Sie über eine weitere Ahbachbrücke und überqueren die Nohner Straße noch einmal. Sie folgen der Straße geradeaus (Im Bungert) und am vorletzten Haus links dem Pfad über einige Stufen den Berg hinauf zu einem Waldweg. Dort gehen Sie nach links. An einem Fels nehmen Sie halb links den Weg bergab und kommen zu einem alten Steinbruch. Hier wenden Sie sich nach rechts und überqueren nach 20 m links auf einer Holzbrücke die Straße.

Dahinter gehen Sie auf dem Pfad bergauf, er trifft auf einen Teerweg. Hier biegen Sie rechts ab und laufen auf einem Schotterweg, der im Bogen wieder zur Straße führt. Sie überqueren diese und laufen geradeaus auf dem Rad- und Fußweg weiter. An der Gabelung mit der Kapelle wandern Sie links zum Ort Kerpen.

Wer noch Kraft für einen Abstecher hat, steigt rechts zur Burg Kerpen auf. Die über 800 Jahre alte Burg kann zwar leider nicht mehr besichtigt werden, ist aber auch von außen sehr sehenswert. Von 1911 bis 1945 wohnte hier der Eifelmaler Fritz von Wille.

Kerpen, Burg 1, 54578 Kerpen, www.burg-kerpen.com,

*Burg Kerpen*

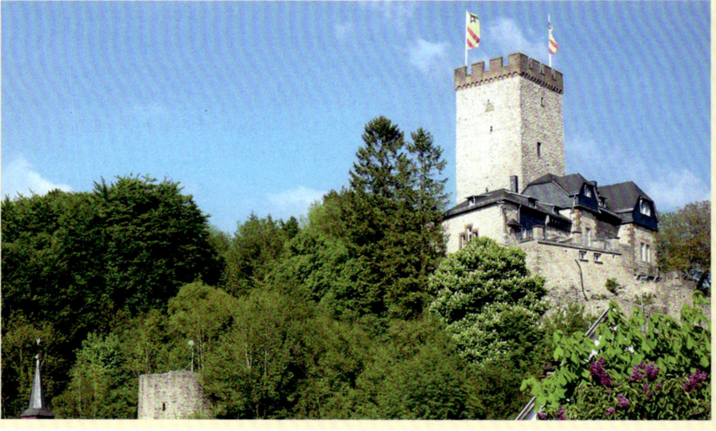

Sie passieren eine Rastmöglichkeit und laufen auf der Bachstraße in den Ort. Biegen Sie links in die Fritz-von-Wille-Straße ein, nun müssen Sie nur noch an der Bushaltestelle nach rechts gehen und erreichen den Startpunkt am Kleinen Landcafé.

♦ Das kleine Landcafé, Fritz-von-Wille-Straße 8, 54578 Kerpen/Eifel, 065 93/99 69 69, www.daskleinelandcafe.de, April bis Okt Di bis So 12:00 bis 18:00, Nov bis März Mi bis So 12:00 bis 18:00, gemütliches Café mit liebevoll gestaltetem Biergarten. Kuchen und kleine Gerichte, die Eintöpfe sind sehr gut.

# 7 Eifelkrimi-Wanderweg (Südrunde)

*Tour für Krimifreunde und geologisch Interessierte*

*Von der Hauptstadt der Eifelkrimis führt diese Wanderrunde durch abwechslungsreiche Landschaft zu weiteren Schauplätzen spannender Kriminalromane und zu zwei Stellen, die untrennbar mit der „Erfindung" der Eifelkrimis verbunden sind.*

Start/Ziel: Touristeninformation Hillesheim, GPS N 50°17.486 E 006°40.315'

17,5 km

6 Std.

284 m/284 m

441-551 m

Weiße Schilder mit dem Text „Eifelkrimi-Wanderweg". Die Markierungen sind beliebte Sammlerobjekte. Obwohl sich das Markierungsteam redlich Mühe gibt, fehlende Schilder schnell zu ergänzen, und obwohl man die Schilder in der Touristeninformation Hillesheim kaufen kann, fehlen immer wieder an entscheidenden Punkten die Wegweiser.

Wanderwege, Pfade, Wirtschaftswege, in den Orten Gehsteige, mehr sonnige als schattige Abschnitte

Café Sherlock (km 0,2) und zahlreiche weitere Einkehrmöglichkeiten in Hillesheim

Rastplätze bei km 5,4, km 9, km 10,1, km 15 und km 15,6, ferner in etwa so viele Sitzbänke wie Wanderkilometer

Do Frischemarkt auf dem Graf-Mirbach-Platz, jeden zweiten Donnerstag große Markttage, zahlreiche Geschäfte in Hillesheim (das letzte bei km 0,6 hinter dem Katharinenstift)

Tradis: GC7601W Hillesheimer Picknick, GC3M1J4 Eifelblick Berndorf, GC2M4RV Backes Eck, GC26JKJ Alte Wehrkirche Berndorf, GC2M4RX Hügelgräber im Eichholz, GC5WJVN St. Martin, GC527CG Tu es oder lass es – Eins – 2 oder 3, GC3FTQ8 Naturnaher Wohnungsbau RB Hotel; Earthcache: GC2M6EX Steinbruch „Weinberg" / Steinbruch der Seelilien

Der Weg ist ziemlich lang und hat neben ein paar Spielplätzen vergleichsweise wenige kindgerechte Höhepunkte.

Es gibt einige holprige und schmale Pfade, eine Stufe auf eine Brücke. Die Treppe zur Berndorfer Wehrkirche lässt sich auf der Kiefernstraße umgehen.

Die Leine ist Pflicht in den Orten, aber auch an den kurzen Straßenquerungen und an der K58 vor Walsdorf wichtig, ansonsten kann Ihr Vierbeiner frei laufen und findet auch genug Wasser. Im Hochsommer können auf den Teerwegen die Pfoten heiß werden.

Hillesheim ZOB, Linie 522 von/nach Gerolstein, Mo bis Fr 7x

Bahnhof Oberbettingen-Hillesheim, 4 km (von hier mit Bus 522 nach Hillesheim, Mo bis Fr 2x, zusätzlich 4x als Schulbus)

Parkmöglichkeiten in Hillesheim, z. B. Augustinerplatz, Am Viehmarkt

In der Begleitbroschüre zum Eifelkrimi-Wanderweg finden Sie zahlreiche Hintergrundinformationen und Zitate aus den Eifelkrimis, deren Schauplätze am Weg liegen (€ 3,80 in der Touristeninformation Hillesheim).

Die Karte „Regionales Wanderwegenetz im Hillesheimer Land“ erhalten Sie ebenfalls in der Touristeninformation Hillesheim (€ 4,90).

Infos zu den jeweiligen Tatorten erhalten Sie auch, indem Sie dort den QR-Code mit Ihrer Smartphone-Kamera scannen oder einen dort angegebenen Code per SMS schicken. Sie erhalten dann Texte, Fotos und Karten aufs Smartphone.

www.eifelkrimi-wanderweg.de

Wer am nächsten Tag vielleicht noch die Nordrunde des Krimiwanderwanderwegs gehen möchte, kann in Hillesheim stilecht im Krimihotel oder im Hotel Zum Amtsrichter, dem ehemaligen Amtsgericht, übernachten.

Diese kriminelle Runde beginnt an der Touristeninformation.

Touristeninformation Hillesheim, Am Markt 1, 54576 Hillesheim, 065 93/80 92 00, Mo bis Fr 9:00 bis 16:30, Sa 9:00 bis 13:00

Sie gehen rechts die Grabenstraße hinauf, biegen an dem runden Turm in der Stadtmauer rechts in die Burgstraße und gehen am Rathaus erneut rechts die Graf-Mirbach-Straße hinab zur Straße Am Markt. Dort auf der Ecke befindet sich das **Kriminalhaus** ❶ mit dem Café Sherlock.

## Ein Paradies für Krimifreunde

Mitten in Hillesheim liegt das Zentrum der Eifelkrimis: Im Kriminalhaus ist fast alles vereint, was die Herzen von Krimifreunden höher schlagen lässt. Auch ohne Hunger oder Durst ist das Café Sherlock einen Besuch wert, denn überall erinnern Gemälde, Fotografien, Poster, lebensgroße Puppen und Mordwerkzeuge (sicher eingeschlossen in Vitrinentischen) an die besten Kriminalromane der Literaturgeschichte. Im Deutschen Kriminalarchiv erwartet Sie mit knapp 30.000 Bänden die größte Sammlung deutschsprachiger Krimis. Hinzu kommen etwa 70 kriminell gute Spiele. Doch damit nicht genug: In der Buchhandlung Lesezeichen gibt es ein Krimikabinett mit ausgesuchter Kriminalliteratur, Raritäten und Klassikern, im Antiquariat Krimi & Co. gibt es vieles zum Thema aus zweiter Hand. Abgerundet wird das Kriminalhaus durch den KBV-Verlag, der sich – wie soll es anders sein – auf die Publikation von Kriminalliteratur spezialisiert hat.

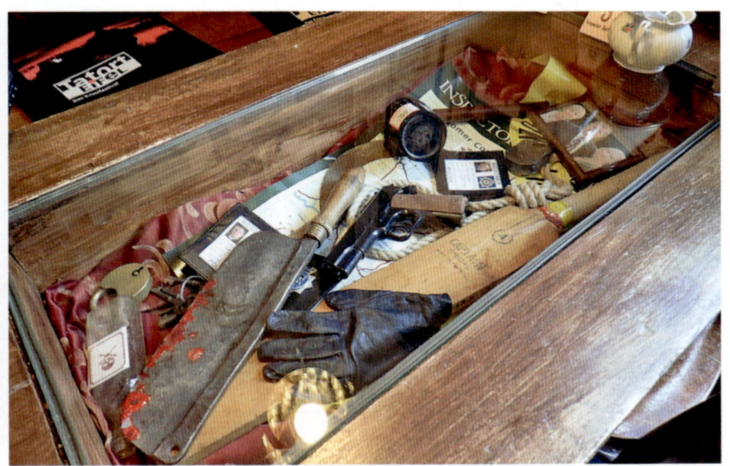


*Im Café Sherlock*

Café Sherlock, Kriminalhaus, Am Markt 5-7, 54576 Hillesheim, ☏ 065 93/80 94 35, www.kriminalhaus.de, 10:00 bis 18:00, Mo Ruhetag (außer in Ferienzeiten). Auf der Karte finden Sie einen Kaffee namens Schwarzer Tod, Killer-Kakao, typisch britische Scones für den „5 o'clock tea", kriminell gute Steckrübensuppe ...

Laufen Sie links leicht bergab zum Krimihotel und dort rechts über den Augustinerplatz.

Das Krimihotel, Am Markt 14, 54576 Hillesheim, ☏ 065 93/98 08 96 00, www.krimihotel.de. Geschlafen wird in Themenzimmern wie Miss Maple, Edgar Wallace, James Bond, Derrick, Magnum oder Pater Brown. Sogar einen Escape Room gibt es!

Am Ende des Platzes biegen Sie rechts in die Wallstraße ab und nehmen sofort halb links den Fußweg am Pilatushof hinauf zur Kölner Straße.

Dieser folgen Sie auf dem Gehweg nach links und passieren das alte Amtsgericht. Es wurde nach der Schließung des Gerichtsstandorts 1967 zum 🛏 Hotel **Zum Amtsrichter**.

🛏 Zum Amtsrichter Hotel Garni, Kölner Straße 10, 54576 Hillesheim, ☎ 065 93/985 70, 💻 www.amtsrichter.de. Im Gebäude des Königlich Preußischen Amtsgerichts zu Trier in Hillesheim aus dem Jahr 1860 entstand 1967 das Hotel Zum Amtsrichter. Geschlafen wird in umgebauten Gefängniszellen, überall erinnern wuchtige Mauern und eisenbeschlagene Türen an den ursprünglichen Verwendungszweck. Gruppen können in Sträflingskleidung ihre Henkersmahlzeit einnehmen.

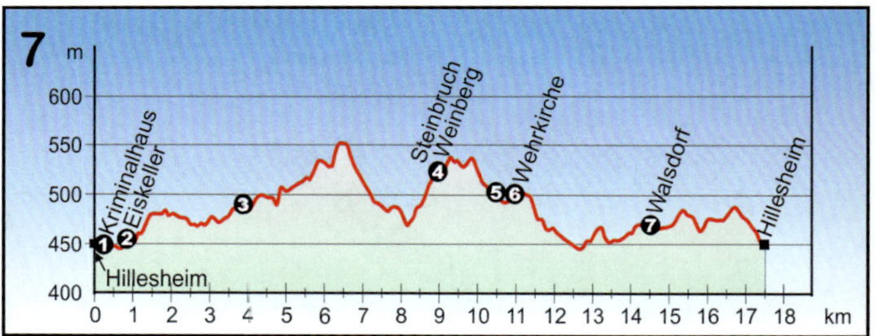


Vor dem Katharinenstift biegen Sie am Fußgängerüberweg links ab und gehen an der T-Kreuzung auf der Rückseite des Stiftes rechts. Der Teerweg wird zum schmalen Schotterweg und ist gleichzeitig als Rhein-Kyll-Weg markiert. Er führt am Hillesheimer Bach entlang und links über eine Holzbrücke zum historischen **Eiskeller ❷**. Der Stollen wurde im 19. Jahrhundert in den Buntsandstein getrieben und diente als Kühlraum für die Hillesheimer Brauereien.

Der Weg macht einen Linksbogen zur Industriestraße, dieser folgen Sie für etwa 100 m nach rechts, danach gehen Sie links durch eine Unterführung und folgen dem Grasweg geradeaus bis zu einem Teerweg. Hier biegen Sie rechts ab und können auf der Höhe schöne Blicke ins Umland genießen.

Nach etwa 250 m laufen Sie an der T-Kreuzung links durch die Birkenallee und nehmen danach die erste Möglichkeit nach rechts. Auf einem Schotterweg laufen Sie bergab zur L26 und passieren dabei eine Zeder mit Rastbank. Sobald Sie die Landstraße gequert haben, entdecken Sie eine Tafel, auf der Sie über den Mord am Südhang aus dem Berndorf-Krimi „Eifelgold“ aufgeklärt werden.

Sie laufen geradeaus auf dem Schotterweg weiter, linker Hand schimmert der gepflegte Rasen des Golfplatzes durch die Bäume. Der Weg macht einen Linksbogen und führt geteert geradeaus unter einer Stromleitung hindurch. Unmittel-

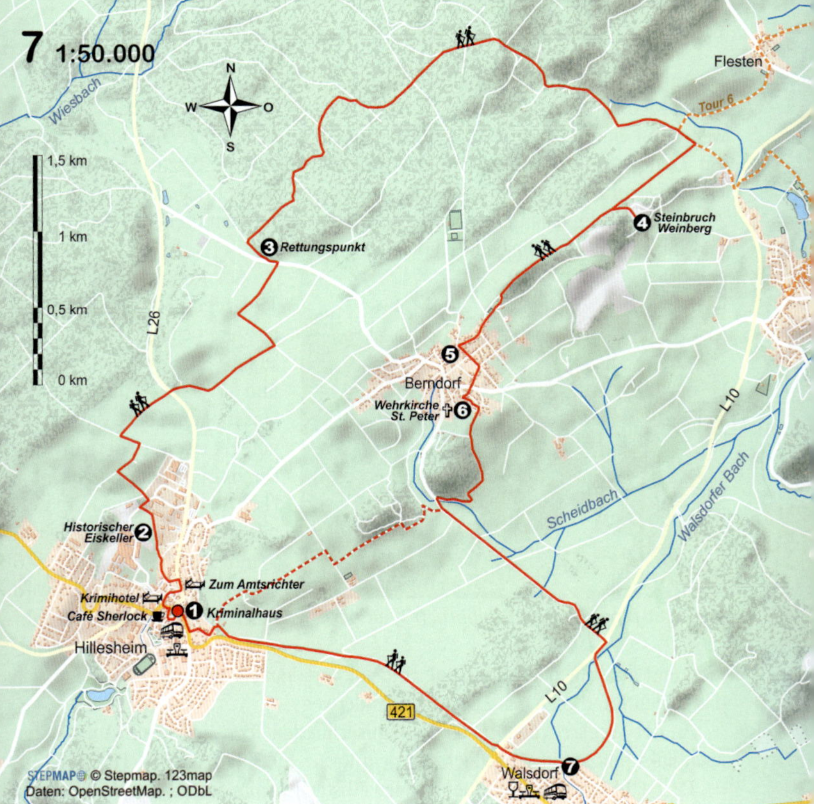


bar vor dem Mast einer Überlandleitung biegen Sie links in den Feldweg ein und erfahren, dass an der Bahn 16 des Golfplatzes auch schon Leichen gefunden wurden („Eifel-Filz"). Sie biegen rechts ab und gehen unter der Stromleitung hindurch. Nach etwa 400 m erreichen Sie die K58. Sie folgen der Straße für 60 m nach links, dann biegen Sie rechts in den Wirtschaftsweg ein. Er passiert den Rettungspunkt 5606-187 ❸ und eine weitere Tafel zu Eifelkrimi-Mordfällen auf dem **Golfplatz Berndorf**.

Sie wandern nun auf einem Teerweg bergab und biegen nach 200 m rechts in den Wald ab. Sie laufen an einer Schranke und mehrere Rastbänken vorbei immer geradeaus durch aromatisch duftenden Wald. Auch am Rettungspunkt 5606-189 folgen Sie weiter dem bisherigen Weg, gehen also an der Bank mit Tisch rechts, nun leicht bergauf.

An der Gabelung halten Sie sich links und laufen weiter bergauf. Der Wald lichtet sich und Sie laufen an der Wegkreuzung geradeaus auf dem Waldweg weiter. An einer Einmündung von links halten Sie sich halb rechts. Sie passieren ein Gedenkkreuz für drei mit US-Bombern B17 abgestürzte Soldaten. Am **Hubertuskreuz** biegen Sie rechts ab und passieren den Rettungspunkt 5606-193. An der Gabelung dahinter wandern Sie geradeaus auf dem breiteren Weg bergab und um eine Weihnachtsbaumschonung herum.

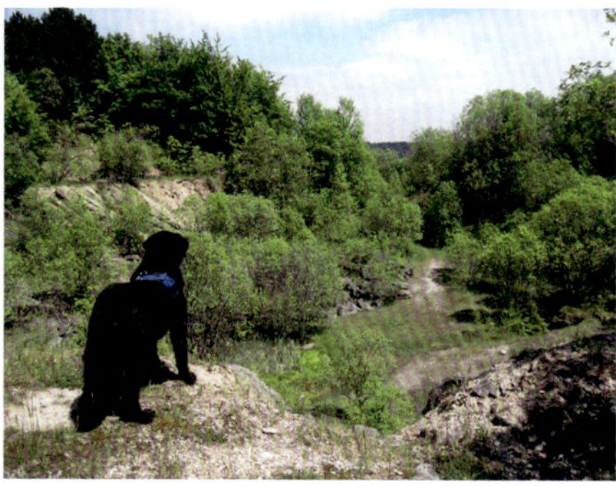

*Aussicht hinab in den Steinbruch Weinberg*

Am Rettungspunkt 5606-194 gehen Sie geradeaus und passieren einige Teiche. Im Tal laufen Sie zwischen Feldern und Wiesen einen weiten Linksbogen, der Weg führt geteert weiter bergab und kommt zu einer Schranke. Hier können Sie zur Burg Kerpen blicken („Eine Zeugin"). Wenn Sie die Wanderung 6 schon gelaufen sind, wird Ihnen dieser kurze Wegabschnitt zwischen dem Waldrand und der folgenden Kreuzung bekannt vorkommen, denn hier berühren sich die beiden Rundwege des Eifelkrimi-Wanderwegs.

An der Wegkreuzung gehen Sie nun rechts den Teerweg hinauf. Am zweiten nach links führenden Weg (hier steht ein Kreuz für Hugo Voss, * 10.03.1924, + 3.12.1944) sollten Sie einen kleinen Abstecher zum **Steinbruch Weinberg** ❹ machen (➲ 100 m).

## Der Weinberg bei Berndorf

Der Weinberg besteht aus Kalkstein und Dolomit. Als diese Gesteinsschichten im Devon entstanden, befanden sich hier Riffe des Urmeeres, deshalb sind in dem Gestein viele Fossilien zu finden. Hier standen bereits eine keltische Fliehburg und ein mittelalterlicher Wohnturm, die dem Abbau von Marmor zum Opfer fielen. Der Steinbruch war schon nicht mehr in Betrieb, als der Journalist Michael Preute ihn während einer längeren Recherche für den SPIEGEL entdeckte. Hier fand er so viel Entspannung, dass er auf die Idee kam, einen Regionalkrimi zu schreiben. Das ist gut zu verstehen, wenn man in diesem Biotop die seltensten Schmetterlinge bei ihrem Tanz durch die Lüfte beobachtet und sieht, wie sich die Natur nach der brutalen Ausbeutung erholt.

Nach dem geologisch interessanten Abstecher wandern Sie zurück zum Wirtschaftsweg und dort mit dem Eifelsteig nach links bergauf. Sie passieren einige Findlinge und einen kleineren Steinbruch, dahinter laufen Sie an der Wegkreuzung geradeaus. Der Weg schwenkt nach links zum Ortseingang von **Berndorf**, einem Ort, der ebenfalls eng mit der Entstehung der Eifelkrimis verbunden ist. Hier haben Sie einen guten Blick auf die beiden Kirchen, an denen Sie später vorbeiwandern werden.

Der Teerweg führt an einem Bolzplatz und einer Marienkapelle vorbei, nennt sich nun Weinbergstraße und passiert das Gemeindehaus. Am Punkt „Neue Identität mit altem Ortsnamen" ❺ erfahren Sie, warum der Journalist Michael Preute seine Krimis unter dem Pseudonym Jacques Berndorf schreibt.

Hier folgen Sie der Lindenstraße nach links und nehmen die zweite Straße rechts (Birkenstraße). Sie gehen nun genau auf die Kirche zu, queren die Pastor-Fuhrmann-Straße und laufen geradeaus durch die Kirchstraße an der neuen Kirche St. Peter vorbei. Dahinter führt eine Treppe mit einem kleinen Kreuzweg zur alten **Wehrkirche** ❻ hinauf. St. Peter wurde 1513-15 gebaut. Der wehrhafte Bau mit den kleinen Fenstern und den mächtigen Wänden wurde zusätzlich durch einen Graben, einen Wall und eine Mauer geschützt.

*Strammen Schrittes zum nächsten Krimischauplatz*

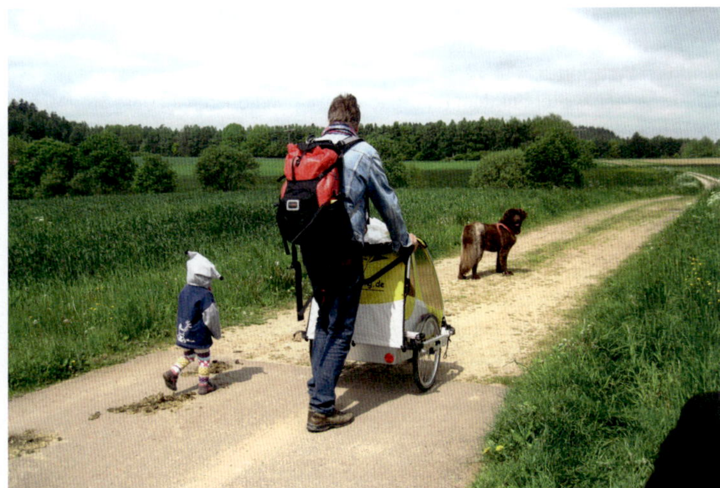

Unterhalb der Kirche folgen Sie einem Pfad zur Kirchenzufahrt, an deren Ende biegen Sie rechts in die Straße Zur Wehrkirche ein und wandern auf einem Feldweg aus dem Ort hinaus. Hier laufen Sie wieder auf dem Eifelsteig. Eine Infotafel erwähnt eine Hubschrauberlandung in Berndorfs Krimi „Eifel-Schnee".

An der Gabelung halten Sie sich links und gehen nach etwa 50 m erneut links, nun auf einem bergab führenden Grasweg. Nach links eröffnet sich noch einmal ein Blick hinüber zur Burg Kerpen. Der Weg führt um den **Buberg** herum, links bergab und in einem Rechtsbogen am Waldrand entlang. Im Frühsommer können Sie hier viele verschiedene Schmetterlinge beobachten. Sie wandern unter der Stromleitung hindurch und erreichen die K58. Dieser folgen Sie nach links und überqueren dabei den Berndorfer Bach. Nach 100 m führt der Eifelsteig nach rechts.

Knapp 3 km können Sie einsparen, wenn Sie hier dem Eifelsteig über die Schwedenschanze folgen.

Der Eifelkrimi-Wanderweg verläuft weiter geradeaus etwa 1,5 km auf der wenig befahrenen K58. Sie überqueren dabei den Scheidbach und haben am Waldrand noch einen netten Blick zurück nach Berndorf und zum Weinberg. Am Ende der Straße überqueren Sie die L10 und folgen dem Rad- und Fußweg nach rechts. Sie überqueren den Walsdorfer Bach und laufen an der nächsten Gabelung rechts auf der alten Bahntrasse weiter, bleiben also auf dem Teerweg. Er führt in einem weiten Rechtsbogen und unter einer Brücke hindurch zum Ortsrand von **Walsdorf** 7.

Sie bleiben weiter auf dem Rad- und Fußweg und queren an dem Stoppschild vorsichtig die L10. Hier finden Sie rechts auf dem P Parkplatz „Alte Trasse Hillesheim" noch einen Picknicktisch. Bleiben Sie geradeaus auf der Bahntrasse. Sie unterqueren eine Brücke, dahinter weicht der Teer angenehmer zu laufendem Schotter. Hinter der Holzbrücke entdecken Sie weitere schöne Picknicktische.

Sie laufen unter einer weiteren Brücke hindurch und folgen am Ende des Rad- und Fußwegs der Kalkeifel-Radroute geradeaus. Sie führt links durch eine Unterführung und (nun wieder mit dem Eifelsteig) geradeaus weiter. An dem **Kapellchen** laufen Sie rechts in eine Sackgasse und links steil bergab zur Koblenzer Straße (B421). Dieser folgen Sie nach rechts, passieren das Cateringunternehmen „Der Teller" und erreichen keine 100 m dahinter den Startpunkt an der i Touristeninformation Hillesheim.

# 8 Im Bolsdorfer Tälchen

*Tour für Barfußläufer und Spielkinder*

*Es müssen nicht immer Krimischauplätze sein, um in Hillesheim eine schöne Wanderung zu unternehmen. Nahezu barrierefrei, sehr abwechslungsreich und spannend für Kinder ist eine kleine Runde durch das Bolsdorfer Tälchen. Sonne und Schatten wechseln sich bei dieser Tour ab.*

Start/Ziel: Hillesheim, Mühlendamm, N 50°17.472' E 006°40.190'

5,2 km

1 Std. 30 Min.

87 m/87 m

402-452 m

Keine einheitliche Wegmarkierung, gelbe und rote Markierungen der Jogging- und Walkingrunden, auf dem Hinweg helfen zudem die Eifelsteig-Wegzeichen.

Park- und Wanderwege

zahlreiche Einkehrmöglichkeiten in Hillesheim, sonst Rucksackverpflegung

Rastplätze bei km 0,5, km 0,8, km 2,4, km 3,4 und km 4,6, Schutzhütte bei km 4,5, außerdem zahlreiche Rastbänke und zwei Ruheliegen

Einkaufsmöglichkeiten in Hillesheim

Tradis: GC613VJ Bolsdorfer Tälchen, GC6148J Hillesheimer Barfusspfad, GC61CDB Bolsdorfer Tälchen #1

Kindern reicht mitunter schon die 1,5 km kurze Barfußstrecke, denn sie können sich sehr lange damit beschäftigen, wie unterschiedlich sich Rasen, Kies, Splitt, Rindenmulch, Natursteinplatten etc. an den Füßen anfühlen. Es gibt am See Balanciersteine und eine Bachfurt, wer dort unachtsam ist, benötigt Wechselsachen. Ferner finden Sie zu Beginn/Ende der Wanderung zwei Spielplätze.

Die Strecke ist durchgängig buggytauglich. Eine Steigungsstrecke mit Graspfaden hinter Bolsdorf lässt sich auf einem Talweg vermeiden.

Keine Leine nötig, gefährliche Straßen sind weit entfernt.

Hillesheim ZOB, Linie 522 von/nach Gerolstein, Mo bis Fr 7x

Bahnhof Oberbettingen-Hillesheim, 4 km (von hier mit Bus 522 nach Hillesheim, Mo bis Fr 2x, zusätzlich 4x als Schulbus)

Hillesheim, Mühlendamm

Wer den Barfußpfad ausprobieren möchte, sollte ein Handtuch mitnehmen, denn die Station 25 heißt nicht ohne Grund „Fußbad im See“.

Die Touristeninformation liegt nur etwa 200 m vom Start/Ziel entfernt. Am Markt 1, 54576 Hillesheim, 065 93/80 92 00, Mo bis Fr 9:00 bis 16:30, Sa 9:00 bis 13:00

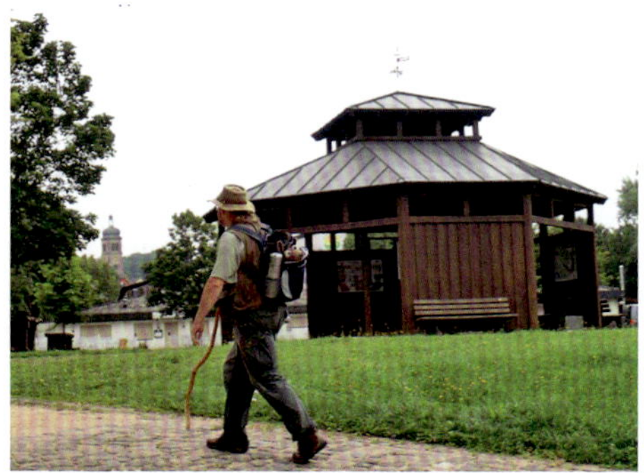

Der Infopavillon am Hildesheimer See

Sie starten in der Sackgasse Mühlendamm, die von der B421 nach Süden abzweigt. Unterhalb der alten Hillesheimer Stadtmauer laufen Sie Richtung Bolsdorfer Tälchen. Die Stadtmauer aus dem 13. Jahrhundert mit ihren Türmen und Wehrgängen ist noch erstaunlich gut erhalten. Die Straße wird zum Fußweg und verläuft parallel zum Hillesheimer Bach. Nach einem Linksbogen erreichen Sie auf Höhe des Hexenturms einen großen Spielplatz.

Dahinter gehen Sie rechts über den Bach und passieren zunächst den Sportplatz, direkt im Anschluss die Tennishalle ✕. Hinter dem Parkplatz der Tennishalle erreichen Sie einen ⛼ Rastplatz mit einem Infopavillon am **Hillesheimer See ❶**.

☺ Hier beginnt auch eine 1,5 km lange **Barfußstrecke**, auf der Sie an 25 Stationen ganz verschiedene Untergründe unter den Fußsohlen erleben werden.

## Ein Fußerlebnis für kleine und große Kinder

Ganz mutige kleine Forscher lassen sich mit geschlossenen Augen an der Hand führen. Wer kann erraten, was da gerade für eine sanfte oder kräftige Fußmassage sorgt? Ist es feiner Meersand, grober Kies oder zerkleinerte Baumrinde? Ganz besonders ist das Barfußlaufen an einem sonnigen Tag: Ist die rote, die weiße oder die schwarze Trittplatte am wärmsten – oder sind alle gleich warm, weil sie ja auch aus dem gleichen Material sind? Auch die schwarze Lava und der Rheinsand fühlen sich an einem Sonnentag ganz unterschiedlich an, obwohl die Körnchen gleich groß sind.

Laufen Sie dort halb links zum Uferpfad hinab, dem Sie nach rechts folgen. Mächtige Steine am Ufer und ein weiterer Spielplatz laden zu einer Rast ein. Wenige Meter hinter dem Spielplatz finden Sie sogar eine hölzerne Liegebank des Eifelsteigs, auf der es sich noch besser entspannen lässt. Weitere Sitzbänke und ein weiterer ⛼ Picknicktisch an der nächsten Gabelung machen die Entscheidung nicht leichter, ob und wo die erste kleine Pause eingelegt werden könnte.

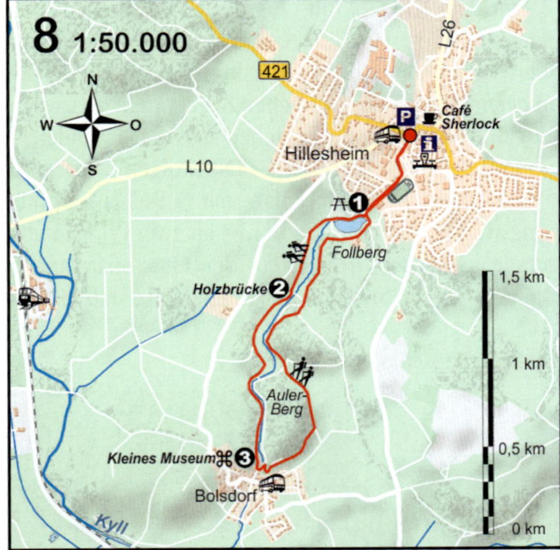


Gehen Sie an der Gabelung rechts über den **Hillesheimer Bach** und dahinter auf den Trittsteinplatten des Barfußpfades neben dem Teerweg nach links. Sie folgen nun dem Barfußpfad von Station 6 bis 15, gehen also an der Sitzbank nach links und auf dem Schotterweg leicht bergab.

An der **Holzbrücke** ❷ mit der Turnstange von Karlas Fitnesspfad (4, 5, Eifelsteig) bleiben Sie halb rechts im Bachtal. (Hier führt die Barfußstrecke links über den Bach wieder zurück zum Startpunkt.)

In der weiten Linkskurve haben sportliche Naturen die Möglichkeit, einer kleinen **Seilstrecke** im Wald zu folgen, die parallel zum geschotterten Talweg angelegt wurde. An der nächsten Gabelung bleiben Sie auf dem nach links führenden Schotterweg. Sie kommen zu einem Balancierbalken, hier ergibt sich eine weitere Möglichkeit, die Strecke nach links über den Bach abzukürzen. Der Rundweg führt hier immer noch geradeaus durch den Wald bis an den Ortsrand von **Bolsdorf** 🚌 mit dem Kleinen Museum ❸. Davor befindet sich ein schöner ⊼ Picknicktisch.

⌘ Kleines Museum Bolsdorf, Im Auel, 54576 Hillesheim-Bolsdorf, ☏ 065 93/655 + 15 02, ✉ schmitz-bolsdorf@t-online.de, April bis Sep 1. und 3. So 14:00 bis 17:00, für Gruppen ganzjährig nach telefonischer Anfrage, Eintritt frei. Das Museum zeigt Alltagsgegenstände aus fast vergangenen Zeiten. In verschiedenen Themenbereichen sind Szenen aus dem Alltag und aus dem Arbeitsleben zu sehen, z. B. aus der Schule, beim Dorfschmied, Schuster oder Schreiner.

An der nächsten Straßenkreuzung passieren Sie das **Backhaus** des Dorfes, verlassen den Eifelsteig und wandern nach links die Straße hinauf (5, 6). An der nächsten Wegkreuzung laufen Sie rechts Richtung Friedhof (5). (Wer keine Kraft mehr für einen Aufstieg hat, folgt hier links dem Weg 6 durch das Tal.)

Vor dem **Friedhof** führt Sie der Grasweg nach rechts am Waldrand entlang zu einem Teerweg. Hier bietet eine Sitzbank einen netten Ausblick. Folgen Sie dem Teerweg nach links bergauf. Er führt östlich um den **Auler-Berg** herum und endet an einem Schuppen, hier gehen Sie auf dem Grasweg am Waldrand entlang leicht bergab. Hinter zwei Bodenrinnen aus Metall wandern Sie nach links zu einer Bank am Rettungspunkt 5705-332. Dort folgen Sie dem Schotterweg nach rechts.

An einem Picknickplatz mit Seilschaukeln mündet von links der Abkürzungsweg (6) ein, der kurz davor an zwei Wippen vorbeiführte. Sie laufen weiter geradeaus an den Treppen für den Fitnessparcours und einigen Felsen entlang. Dabei passieren Sie auch einige Sitzbänke und eine Schutzhütte.

*Das Backhaus in Bolsdorf*

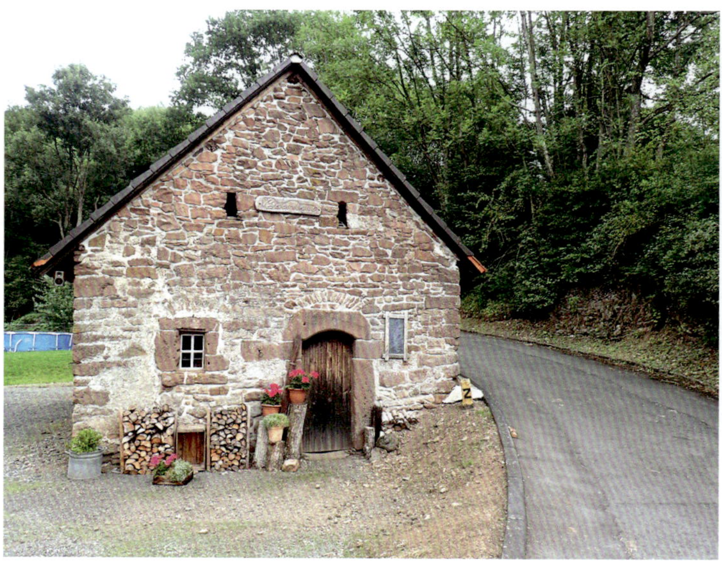

Sie wandern an der Brücke geradeaus auf dem Teerweg weiter unterhalb des Follbergs, passieren den **Bachwiesenhof** und gehen dahinter links über die Brücke zum Infopavillon ❶. Von hier nehmen Sie denselben Weg wie auf dem Hinweg, laufen also an der Tennishalle, dem Sportplatz und dem Spielplatz entlang zurück zum Parkplatz.

# ⑨ Vom Vulkangarten Steffeln zum Eichholzmaar

*Tour für Vulkanismusfreunde und Quellwassertrinker*

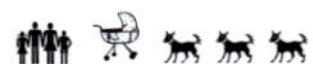

*An wenigen Stellen lässt sich die vulkanische Vergangenheit der Eifel besser erkunden als rund um Steffeln. Am Steffelnkopf gibt der Vulkangarten einen Blick auf die Gesteinsschichten an der Vulkanwand frei, später können Sie Mineralwasser vulkanischen Ursprungs kosten. Ein typisches Eifelmaar wird umrundet und eine gut aufbereitete römische Ausgrabungsstätte besucht.*

Start/Ziel: Dorfgemeinschaftshaus Steffeln, GPS N 50°17.249' E 006°34.196'

10,3 km

3 Std. 30 Min.

176 m/176 m

449-549 m

Wegmarkierung der örtlichen Wanderwege 2 und 3, G für Georundwege und Vulkanpfad

Wirtschaftswege, Pfade und in den Ortschaften Gehwege, vorwiegend sonnig

Gastwirtschaft Sünnen (km 0,2), Vulkanhotel Steffelberg (km 0,3)

Witterungsschutz im Steffelner Bushäuschen (km 0,1), in der Schutzhütte am Vulkangarten (km 1,7), im Hochstand am Eichholzmaar (km 3,8) und in der Infohütte an der römischen Ausgrabung (km 5,5), Rastplätze bei km 0,4, km 1,7, km 3,5, km 4 und km 5,5, außerdem etliche Sitzbänke

Tradis: GC5PM3G Eifelblick Auf Bremscheid, GC7R10N Notlandung; Earthcache: GC2QZ06 Was machte man mit Schweißschlacke?, GC2AZ33 Eichholzmaar

Die Strecke ist abwechslungsreich genug, um Schulkindern zu gefallen. Hat man kleine Vulkanismusfans dabei, sollte man damit rechnen, dass sie den Vulkangarten mit seinen Infotafeln und Experimentierstationen erforschen wollen. Dafür sollten bis zu zwei Stunden extra eingeplant oder – als Plan B – das Maar und der Drees in einem zweiten Anlauf besucht werden.

Der Weg ist nur für sehr geländegängige Buggys mit Power-Schiebern geeignet. Der Pfad hinter dem Steffelner Drees ist im Sommer stark bewachsen, an seinem Ende muss der Buggy unter einem Holzbalken hindurchmanövriert werden. Den holprigen Wurzelpfad hinter der L24 können Sie umgehen, indem Sie am Eichholzmaar hinter dem Picknicktisch geradeaus dem Vulkanpfad zum **P** Parkplatz Eichholzmaar folgen und dort auf der anderen Straßenseite geradeaus den Wirtschaftsweg nehmen.

Schöne Hunderunde mit viel Wasser, die Leine ist nur in den Orten und bei Straßenquerungen nötig.

Bushaltestelle „Steffeln", Bus 522 von Gerolstein, nur Schulbus

P großer Parkplatz zwischen Dorfgemeinschaftshaus und Kirche

Sie starten zu dieser Wanderung, indem Sie unterhalb der Kirche der Lindenstraße leicht bergab folgen. Ihnen wird auffallen, dass die **Pfarrkirche St. Michael** auf einem Felsen gebaut wurde. Er besteht aus vulkanischem Palagonitgestein, das bei der schlagartigen Abkühlung von Basaltlava entsteht und eine glasartige Struktur hat.

An der Bushaltestelle folgen Sie der Lindenstraße nach links und kommen an eine Kreuzung. Links liegt die Gastwirtschaft Sünnen (50 m).

Gastwirtschaft Sünnen, Brunnenstraße 3, 54597 Steffeln, 065 93/85 10, www.gastwirtschaft-suennen.de, Di bis Fr ab 11:00, Sa und So ab 9:30, Mo Ruhetag

Die Wanderung führt rechts die Hochstraße hinauf. Direkt hinter dem Vulkanhotel Steffelberg gehen Sie an der Kreuzung links (2, Vulkanpfad).

Vulkanhotel Steffelberg, Hochstraße 7, 54597 Steffeln, 065 93/85 06, www.balance-hotel-eifel.de, täglich 12:00 bis 21:30

Am Ortsende laufen Sie weiter geradeaus bergauf und passieren die **Judas-Thaddäus-Grotte**. Hier beteten die Steffelner Frauen im und nach dem Zweiten Weltkrieg um eine glückliche Heimkehr ihrer Männer. Bis heute kommen sorgenbeladene Menschen mit Blumen und Kerzen, um in der Grotte den heiligen Judas Thaddäus, einen der zwölf Apostel, um Fürsprache zu bitten.

Die Straße macht an einer Halle einen Rechtsbogen, hier folgen Sie geradeaus (2) dem Teerweg und steigen nach 30 m geradeaus auf dem steilen Schotterweg zu einer Weide auf. An deren Rand wandern Sie nach rechts zu einem Wirtschaftsweg, dem Sie bergauf nach links (2) folgen. Der Weg macht einen Rechtsbogen zu einer T-Kreuzung. Hier haben Sie einen schönen Blick zurück nach Steffeln.

Dem Wegweiser des Vulkanpfads „Maare & Vulkane" folgend biegen Sie rechts ab und laufen am Waldrand entlang. Hinter dem Wäldchen geht es geradeaus bergab zum nächsten Waldstück. Dort nehmen Sie an der T-Kreuzung den Weg nach links und laufen auf eine Sitzbank mit Aussicht zu. Hier erhalten Sie auch Informationen zur Mühlsteingewinnung und zum **Vulkangarten Steffeln**.

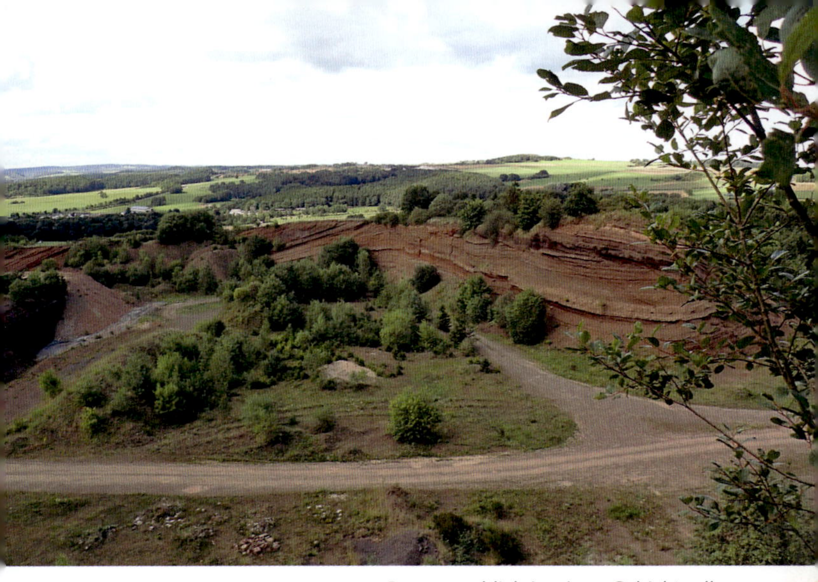

*Panoramablick in einen Schichtvulkan*

↳ Geradeaus bergab ergibt sich die Möglichkeit, auf einer interessanten Runde den Vulkangarten zu erkunden. Dafür sollten Sie eine Stunde (mit Kindern zwei) extra einplanen.

## Vulkangarten

Auf dem Steffelnkopf wurde in mehreren Steinbrüchen und einer Lavagrube vulkanisches Gestein abgebaut. Nach deren Stilllegung wurde der Vulkangarten Steffeln angelegt und erstaunlich rasch siedelten sich Pflanzen und Tiere an, die sich auf extrem nährstoffarmen Rohboden, lockere vulkanische Aschen und die Hitze der sonnenbeschienenen Hänge spezialisiert haben. Unter diesen Pionierpflanzen sind sehr seltene Arten.

Ihr Rundweg führt links auf dem breiten Schotterweg weiter und an einem in die Jahre gekommenen Barfußpfad vorbei. Auf der Höhe am **Markuskreuz** haben Sie eine schöne Aussicht mit Sitzbank, nur gut 40 m weiter entdecken Sie am **Eifelblick Steffelberg ❶** eine Schutzhütte und einen Rastplatz mit ebenso schönem Blick in den Vulkangarten.

Dahinter laufen Sie geradeaus weiter, halten sich also links von Grasfläche und Fahnenmast. Der Weg macht einen Rechtsbogen in den Wald hinein, wo die Baumstämme und Felsen dicht mit Moos bewachsen sind. Nach einer scharfen

Linkskurve verlassen Sie den Wald und laufen rechts bergab Richtung Eichholzmaar und Mineralquelle. Zwischen Feldern führt der Weg bergab und an einer Scheune vorbei.

Hinter dem **Oosbach** gehen Sie an der Kreuzung vor der nächsten Scheune links auf dem geteerten Wirtschaftsweg weiter und biegen nach 200 m scharf rechts (2) auf einen anderen Teerweg ab.

Vor der kleinen Baumgruppe nehmen Sie links den Grasweg. Am Ende der Felder laufen Sie rechts parallel zu einer Baumreihe zum **Steffelner Drees ❷**.

## Wasser aus dem Drees

Die Mineralquelle Steffelner Drees ist kohlensäure- und eisenhaltig. Hierdurch entstanden auch die auffälligen rötlichen Sedimentablagerungen rund um die Quellfassung und im Bachbett. Bis heute gibt es Einheimische, die das Wasser dieser Quelle in Flaschen füllen, weil ihm heilende Kräfte zugeschrieben werden. Auch im klassischen Rezept für Hedelich-Kooche, den typischen Eifler Pfannkuchen aus Buchweizenmehl, ist Drees-Wasser aufgeführt (☞ Rezept bei Tour 14).

An der Quelle steht ein ⩩ Picknicktisch, das köstlich kühle Wasser ist allerdings nicht jedermanns Geschmack, denn einige der Mineralien schmecken stark heraus, besonders das Eisen.

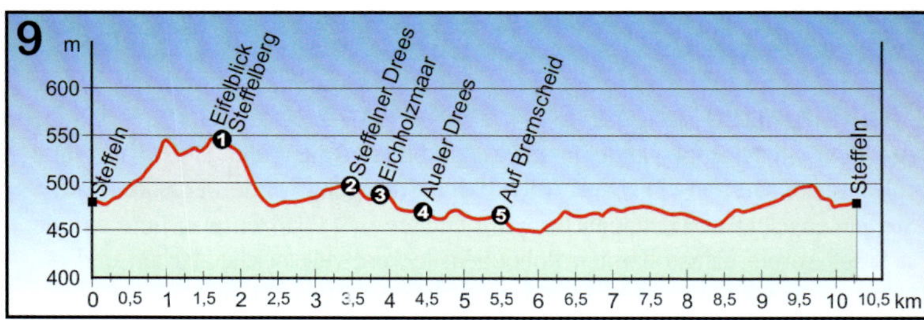


↳ Geradeaus ist eine fast doppelt so lange Runde auf dem Georundweg Duppach möglich, die an der römischen Ausgrabung wieder auf die eigentliche Route trifft, allerdings das idyllische Eichholzmaar auslässt.

Sie wandern links auf einem Pfad zum Eichholzmaar. Er ist im Sommer manchmal so dicht bewachsen, dass Wanderer mit kurzen Hosen ziemlich aufmerksam laufen müssen, um den vereinzelten Brennnesseln zwischen den Wildkräutern zu entgehen. An der Gabelung mit dem Holzsteg laufen Sie noch geradeaus und passieren einen überdachten Aussichtsturm ⌂ mit Infotafel. Dahinter führt der

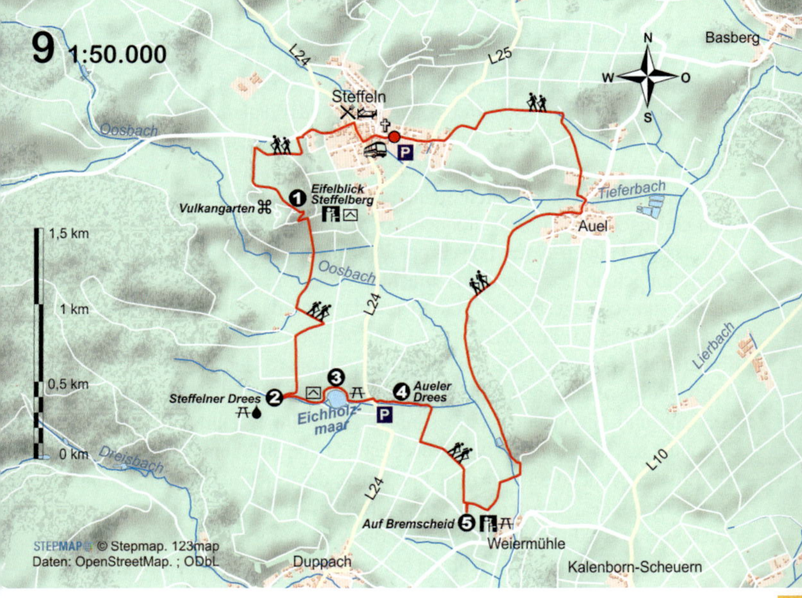


Weg am linken Ufer des **Eichholzmaar**s bergauf zu mehreren Sitzbänken und einer Ruheliege ❸. Hier haben Sie einen prächtigen Blick hinab auf das Maar.

Das Eichholzmaar ist mit seiner kreisrunden Form ein echtes Vorzeigemaar. Es ist übrigens das nördlichste wassergefüllte Maar der Eifel. Es wird auf über 25.000 Jahre geschätzt, denn bei Bohrungen im Maarkessel entdeckte man eine etwa 25 m dicke Schicht mit vulkanischen Sedimenten, in der sich nach 13 m eine 5 cm dicke Schicht Vulkanasche befindet, die sich vor 12.900 Jahren beim Ausbruch des Laacher-See-Vulkans ablagerte. Es gehört zu den kleinsten Maaren der Eifel, der Maarkessel misst an seiner breitesten Stelle nur 120 m.

Mit weiterhin schönen Ausblicken wandern Sie um das Maar herum, dabei passieren Sie zwei weitere Bänke und entfernen sich dann hinter einem Picknicktisch nach links auf einem Graspfad Richtung Gerolstein.

Sie überqueren die L24 schräg nach rechts versetzt und folgen einem urigen Pfad über Wurzeln, der sich am Rand eines Wäldchens zum **Aueler Drees** ❹ schlängelt. Diese ebenfalls eisenhaltige Quelle vulkanischen Ursprungs liegt in einer sumpfigeren Umgebung und ist leider abgedeckt. Aber immerhin gibt es zwei Ruhebänke dort.

Der Pfad verläuft zunächst weiter parallel zu einem namenlosen Bach (zumindest konnte ich keinen Namen ermitteln), dann führt er auf einem Steg rechts über den Bach und aus dem Wald heraus. Sie laufen nun geradeaus leicht bergauf zu einem Teerweg, dem Sie nach links folgen. Er ist nach 3 m nur noch geschottert, später weicht der Schotter sogar Gras und Wildkräutern. An zwei Holzpfosten wandern Sie jeweils halb rechts weiter und folgen dem Vulkanpfad zur römischen Ausgrabungsstätte **Auf Bremscheid** 5.

Außensitzplätze aus uralten Steinen bieten sich für eine Rast an, es gibt aber auch einiges zu sehen: Auf Infotafeln können Sie nachlesen, dass ein Bauer hier 1921 beim Pflügen einen Löwenkopf und einen Eberkopf aus Sandstein fand. Ausgrabungen ab dem Jahr 2001 brachten weitere Löwen, Eber und einen Greifenkopf zutage, insgesamt maß die Villenanlage mit dem großen Gräberfeld mehrere Hektar. Sie wurde auf 90 n. Chr. datiert und ist von der 800 m entfernten Römerstraße gut einsehbar. Der Eigentümer konnte den Reisenden auf dieser Fernstraße also all seinen Reichtum zur Schau stellen. Ab 280 n. Chr. wurden Gebäude und Grabmäler zerstört und verfielen. Im 5. Jahrhundert nutzten die Bewohner aus dem Umland die verbliebenen Steine als Baumaterial. Empfindliche Fundstücke befinden sich in dem Infopunkt, der Nachbildung eines römischen Speichergebäudes. Vor dem Gebäude vermittelt ein kleines Gärtchen einen Eindruck, was in der Römerzeit im Garten der Villa gewachsen sein könnte.

Sie wandern nun links bergab Richtung Kalenborn, an der T-Kreuzung laufen Sie links am Zaun entlang und erreichen hinter einem Rechtsbogen den **Oosbach**. Diesen queren Sie – je nach Wetter und Schuhwerk – durch die Furt oder über die Brücke.

Dahinter biegen Sie links ab und folgen den Schildern „Maare & Vulkane“ nach links. An der Gabelung nehmen Sie den linken Weg, er verläuft parallel zum Oosbach. Sie passieren eine Sitzbank und erreichen am Waldrand einen eingezäunten Weiher. An einer weiteren Sitzbank endet der bisherige Feldweg an einem Kreuz, hier laufen Sie geradeaus auf der Straße weiter (1, 4, Maare & Vulkane). Die Straße ist wenig befahren. Ignorieren Sie alle Querstraßen, bis Sie den Ort **Auel** erreichen.

Am Ortsrand gehen Sie an der Eiche neben der Sitzbank geradeaus (4) und an der Gabelung im Ort ebenfalls (Am Tiefenbach). Dahinter folgen Sie dem nach links führenden Grasweg (4, Maare & Vulkane). Er macht nach etwa 50 m einen Rechtsbogen und endet zwischen zwei Häusern an der K52 (Zum Killenberg). Diese queren Sie und gehen an dem Wegweiser „Steffeln 1,8 km“ geradeaus auf dem Teerweg bergauf. Hinter der Baumgruppe laufen Sie links auf den Grasweg und an der nächsten Wegkreuzung geradeaus am Fuß des **Killenberg**s entlang.

An der Gabelung wandern Sie links zu einem Teerweg, der Sie rechts bergab nach Steffeln in die Lindenstraße bringt. Hier laufen Sie rechts bergab auf dem Bürgersteig nach Steffeln hinein, passieren den Sportplatz und erreichen den Startpunkt.

# ⑩ Vulkan Rockeskyller Kopf

*Tour für Vulkanismusfreunde*

*Der Rockeskyller Kopf ist ein sehr gut erhaltener Vulkan. In einer kleinen Rundwanderung lässt sich fast jeder Aspekt des Eifelvulkanismus entdecken: ein Vulkankrater, ein versteinerter Lavasee und ein Basaltsteinbruch. Hinzu kommen schöne Ausblicke vom Vulkanberg ins Kylltal und hinüber auf die Kasselburg.*

- Start/Ziel: Dorfmitte von Rockeskyll, GPS N 50°15.283' E 006°41.741'
- 4,4 km
- 1 Std.
- 116 m/116 m
- 404-502 m
- keine durchgängige Markierung, zum Teil das G der Gerolsteiner Georouten
- Wirtschaftswege und Waldwege, vorwiegend schattig
- Rucksackverpflegung
- zwei Sitzbänke, eine Schutzhütte ohne Sitzgelegenheit
- Earthcache: GC2VCZ5 Anatomie eines Vulkans
- Nur 4 km, das schafft jedes Kindergartenkind! Außerdem gibt es am Start/Ziel einen Kinderspielplatz, der wie ein Vulkan aussieht.
- Die Tour birgt zwar einige Steigungen, aber keine Hindernisse für Buggys.
- Bitte Wasser mitnehmen. Die Leine ist nur unmittelbar an Start und Ziel nötig.
- Bushaltestelle „Rockeskyll Gemeindehaus“, Linie 522 von/nach Gerolstein, nur Schulbus
- Parkplatz an der Kirche, Navi: Kreuzung Im Überecken/Dorfstraße
- Die Brennerei Rockeskyll bietet leider keine Führungen mehr an.

Es geht los an der katholischen Kirche **St. Bartholomaeus.** Auf den Grundmauern eines um 1415 entstandenen Vorgängerbaus entstand zu Beginn des 16. Jahrhunderts der spätgotische Bau. Die Fenster hingegen stammen aus dem Barock (1775).

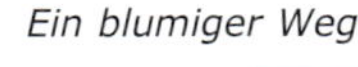
*Ein blumiger Weg*

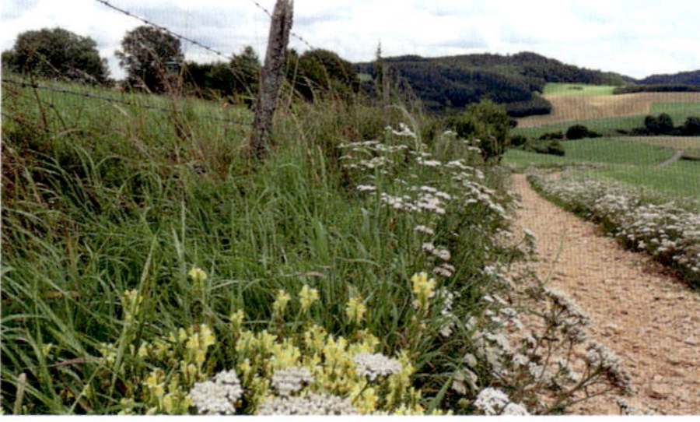

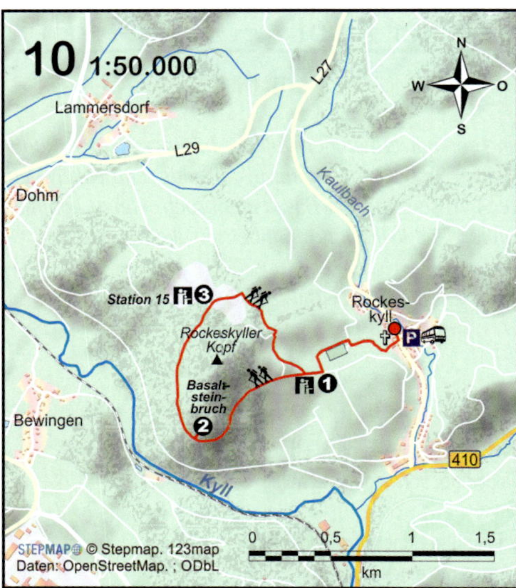


Neben der Kirche gehen Sie an dem Feuerwehrhaus die Stichstraße hinauf zum **Sportplatz**, diesen passieren Sie an seiner rechten Seite auf einem geschotterten Wirtschaftsweg. Der Weg macht hinter dem Platz einen Linksbogen zu einem Teerweg.

Geradeaus voraus ist die Kasselburg zu sehen (☞ Tour 12), Sie biegen rechts ab und laufen auf den Rockeskyller Kopf zu. Dabei erreichen Sie eine Gabelung ❶ mit einem schönen Blick auf den Rockeskyller Kopf, den Burlich und ins Kylltal. Geradeaus führt der Hinweg auf einem Schotterweg in den Wald, der Rückweg kommt hier von rechts den Berg herab.

Beiderseits des Weges säumen nun Schmetterlingswiesen den Weg bis zum Waldrand. Hier befindet sich der Rettungspunkt 5706-474, den Sie ebenso passieren wie die Schranke.

An der Gabelung im Wald gehen Sie links und erreichen den Punkt 13 der Geoparkroute, einen aufgelassenen **Basaltsteinbruch** ❷. Hier erhalten Sie gute Informationen und Einblicke in die Erdgeschichte, in den Basaltabbau und in die Wiedereroberung des Steinbruchs durch belebte Natur.

## Geotop und Biotop

Sie befinden sich hier im Krater des Vulkans Rockeskyller Kopf, der einst mit einem Lavasee gefüllt war. Diese vor etwa 370.000 Jahren erstarrte Lava bildete den typischen dunkelgrauen Eifelbasalt. Dieses harte und gleichzeitig zähe Gestein war ein sehr beliebter Baustoff für Pflastersteine. Nach Ende des Basaltabbaus wurde der Vulkan schnell wieder zur Heimat von Pflanzen und Tieren. Neben den für die Region typischen Vertretern von Flora und Fauna sind zwei seltene Vogelarten ansässig: Der Uhu mag die Steilwände des Basaltbruchs als Nistplatz. Und auch der Rote Milan wird in diesem ruhigen Biotop häufiger gesichtet.

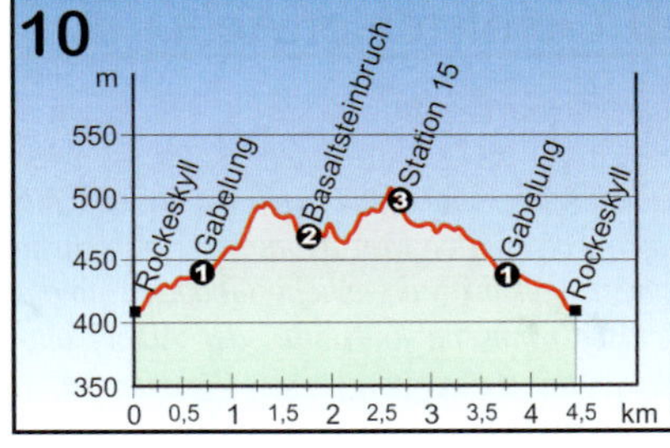


Die Schutzdächer linker Hand gehören zur Uhustation, sie wurden für Ornithologen aufgestellt, die nachts den Uhu und andere nachtaktive Tiere beobachten wollen. Wanderer bedauern mitunter, dass sich dort keine Sitzgelegenheiten befinden.

Nur wenige Schritte sind es zur Station 14, an der die Aschen- und Schlackenschichten eines typischen Eifeler Schichtvulkans gut zu erkennen sind.

Nach etwa 500 m erreichen Sie den Waldrand mit einem Panoramablick in einen Schichtvulkan. Hier an der Station 15 ❸ entdecken Sie Fall- und Fließablagerungen sowie kleinere Lavabomben (☞ Tour 16: Strohner Lavabombe).

Auf dem Weg bergab durch offenes Gelände sehen Sie rechter Hand weitere Vulkanwände. Sie folgen der Zufahrt mit der Schranke geradeaus bergab. Hinter einer Ruine wandern Sie rechts am Waldrand entlang.

An der Bank hinter dem Wegkreuz haben Sie erneut eine schöne Aussicht zur Kasselburg. Sie folgen dem Weg zur Gabelung vom Hinweg ❶ und gehen dort links den Teerweg bergab, zweimal links am Sportplatz vorbei und zurück zum Startpunkt.

*Basaltsteinbruch auf dem Rockeskyller Kopf*

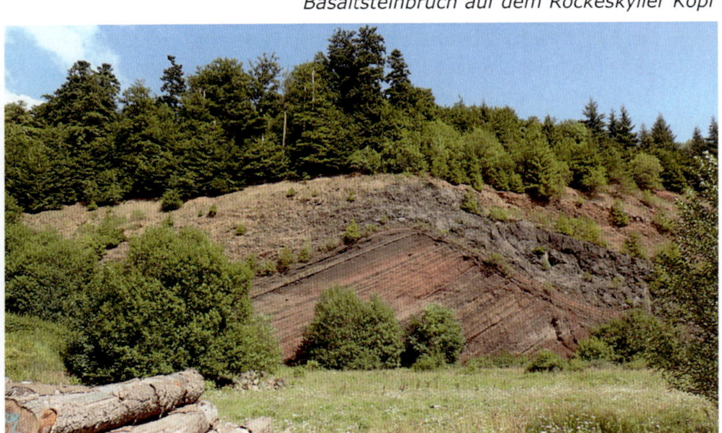

# ⑪ Gerolsteiner Acht

*Tour für Fernblicker*

*Eine faszinierende Tour durch die Gerolsteiner Dolomiten: An und auf den mächtigen Felswänden von Munterley und Hustley führt der Weg zu einem Maar, einem Vulkankrater, einem Geoacker und einer Höhle. Hinzu kommen eine keltisch-römische Kultstätte, der Adler- und Wolfspark an der Kasselburg, die Ruine der Löwenburg, eine Waldkapelle, der Gerolsteiner Brunnen und die Helenenquelle.*

Start/Ziel: Gerolstein, Brunnenstraße, Ecke Bahnhofstraße, GPS N 50° 13.377' E 006° 39.668'

18,5 km

etwa 7 Std.

547 m/547 m

358-622 m

Wegmarkierung der Vulkaneifel-Pfade (grünes und blaues Oval auf gelbem Grund) mit dem Text „Gerolsteiner Felsenpfad“ bzw. „Gerolsteiner Keltenpfad“

Wanderwege und Pfade, im Ort Bürgersteige und Parkwege, etwa gleichermaßen sonnig und schattig

Eiscafé Italia (km 8), Eiscafé La Piazza und Bistro Im Flecken (km 18,1), zahlreiche weitere Einkehrmöglichkeiten in Gerolstein

Witterungsschutz an der Buchenlochhöhle (km 6,3), an der Schutzhütte Munterley (km 7,1), an der Büschkapelle (km 11,7) und am Heiligenstein (km 16,5), einige Sitzbänke (km 1,9, km 2,5, km 4,3, km 6,3, km 11, km 13,1 und km 15,5), Picknicktische (km 3,9, km 8,4, km 11,7 und km 14,2) und Sonnenliegen (km 3,9 und km 16,5)

Einkaufsmöglichkeit in Gerolstein

Tradis: GC5421Y Juddekirchhof, GC549Q2 Die Papenkaule, GC1MFV4 Aussichtspunkt „Gerolsteiner Dolomiten“, GC4D7FQ Giftiger Glücksbringer; Earthcaches: GC2T5KH Die Kyll, GC2DD6J Gerolsteiner Maar und Lavagrube, GC171Q6 Dolomiten und Bilderbuchkrater, GC31084 Buchenloch-Höhle

Mit Kindern ist schon der Felsenpfad eine gleichermaßen spannende wie anstrengende Ganztageswanderung. ☺ Lassen Sie sich in der Touristinfo einen Forscherrucksack für den Geoacker (vor ❶) geben, wenn sich Ihre Kinder für Gesteine interessieren. Auch die Sage von der überfallenen Kutsche und den riesigen Aussichtsturm mögen die meisten Kinder.

Mit Buggys werden Sie auf dem Felsenpfad an einigen Steilstücken und Treppen ziemliche Schwierigkeiten bekommen. Auf dem Keltenpfad lässt sich die Treppe zwischen Naturkundemuseum und Burgruine umgehen (rechts in der Burgstraße an der katholischen Kirche St. Anna vorbei, dann links in die Graf-Karl-Ferdinand-Straße). Die Treppe an der Dietzenley kann auf einem Wanderweg im Norden des Aussichtspunkts umgangen werden. Trotzdem ist die Strecke nur bedingt für Buggys geeignet, weil der Untergrund hinter der Dietzenley sehr uneben und mit Wurzeln durchzogen ist.

Bitte Wasser mitnehmen. Für den Weg im Ort und an der Landstraße nahe der Kasselburg ist die Leine nötig. Zur Besichtigung des Tierparks an der Kasselburg und des Besucherzentrums darf der Hund nicht mitgenommen werden. An der Kasselburg gibt es für Hunde Einzel- und Doppelzwinger, in denen sie während der Wartezeit mit Wasser versorgt werden.

Bahnhof Gerolstein

P Parkplatz am Kyllufer beim Bahnhof (€ 1 pro Tag)

☺ Die Wanderung lässt sich gut zweiteilen: Die nördliche Runde (➲ 8,7 km, ↑ ↓ 258 m) heißt Gerolsteiner Felsenpfad, die südliche Runde (➲ 9,8 km, ↑ ↓ 262 m) Gerolsteiner Keltenpfad.

☺ Wer vor 9:30 zu dieser Wanderung startet, kann in der Kasselburg die Flugvorführung um 11:00 und die Brunnenführung um 15:00 miterleben. Geht man den Weg als Nachmittagswanderung, kann an der Wolfsfütterung um 15:45 teilgenommen werden.

*Über die Kyll zur Hustley*

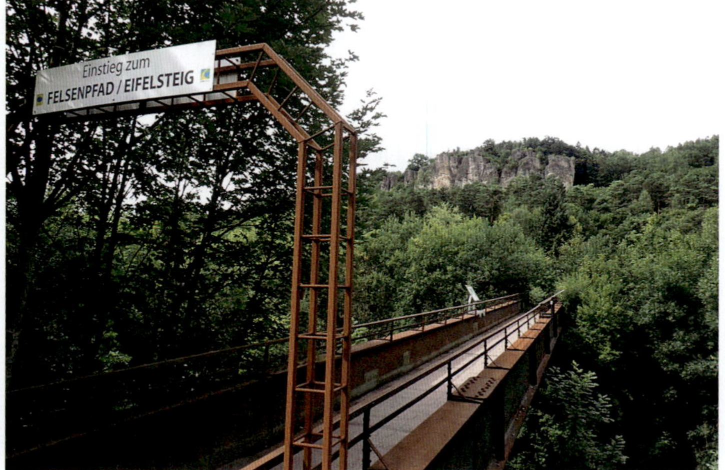

Die Tour beginnt mit einer etwa 700 m langen Wanderung auf dem Gehweg neben der Brunnenstraße, bei der Sie sich an mehreren Stellen noch stärken oder den Rucksack mit Proviant auffüllen können.

Nahe dem Startpunkt, im Bahnhofsgebäude auf der anderen Seite der Kyll, finden Sie auch die Touristinformation Gerolstein. Bahnhofsstraße 4, 54568 Gerolstein, ☏ 065 91/13 30 00, Nov bis März Mo bis Fr 9:00 bis 16:00, April bis Okt Mo bis Fr 9:00 bis 17:00, Sa 9:00 bis 13:00, Juli/Aug auch So 10:00 bis 13:00

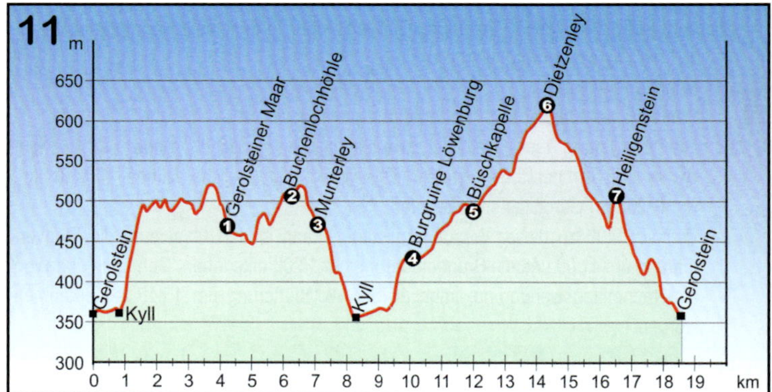


Am Ortsende folgen Sie der Fußgängerbrücke nach links über die Kyll und die Bahnstrecke hinweg und laufen auf das Felsmassiv der **Hustley** zu. Das ist ein beliebter Kletterfelsen, für den aus Naturschutzgründen eine Klettererlaubnis nötig ist.

Sie queren eine Straße und steigen an der Hausnummer 53 eine Treppe mit zehn Stufen hinauf. Am Treppenkopf beginnt ein steiler Waldweg, der in Serpentinen die Hustley hinaufführt. Innerhalb von nur 700 m überwinden Sie 130 Höhenmeter.

Auf dem Plateau der Gerolsteiner Dolomiten (benannt nach dem Dolomitgestein, aus dem sie vorwiegend bestehen) flacht der Weg ab und führt aus dem Wald heraus. Hier biegen Sie rechts ab und folgen den Wegweisern Richtung Juddekirchhof und Kasselburg am Waldrand entlang.

Der Weg wird nun von Haselnuss, Holunder, Eberesche und anderem niedrig wachsenden Gehölz gesäumt.

An der Gabelung hinter der Lichtung ist nach links ein kurzer Abstecher zum **Juddekirchhof** möglich, der Felsenpfad führt rechts weiter.

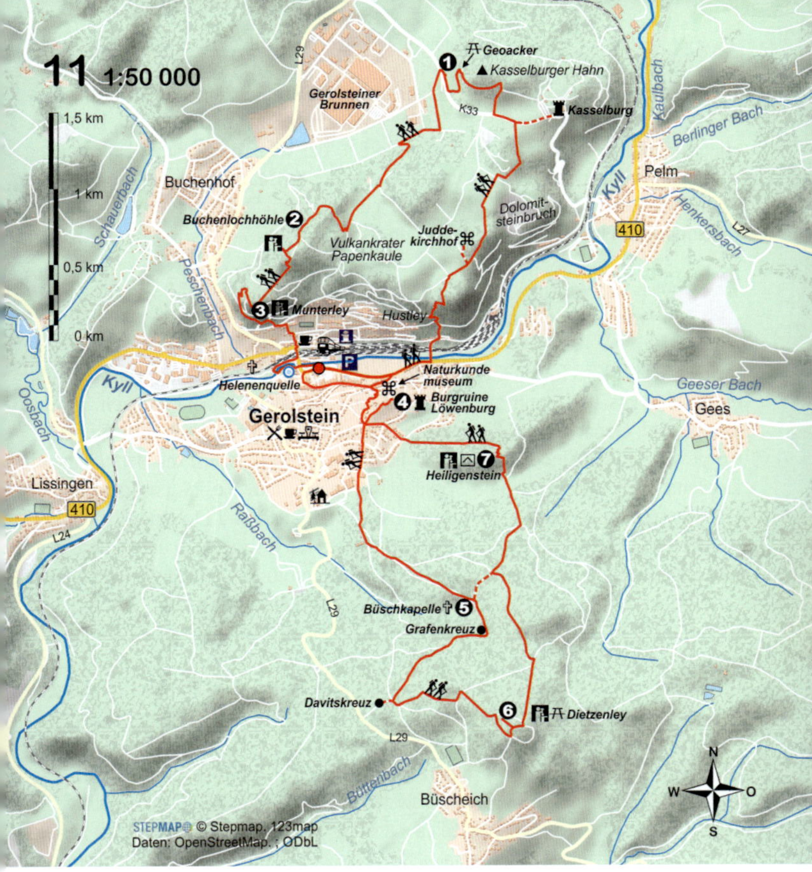


## Juddekirchhof

Der Name lässt es nicht erahnen: Diese keltisch-römische Weihestätte war ein Weihetempel zu Ehren der Göttin Caiva. Er wird auf das Jahr 124 n. Chr datiert und wurde von einem Römer namens Marcus Victorius Polentinus gestiftet.

Hinter dem Aussichtspunkt am **Dolomitsteinbruch** des Akdolit-Werks gehen Sie auf einem Forstweg bergab. Am Waldrand nehmen Sie den bergab führenden Weg und gehen am Ende des Waldes parallel zum Zaun des Steinbruchs bergauf. Sie folgen dem Zaun durch eine Rechtskurve und gehen auf ein Wäldchen zu.

Kurz davor queren Sie die Zufahrt zum Steinbruch und biegen nach etwa 15 m an einer Sitzbank rechts in den Weg zwischen Zaun und Wald ein. Nun tauchen Sie in den herrlich kühlen Laubwald ein, der Weg macht einen Linksbogen.

Beim Verlassen des Waldes taucht rechts die **Kasselburg** auf. Sie ist einen Abstecher wert (➲ 400 m), denn dort gibt es einen Adler- und Wolfspark mit regelmäßigen Flugvorführungen und ein Restaurant.

Adler- und Wolfspark Kasselburg, 54570 Pelm, ☏ 065 91/42 13, www.adler-wolfspark.de (mit aktuellen Öffnungs- und Flugzeiten)

Der Straße K33 folgen Sie nach links, aber schon auf dem ersten Feldweg geht es nach rechts und dann am Waldrand links. An der Sitzbank steigen Sie die Treppe zum **Geoacker** mit Sonnenliege und Picknicktisch hinab. Der Geoacker wurde speziell für Kinder geschaffen, die hier nach Herzenslust mit dem Hammer klopfend nach Mineralien und Fossilien suchen dürfen. Sie finden dort die vier Hauptgesteine der Region: Basalt, Sandstein, Kalkstein und Dolomit.

Hier geht es links bergab und in einem langen Rechtsbogen zu einem Grasweg, der parallel zur K33 verläuft. Einige Treppenstufen führen hinauf zu einem Aussichtspunkt mit Blick in den Steinbruch des **Gerolsteiner Maars ❶**. Sie erreichen wieder die K33, queren diese und laufen auf dem Wirtschaftsweg bergab. An der nächsten Gabelung bleiben Sie auf dem Grasweg und wandern an dessen Ende rechts bergab. Der Weg verläuft nun parallel zur Baumreihe, an deren Ende geht es scharf nach links (für einen Besuch im Gerolsteiner Brunnen nach rechts).

⌘ Gerolsteiner Brunnen, Besucherzentrum, Vulkanring, 54567 Gerolstein, ☏ 065 91/142 38, www.gerolsteiner.de, Mo bis Fr 15:00 Besucherführung für Einzelgäste, Gruppenführungen auf Anfrage. Hier können Sie bei einer der kostenlosen Führungen das Mineralwasser Gerolsteiner, das Heilwasser St. Gero und einige fruchtige Erfrischungsgetränke kosten, in einem Film den Weg des Wassers von der Quelle in die Flasche verfolgen und die Abfüllanlage besichtigen.

Am Ende des Zauns gehen Sie an der Gabelung rechts über die Wiese (im Sommer ist sie manchmal voller bunter Schmetterlinge) hinweg zu einer weiteren Gabelung und dort rechts bergauf durch ein Wäldchen. Linker Hand liegt der **Vulkankrater Papenkaule**. Die etwa 20 m tiefe Senke hat einen Durchmesser von ca. 80 bis 100 m und ist so lieblich mit Gras und Wildkräutern bewachsen, dass man sich kaum vorstellen kann, dass sie vulkanischen Ursprungs ist.

Dahinter geht es scharf rechts über einen holprigen Wurzelweg bergauf, dann wieder bergab. Auf einem Pfad kommen Sie an einer Infotafel zur Hagelskaule

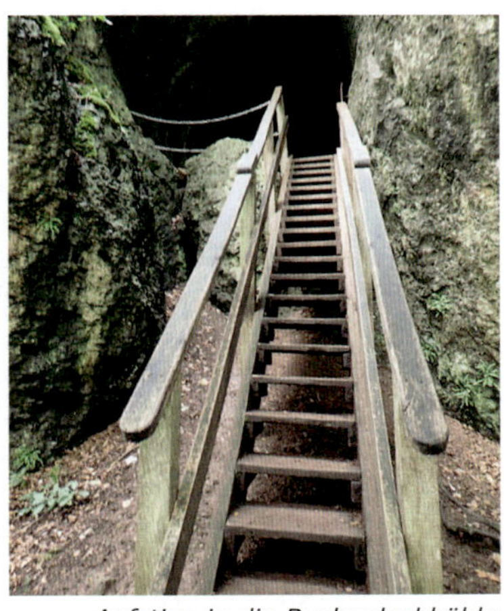
*Aufstieg in die Buchenlochhöhle*

vorbei, ignorieren an der großen Felswand einen Abzweig und erreichen die **Buchenlochhöhle** ❷. Wer sie ansehen möchte, klettert die steile Leiter hinauf in die Karsthöhle, in der während der letzten Eiszeit nachweislich – aber sicherlich nicht gleichzeitig – Urmenschen und Höhlenbären Unterschlupf fanden.

An der nächsten Gabelung biegen Sie rechts ab (V, Eifelsteig) und kommen an eine T-Kreuzung. Hier lässt sich nach rechts mit einem kleinen Abstecher (➲ 30 m) ein Aussichtspunkt mit Sitzbank erreichen. Der eigentliche Weg führt an dieser T-Kreuzung links und an der nächsten T-Kreuzung rechts zu einer Geländekante, an der Sie halb rechts dem Weg durch mehrere Serpentinen bergab folgen.

Hinter einem ungewöhnlichen Wegkreuz, das mit bemalten Schiefertafeln verziert ist, geht es aus dem Wald heraus und auf einem Plateau über eine idyllische wilde Wiese. Die kleinen Krater, die zum Teil mit Wasser gefüllt sind, bieten ideale Lebensbedingungen für wilde Orchideen und quakende Frösche. Sie sind allerdings nicht vulkanischen Ursprungs, sondern Bombenkrater, die an die gewaltige Bombardierung Gerolsteins im Zweiten Weltkrieg erinnern. An der Wegkreuzung laufen Sie weiter geradeaus bis zum Aussichtspunkt **Munterley** ❸.

Nach Ihrer Rast nehmen Sie den (in ursprünglicher Laufrichtung) nach rechts führenden Pfad durch den Wald bergab und vorbei an den Felsen der Gerolsteiner Dolomiten. An der Wegkreuzung geht es geradeaus bergab. Sie ignorieren den Pfad von rechts und biegen an der T-Kreuzung links ab. Es geht kurz bergauf, dann an der nächsten Gabelung rechts wieder bergab zu einer Straße.

Dieser folgen Sie nach links und biegen nach etwa 20 m rechts in die Sackgasse ein. Hinter der Hausnummer 20 laufen Sie rechts auf einem Fußweg mit Treppe hinab. Am Ende des Weges gehen Sie links und an der Kreuzung rechts den Albertinumweg hinab. Sie queren die Gymnasialstraße und folgen dem Fußweg zum Kasselburger Weg.

Eiscafé Italia, Kasselburgerweg 1, 54568 Gerolstein, ☏ 065 91/34 34, mit erfrischenden Eisbechern und anderen Köstlichkeiten

Gehen Sie auf der rechten Straßenseite der B410 auf der Brücke über die Bahnlinie. An ihrem Ende führt eine Metalltreppe hinab zu einer Straßenkurve der Bahnhofstraße. Dort wandern Sie geradeaus zwischen der Bahnstrecke und der Kyll weiter. Wenn wir heute bei der Kyll von einem Fluss sprechen, haben wir übrigens eine andere Sichtweise als unsere Vorfahren: Der Name Kyll entwickelte sich nämlich aus dem althochdeutschen *kila*, das wiederum auf das keltische Wort *gilum* zurückgeht – und das war der keltische Begriff für Bach.

Die Kyll können Sie nach links auf großen Steinen überqueren – oder Sie nehmen die überdachte Brücke. Der Weg führt Sie zur **Helenenquelle** (April bis Okt), an der Sie einen kräftigen Schluck frisches Mineralwasser genießen und Ihren Wasservorrat für die zweite Hälfte der Tour auffüllen können.

Sie passieren einen Wasserspielplatz, weitere Spielgeräte und einen Picknicktisch, bevor Sie erneut auf die Bahnhofstraße treffen. Queren Sie diese und folgen Sie geradeaus dem Weg, der unter der Brunnenstraße hindurch und der Kyll entgegen wieder zum Parkplatz am Startpunkt führt.

Die nächste Strecke kommt Ihnen bekannt vor, denn Sie laufen erneut auf dem Gehweg neben der Brunnenstraße. Dieses Mal biegen Sie aber schon nach etwa 500 m direkt vor dem Wasserturm scharf rechts in die Mühlenstraße ab und wandern auf ihr hinauf zur Hauptstraße. Dort halten Sie sich links und gehen vor dem **Naturkundemuseum** rechts die Treppe hinauf.

⌘ Naturkundemuseum Gerolstein, Hauptstraße 72, 54568 Gerolstein, nkm-gerolstein.de, April bis Okt täglich außer Mi 13:00 bis 16:00, im Winter nur Sa und So

Oben folgen Sie der Straße An der Burg nach rechts. Nach links führt ein Weg in die Ruine der **Burg Gerhardstein**, auch Löwenburg ❹ genannt. Dieser Abstecher von insgesamt etwa 500 m bringt Sie zum besten Aussichtspunkt über Gerolstein.

Die im 13. Jahrhundert von Graf Gerhard von Blankenheim errichtete Burg wurde 1691 in Brand gesetzt, um die französischen Truppen zu vertreiben. Die auffällige dreieckige Fassadenruine ist eines der Wahrzeichen der Eifel. Der Bauherr der Burg ist wahrscheinlich auch Namensgeber für die Stadt, denn Historiker leiten Gerol von Gerhard ab.

Gehen Sie nun auf dem Moßweg (von der Ruine aus gesehen halb links, in ursprünglicher Laufrichtung rechts) Richtung „Büschkapelle". An der Kreuzung laufen Sie geradeaus, ebenso hinter dem Reitstall. Nun geht es bergauf in den

Wald. Am Hochbehälter Moßweg unterqueren Sie eine Stromleitung und treffen auf einen Teerweg, dem Sie für etwa 100 m nach halb links zum Startpunkt für einen **Waldlehrpfad** folgen.

Hier nehmen Sie den Teerweg halb links Richtung Büschkapelle und wandern nach etwa 500 m halb links auf dem Schotterweg bergauf. Nach etwa 10 m nehmen Sie rechts den Waldweg und folgen ihm parallel zu dem Sträßchen. Kurz vor der Büschkapelle quert er die Straße und führt an einem Picknickplatz entlang rechts an der **Büschkapelle** ❺ vorbei. Hier stehen sogar Wassernäpfe für Hunde bereit.

*Die Büschkapelle*

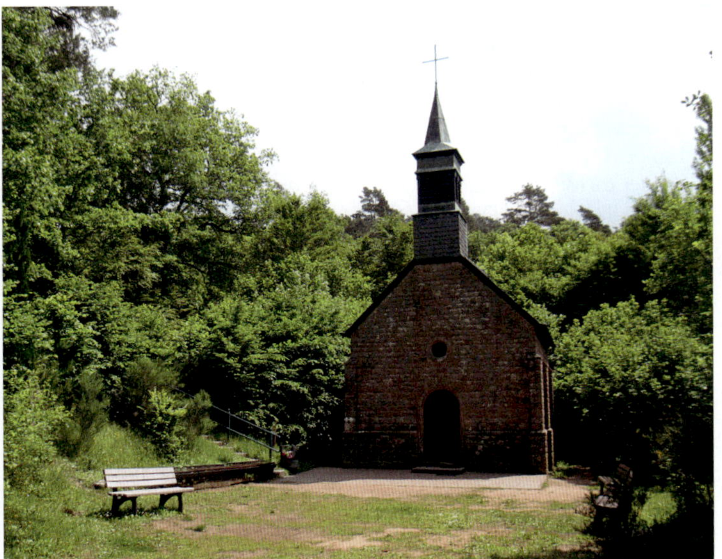

## Glücklicher Zufall

Der Sage nach fuhr der Graf von Blankenheim 1680 mit seiner Gemahlin nach einem Ausflug durch den Gerolsteiner Stadtwald zurück zur Löwenburg. Sie waren mit einer beeindruckenden Prunkkutsche unterwegs. In Höhe des Davitskreuzes ließ die Gräfin die Kutsche anhalten. Sie verspürte das Bedürfnis, zu Fuß zur Burg zu laufen. Der Graf begleitete sie durch den Wald und beide genossen den Spaziergang.

Erst auf der Burg erfuhren sie, dass ihre Kutsche von Räubern überfallen und ausgeraubt worden war. Das hätte den Tod für das gräfliche Paar bedeutet. Aus Dankbarkeit ließ der Graf an der Stelle des Überfalls das Grafenkreuz aufstellen und einige Meter weiter die erste Büschkapelle errichten. Der heutige Bau stammt aus dem Jahr 1904.

Der Parkplatz der Kapelle ist gleichzeitig der Rettungspunkt 5706-495.

Hier ist nach links eine Abkürzung von etwa 3,3 km möglich.

Folgen Sie dem Schotterweg nach rechts. Nach gut 200 m erreichen Sie das **Grafenkreuz**.

Mit den Markierungen des Waldlehrpfades wandern Sie an der nächsten Gabelung links den Forstweg hinauf. In einem Linksbogen des Weges ist rechts ein kleiner Abstecher zum **Davitskreuz** möglich, der eigentliche Rundweg führt links auf dem breiten Weg weiter. An der nächsten T-Kreuzung gehen Sie links und an der Kreuzung rechts.

An der nächsten Gabelung stellen Sie fest, dass Sie sich schon unterhalb des mächtigen Felsens der Dietzenley befinden. Wer nicht gerne Treppen steigt, nimmt den linken Weg und geht bei der nächsten Möglichkeit rechts, alle anderen kommen mit mir, d. h., Sie gehen an der Gabelung rechts und steigen nach etwa 180 m an einer Pfadkreuzung links die 20 Stufen hinauf. Am Treppenkopf führt ein Weg nach links zur **Dietzenley ❻** mit Picknicktischen und einem Aussichtsturm. Von oben können Sie bis zur Hohen Acht und zum Schwarzen Mann sehen.

Die Dietzenley ist übrigens ein Vulkan aus dem Altquartär und überragt mit seinen 618 m Höhe die meisten anderen Vulkane im Umland. Vor etwa 600.000 Jahren war er aktiv. Interessant ist auch das Mosaik „Gerol-Steine", auf dem der Wanderweg Gerolsteiner Acht abgebildet ist. Auf einer Infotafel erkennen Sie auch, warum diese Wanderung „Keltenpfad" heißt: Hier oben auf der Dietzenley befinden sich nämlich die Reste keltischer Ringwälle. Bis etwa 50 v. Chr. befand sich hier eine keltische Fliehburg, deren bis zu 9 m hohe und 4 m breite Schutzwälle noch unter Moos und anderem Bewuchs erhalten sind.

Nach einer erholsamen Rast geht es links auf einem Waldweg bergab. In einer Linkskurve nehmen Sie den zweiten Weg rechts (MTB) und folgen ihm bergab bis zu einer Kreuzung. Dort gehen Sie halb rechts und nach etwa 50 m auf einem Grasweg nach links. Er führt für knapp 700 m als Forstweg leicht bergab zu einer Wegkreuzung mit einer etwas versteckten Sitzbank. (Hier kommt von links der Abkürzungsweg von der Büschkapelle hinzu.)

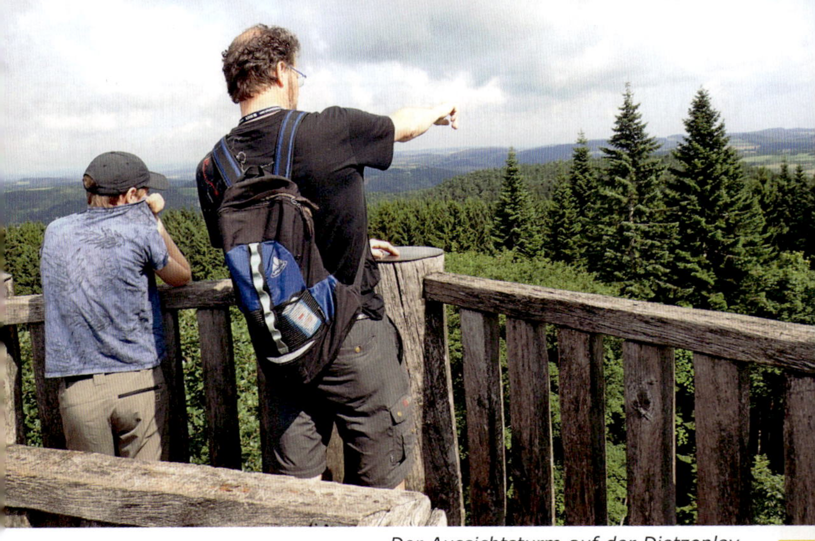

*Der Aussichtsturm auf der Dietzenley*

Orientieren Sie sich nun rechts Richtung Heiligenstein. Sie queren einen breiten Forstweg und laufen auf einem wurzeligen Waldweg geradeaus bergab zu einer Bergwiese, unter der Stromleitung hindurch und auf der anderen Seite der Wiese rechts zum Waldrand.

Im Wald geht es steil bergauf zu einem Bergrücken. An einem Felsen besteht die Möglichkeit zu einem Abstecher (➲ 100 m) zum Aussichtspunkt **Heiligenstein ❼** mit Schutzhütte und Wellnessliegen.

In alter Laufrichtung rechts führt ein Pfad Sie zunächst in Serpentinen, später sanft abfallend zu einem Teerweg. Diesem folgen Sie nach rechts und dann immer geradeaus zurück zur Löwenburg.

Dort biegen Sie rechts ab und laufen auf der Straße und der Treppe (vom Hinweg bekannt) hinab zum Naturkundemuseum. An diesem folgen Sie links der Hauptstraße, an der sich einige Einkehrmöglichkeiten befinden.

- Eiscafé La Piazza, Obere Marktstraße 1, 54568 Gerolstein, ☏ 065 91/94 34 47, Mo bis Sa 9:00 bis 21:00, So 10:30 bis 21:00
- ♦ Im Flecken, Bistro am Eifelsteig, Hauptstraße 28 (Rondellplatz), 54568 Gerolstein, ☏ 065 91/94 32 71, www.bistroimflecken.de, Di bis Sa 9:00 bis 18:00

Am Brunnen gehen Sie halb rechts weiter zur Brunnenstraße und auf dieser zurück zu Ihrem Startpunkt.

# ⑫ Auf dem Brubbelpfad rund um Wallenborn

*Tour für Durstige und Neugierige*

*Eine liebevoll angelegte Themenwanderung führt zu drei der acht Quellen in Wallenborn. An zwölf Infopunkten bekommen Sie gute Einblicke in das Dorfleben, den örtlichen Dialekt und in die ganz besondere landschaftliche Lage Wallenborns. Höhepunkt dieser kleinen Runde ist ohne Frage der Kaltgeysir in der Ortsmitte.*

- Start/Ziel: an der Wallenborner Kirche, Kirchstraße, Ecke Hauptstraße, GPS N 50°9.289 E 006°43.271
- 4 km
- 1 Std. 30 Min.
- 46 m/46 m
- 410-452 m
- Wegmarkierungen mit dem Text „Vulkaneifel Brubbelpfad Wallenborn"
- befestigte Feldwege und Graswege, überwiegend sonnig
- Landhaus am Brubbel (km 3,4)
- Witterungsschutz in der Bushaltestelle an der Kirche am Start/Ziel. Die vielen Sitzgelegenheiten (km 0, km 0,1, km 0,3, km 0,8, km 1, km 1,5, km 1,9, km 2,1, km 2,7, km 3,3 und km 3,5) ermöglichen auch laufschwachen Menschen eine schöne Wanderung.
- WC am Brubbel (km 3,5)
- Earthcache: GC260V4 Wallender Born / der Brubbel
- Die ziemlich kurze Strecke mit drei verschiedenen Quellen, mehreren Bächen, einem Spielplatz und einer Imkerei ist gut für Kinder geeignet.
- Auf der Strecke gibt es keine Stufen, aber ein Steilstück und einige Naturwege, die an feuchten Tagen matschig sein könnten.
- Reichlich Wasser unterwegs, die Leine ist nur im Ort nötig.
- Bushaltestelle „Wallenborn Kirche", Bus 505 von/nach Daun, Gerolstein und Bitburg, Mo bis Fr stündlich, Bus 523 von/nach Gerolstein und Manderscheid, Mo bis Fr 1x täglich
- P Parkmöglichkeiten an der Kirche und am Brubbel

Die Wallenborner Kirche **St. Sebastian** wurde 1814 gebaut und 1951 erweitert. An ihrer linken Seite folgen Sie der Kirchstraße Richtung

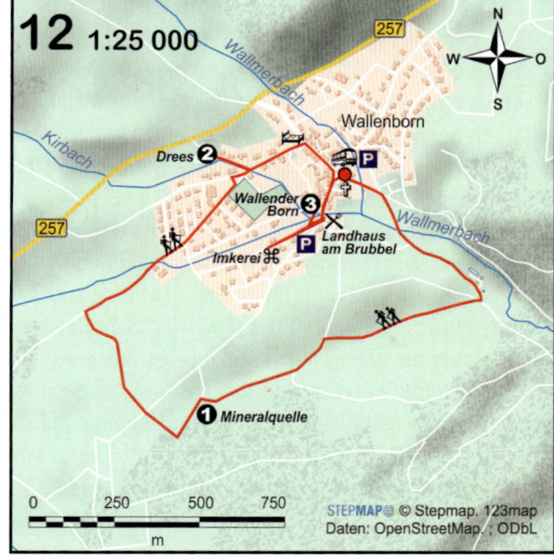


Üdersdorf/Niederstadtfeld. An den Wegmarkierungen erkennen Sie, dass hier auch der Hinterbüsch-Pfad verläuft, eine kernige Wanderstrecke von 34 km Länge, die an der Üdersdorfer Mühle beginnt und in Meerfeld (☞ Tour 18) endet.

Sie überqueren den Wallmerbach (manchmal auch Walmerbach oder Walmer Bach geschrieben) und biegen am Friedhof rechts ab. Ein Schotterweg führt durch die Auen zu einer Infotafel über Kohlendioxidvorkommen in der Natur, dahinter wird der Wallmerbach ein zweites Mal überquert. Bleiben Sie hinter der leichten Steigung auf dem geradeaus weiterführenden Schotterweg.

Sie wandern nun an einigen Wochenendhütten und der örtlichen Kläranlage vorbei, dahinter geht es rechts auf dem Schotterweg leicht bergauf. Besonders schön ist die Wanderung im Mai, wenn dieser Wegabschnitt von blühendem Ginster gesäumt ist. Hinter der Infotafel zum Eifeler Platt führt eine neu angelegte Kastanienallee zur nächsten Kombination aus Sitzbank und Tafel, Thema ist nun: Mineralwasser.

Die Markierungen führen hier an einer T-Kreuzung nach rechts und links weiter. Die nach rechts führende nördliche Route ist jederzeit begehbar. Die etwas schönere südliche Route heißt nicht ohne Grund „Auf feuchten Pfaden“, denn wenn Sie sich für diesen Weg nach links entscheiden, kann es nasse Füße geben.

Bis es so weit kommt, laufen Sie erst einmal auf einem Teerweg weiter durchs Tal. Nach etwa 150 m nehmen Sie an der Gabelung den rechten Weg. Dieser (zugegeben: an manchen Tagen wirklich sehr feuchte) Grasweg führt am Feldrand entlang bergauf zu einer T-Kreuzung an einer neu gefassten **Mineralquelle ❶**, an der auch der nördliche Weg wieder von rechts hinzukommt. Hier finden Sie ein nettes Plätzchen für eine Rast. Das kühle Wasser schmeckt köstlich und sogar an einen Trinkbecher wurde gedacht.

Oberhalb der Quelle gehen Sie nach links (rechts geht es zu einer Infotafel über den Eifelmaler Fritz von Wille und zurück nach Wallenborn) auf das Wäldchen zu und am Waldrand rechts bergauf. Auf der Höhe eröffnet sich ein erster schöner Blick nach rechts auf die Ortslage Wallenborn.

An der Wegkreuzung mit der Bank wandern Sie geradeaus auf dem Schotterweg bergab. Hier oben haben Sie weitere schöne Talsichten nach Wallenborn und können sich im Sommer an zahlreichen verschiedenen Wildblumen und Kräutern erfreuen, die in den Sauerwiesen rechts und links des Weges wachsen.

An der T-Kreuzung mit der Infotafel zum Schatz der Nerother Burg biegen Sie rechts ab. Hier verläuft auch der örtliche Wanderweg 5 und führt nach Wallenborn zurück. Am Ortsrand wird der Schotterweg zu einem Teerweg. Im Ort gehen Sie an der Straßenkreuzung geradeaus (Salmer Weg) und passieren eine weitere Infotafel, eine Sportanlage und die Schule. Am Kreisverkehr gehen Sie noch einmal geradeaus und folgen dahinter links dem Wegweiser zur „Schulstraße 10-16" Richtung „Sauerbrunnen". Dieser Abstecher (➲ 200 m) bringt Sie zum **Drees ❷** – so nennt man in dieser Gegend Sauerbrunnen.

*Erfrischendes Dreeswasser*

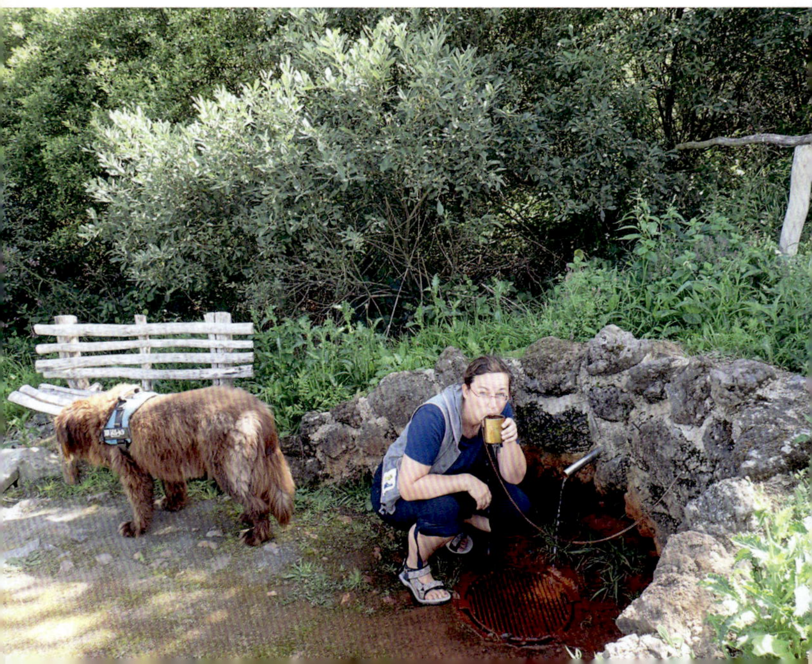

## Eifeler Pfannküchlein

Das an der Quelle abgedruckte Rezept für Heelisch-Koochen (in ☞ Steffeln Hedelich-Kooche genannt), den typischen Buchweizenpfannkuchen mit Sauerbrunnenwasser (funktioniert zu Hause übrigens auch sehr gut mit jedem anderen kohlensäurehaltigen Mineralwasser). Durch die enthaltene Kohlensäure werden die Pfannkuchen herrlich locker. Sie werden direkt aus der Pfanne serviert und mit Rübenkraut, Quark oder Honig bestrichen. Auch als Suppeneinlage oder -beilage waren sie beliebt.

## Heelisch-Koochen (Buchweizenkuchen)

Man nehme:

- 3-4 Eier
- 2 Suppenkellen Heelischmell (Buchweizenmehl)
- 1 Suppenkelle Weißmehl
- 1 kleine Prise Salz
- Wasser vom Drees (alternativ: „normales" kohlensäurehaltiges Mineralwasser)
- Schmalz zum Ausbacken
- dem modernen Gaumen mundet der Heelisch-Koochen besser mit 2-3 EL Zucker

Zubereitung:
Die Eier, das Salz und ein wenig Wasser zusammen aufklopfen (aufschlagen). Die beiden Mehle mischen und vorsichtig unterrühren, dabei immer wieder etwas Wasser hinzugeben, bis ein sämiger Teig entstanden ist. Das Schmalz in einer Pfanne erhitzen, den Teig löffelweise zugeben und die Küchlein von beiden Seiten backen.

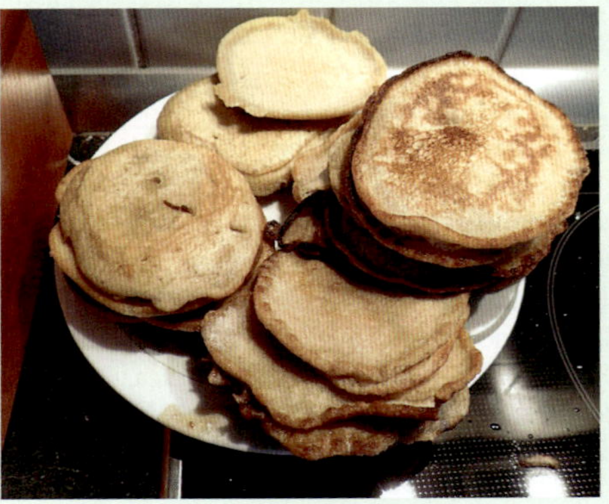

*Der fertige Heelisch-Koochen*

Traditionell werden die Heelisch-Koochen mit Klatschkies (Quark) oder Kawitsch (Zuckerrübensirup) serviert. Guten Appetit!

Nach diesem Abstecher gehen Sie zurück zur Schulstraße und folgen ihr nach links zur Ortsmitte. Hinter der 🛏 Pension Hermes geht es rechts Richtung Kirche. Rechter Hand entdecken Sie einen Kräutergarten mit einer Informationstafel zum Krautwischtag, der in der Vulkan- und Südeifel noch vielerorts gefeiert wird.

## Eine dufte(nde) Tradition

„Krautwisch" bezeichnet im Rheinland und in der Eifel einen aus Blumen, Kräutern, Getreide und Früchten gebundenen Strauß, der am Festtag Mariä Himmelfahrt geweiht wird. Ursprünglich besagte der Volksglaube, dass der Krautwisch mindestens 77 Pflanzen enthalten muss. Auf diese Weise wurden wohl wegen der hohen Zahl (mitunter wurden auch 99 Pflanzen gefordert) symbolisch nahezu alle im bäuerlichen Leben bedeutsamen Lebens-, Futter- und Heilmittel gesegnet. Danach nahm man den Strauß mit nach Hause und hängte ihn zum Trocknen unter das Dach. Manch eines der getrockneten Kräuter fand sicherlich im Winter Verwendung in einem Tee oder einem Wickel.

Auf dem Kirchplatz folgen Sie rechts den Wegweisern zum **Wallenden Born ❸**, der nicht nur Namensgeber für den Ort ist, sondern auch ein beeindruckendes Naturschauspiel. Er wallt in regelmäßigen Abständen von etwa 35 Minuten auf, mitunter bis zu 4 m hoch! Die Einheimischen nennen ihn liebevoll den „Brubbel" und sind sehr stolz auf diesen Kaltwassergeysir.

## Gelehrtenstreit

Die Fachwelt streitet darüber, ob es sich bei dem Wallenden Born wirklich um einen natürlich eruptiven Kaltwassergeysir handelt. Das wäre streng genommen nur dann der Fall, wenn das Wasser ohne menschliches Zutun wallen würde. Historisch bezeugt ist aber nur eine periodisch ausbrechende Mofette – das ist der Austrittspunkt von Kohlendioxid vulkanischen Ursprungs an der Erdoberfläche. Eine solche Mofette wurde in Wallenborn aufgebohrt und verrohrt. So ist die regelmäßige Eruption zwar natürlich, aber die Höhe des Wasserschwalls ist auf die künstliche Bohrung zurückzuführen. Wie dem auch sei, es ist ein beeindruckendes Schauspiel.

Beim Brubbel muss leider inzwischen Eintritt gezahlt werden, weil die Gemeinde viel Aufwand mit der Beseitigung von Müll und Vandalismusfolgen hatte. Mit € 1,50 ist er aber vergleichsweise niedrig und wird nur Ostern bis November erhoben. Im Winter finden Sie am Eingang eine Spendendose für Instandhaltung, Reparatur und Pflege.

Die Wartezeit zum nächsten Aufwallen können Sie im Landhaus am Brubbel verbringen:

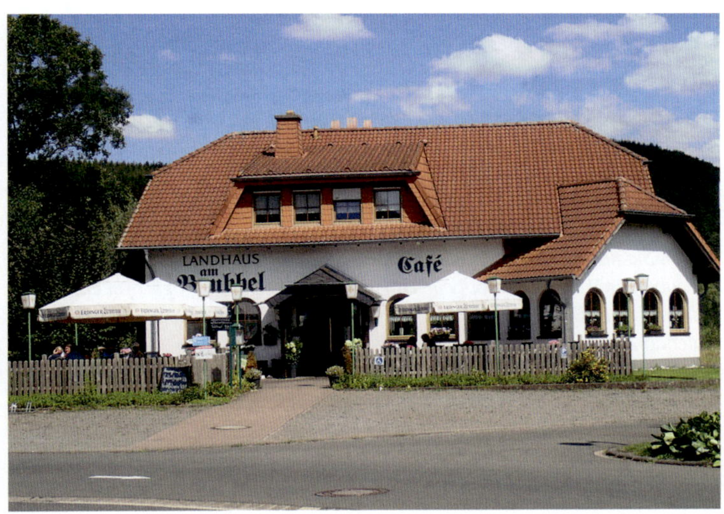


*Im Landhaus am Brubbel kann man auf das nächste Aufwallen warten*

✕ Landhaus am Brubbel, Weidenbacher Straße 3a, 54570 Wallenborn, ☏ 065 99/96 03 94, 💻 www.landhaus-ambrubbel.de, 🚪 Mo, Mi, Do und Fr 12:00 bis 21:00, Sa und So 11:30 bis 22:00, Eifeler und internationale Küche, gute Kuchenauswahl

Oder Sie gehen hinter dem Brubbel noch etwa 150 m die Neue Straße hinauf und besuchen die Imkerei:

⌘ Imkerei Doll, Neue Straße 3, 54570 Wallenborn, ☏ 065 99/258, 💻 www.imkereidoll.com, 🚪 Hofladen täglich 10:00 bis 17:00, kostenlose Besichtigungen der Imkerei April bis Okt Mi und Sa 14:00 bis 17:00

Danach geht es auf dem schon bekannten Weg zurück zum Startpunkt an der Kirche.

# 13 Maare – die Augen der Eifel

*Tour für Naturliebhaber*

*Wenn Sie in Ihrem gesamten Eifelurlaub nur Zeit für eine einzige Wanderung haben, sollten Sie diese Tour auswählen. Am tief bewaldeten Trichter des Gemündener Maars mit seinen steilen Hängen können Sie den Spechten bei der Arbeit zuhören. Das Ufer des Weinfelder Maars erstrahlt im Mai/Juni leuchtend gelb, wenn der Besenginster blüht – keine Frage, warum er Eifelgold genannt wird. Vergessen Sie nicht, die Glocke in der Kapelle zu läuten! Schalkenmehren schließlich bezaubert mit einem Doppelmaar und guten Einkehrmöglichkeiten. Hinzu kommen zwei Badestellen, einige Aussichtspunkte und ziemlich vorwitzige frei laufende Ziegen.*

Start/Ziel: am Gemündener Maar, Waldcafé, GPS N 50°10.715' E 006°49.979'

9,3 km

3 Std. 30 Min.

266 m/266 m

422-562 m

Keine einheitliche Markierung, zum Teil verläuft die Tour auf dem Eifelsteig und örtlichen Wanderwegen.

Pfade und Wanderwege, in Schalkenmehren Bürgersteige, zwei Drittel sonnig

Waldcafé am Start/Ziel, mehrere Einkehrmöglichkeiten in Schalkenmehren (km 3,7)

Gelegenheiten für eine Rast auf etlichen Sitzbänken, auf Liegen (km 7,4), einer Hollywoodschaukel (km 7,6) und an Rastplätzen (km 1,8, km 2,6, km 6,1, km 7,4, km 7,6 und km 9,1), Witterungsschutz in der Kapelle (km 1,8), in einer großen Bushaltestelle (km 3,8) und im Dronketurm (km 7,6)

Bademöglichkeiten im Gemündener Maar (km 0,8 bzw. km 8,8) und Schalkenmehrener Maar (km 3,5)

Tradis: GC4VGEQ Lucchetti dell' amore, GC7593P GC-Tour Vulkaneifel; ferner einige Mysterys und Multis

Zwar ist es für Kinder eine recht weite Wanderung, aber die Maare mit ihrer vulkanischen Geschichte ziehen viele Kinder in ihren Bann. Am Weg liegen mehrere Aussichtspunkte, in zwei Maaren darf sogar gebadet werden. Auf dem Plateau zwischen Gemündener Maar und Totenmaar (Weinfelder Maar) warten recht zutrauliche freche Ziegen auf Wanderer. Die Tour ist abkürzbar, indem die Runde um das Schalkenmehrener Maar weggelassen wird.

Einige Abschnitte sind sehr steil, die meisten der Stufen lassen sich umgehen. Ist das Kleinkind also mit mindestens zwei fitten Erwachsenen unterwegs, ist der Weg auch mit Buggy machbar.

Der Weg führt durch das Naturschutzgebiet „Dauner Maare“, zu dem das Gemündener Maar, das Totenmaar und das Schalkenmehrener Doppelmaar gehören. Innerhalb des Naturschutzgebietes müssen Hunde an die Leine. Wasser gibt es unterwegs genug.

Bushaltestelle „Maarstraße“ (➲ 300 m vom Start), Bus 300 (Regio-Radler) von/nach Daun, Wittlich und Kues, Mo bis Sa zweistündlich, Bus 511 von/nach Daun und Manderscheid, Mo bis Fr etwa stündlich, letzte Fahrt gegen 16:00; Bushaltestellen „Weinfelder Maar“ und „Schalkenmehren“, Bus 500 (Regio-Radler) von/nach Cochem und Gerolstein, täglich zweistündlich, Bus 503 von/nach Wittlich, Mo bis Fr zweistündlich

P Parkplatz am Waldcafé

☺ Eine weitere schöne Rundwanderung an den drei Maaren, die sogar auf dem berühmten Lieserpfad verläuft, ist schnell erklärt: Folgen Sie am Waldcafé den Markierungen des Eifelsteigs. Er bringt Sie zum Dronketurm, zur Weinfelder Kapelle und nach Schalkenmehren, biegt dann nach Westen ab und trifft an der Üdersdorfer Mühle auf den Lieserpfad. Hier verlassen Sie den Eifelsteig und folgen dem Lieserpfad am Ufer der Lieser zurück zum Waldcafé.

Am Waldcafé nehmen Sie links von dem Geburtstagsdenkmal den Seerandweg am Gemündener Maar entlang. Nach etwa 800 m entdecken Sie links zwischen den Bäumen das **Naturfreibad Gemündener Maar**. Einen Besuch mit entsprechender Abkühlung können Sie noch getrost aufschieben, in etwa 8 km kommen Sie auf dem Rückweg hier noch einmal vorbei.

Sie treffen auf eine T-Kreuzung, an der Sie rechts auf einem Pfad steil bergauf steigen, bis Sie einen breiteren Waldweg erreichen. Diesem folgen Sie für etwa

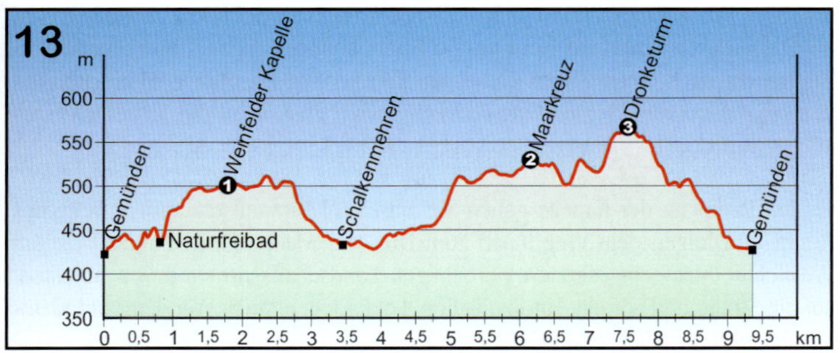

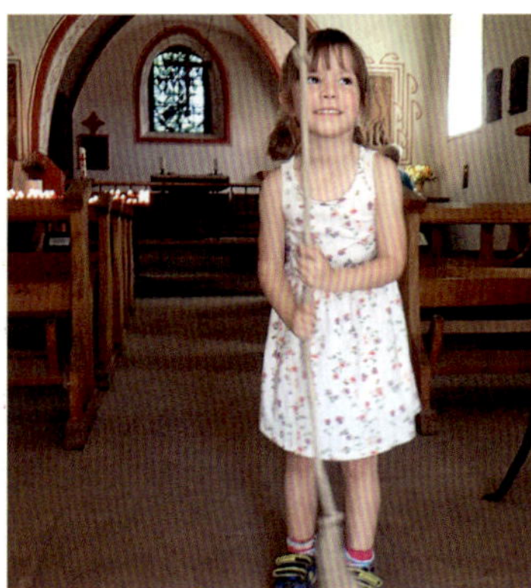

*Glockenläuten ist in der Weinfelder Kapelle ausdrücklich erlaubt*

10 m nach links, dann geht es rechts erneut steil bergauf. Der Pfad endet auf einem Schotterweg, dem Sie nach rechts zur Talstation des **Skilifts Mäuseberg** folgen.

Sie passieren einen stillgelegten Steinbruch, in dem Sie sehen können, dass sich die Natur ihr Reich zurückerobert. An einem Abzweig gehen Sie noch geradeaus bis kurz vor die L64. Hier folgen Sie dem Weg nach rechts, der etwa 150 m parallel zur Straße verläuft und dann rechts zum Totenmaar hinaufschwenkt. Dort biegen Sie links ab und kommen zur **Weinfelder Kapelle ❶**.

## Das Totenmaar

Die Kapelle am Weinfelder Maar ist der Muttergottes gewidmet und gleichzeitig Friedhofskapelle für das Weinfeld, den Friedhof für Schalkenmehren. Hier befand sich früher das Dorf Weinfeld, das nach einer schweren Pestwelle im 16. Jahrhundert aufgegeben wurde. Friedhof und Kapelle lassen schnell erahnen, warum das Weinfelder Maar auch Totenmaar genannt wird. Obwohl – es ranken sich auch zahlreiche Sagen um die Bezeichnung Totenmaar: Im Sommer sollen die Toten nachts, wenn keiner sie beobachtet, die wenigen Meter zum Maar gehen und ein Bad nehmen. Einer anderen Sage nach soll es einen Ort Weinfeld gegeben haben, der beim letzten Vulkanausbruch mit in die Tiefe gerissen wurde – nur Kirche und Friedhof blieben stehen, kein Mensch überlebte. Oder ging dort vielleicht eine ungerechte und böse Königin mitsamt ihrem Schloss unter, während der König ausritt?

Die Glocken läuten nicht nur für die Toten, sondern auch für uns Lebende. Es ist Brauch, nach einem stillen Gebet am Glockenzug zu ziehen. Man sagt, wer beim Abschied vom Weinfeld die Glocken geläutet hat, kehrt mit Sicherheit noch einmal zurück!

Am Parkplatz der Kapelle gehen Sie am Drehkreuz auf die andere Seite des Zauns und folgen dem Weg hinab zum Ufer des Maars. Der Zaun soll die am Weinfelder Maar eingesetzten vierbeinigen Landschaftsgärtner davon abhalten, auf die Straße und vor ein Auto zu laufen. Leider hält er auch Wanderer mit Kleinkindern und ängstlichen Hunden vom Genuss dieses Wegabschnitts ab.

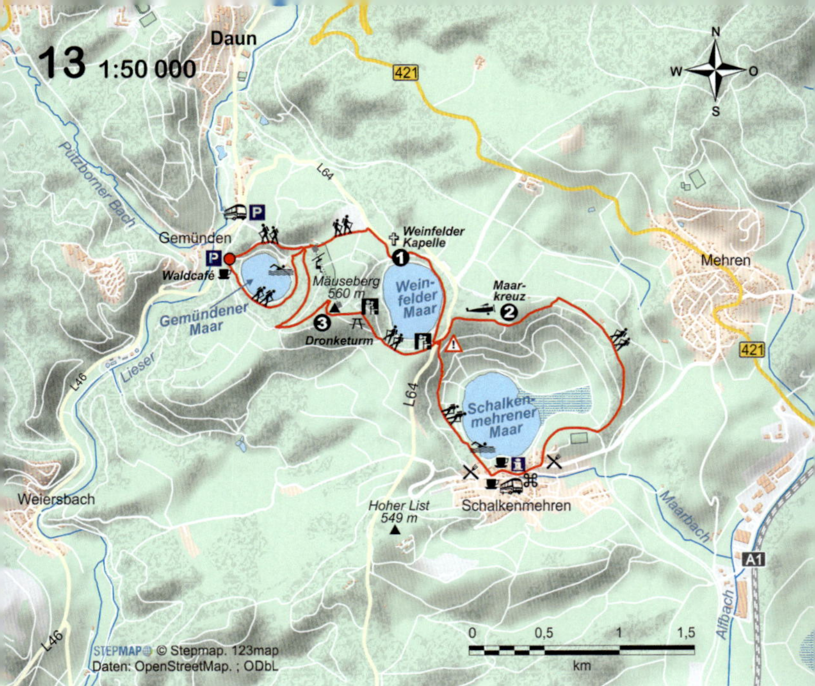


Mit dem Buggy nehmen Sie den Weg diesseits des Zauns, er führt ebenfalls hinauf zum Aussichtspunkt zwischen den Maaren.

Gut 500 m hinter dem Drehkreuz nehmen Sie an der Gabelung den Pfad halb links hinauf zum **Aussichtspunkt**. Dafür gehen Sie durch ein zweites Drehkreuz. Auf den Rastbänken hier oben haben Sie einen prächtigen Blick hinab auf das Maar.

Queren Sie nun die L64 besonders vorsichtig, denn viele Autofahrer sind abgelenkt durch die Parkplatzsuche oder den unerwarteten Blick auf zwei Maare auf beiden Straßenseiten. Genau dieser Blick wird Sie auch zu einem kurzen Stopp mit Blick zurück verleiten. Ja, richtig gesehen, die Wasserfläche des Weinfelder Maars (⇧ 483,5 m) liegt mehr als 60 m über dem Wasserspiegel des Schalkenmehrener Maars (⇧ 420,8 m).

Ein weiteres Phänomen ist von hier oben (und auf der Landkarte) zu erkennen: Das Schalkenmehrener Maar ist ein Doppelmaar. Das jüngere Maar im Südwesten des Maarkessels ist mit Wasser gefüllt, das ältere, das sich nordöstlich daran anschließt, ist ein Trockenmaar.

Biegen Sie scharf rechts in den **Carl-Carstens-Weg** ein und nehmen Sie nach gut 100 m den zweiten Weg nach links, hier verläuft auch der Eifelsteig.

Sechs Stufen können mit dem Buggy umfahren werden, dahinter erschweren Wurzeln das Fortkommen und vier weitere Stufen können nicht umgangen werden.

Drei Sitzbänke später endet der schattige Waldweg mit vier ( umgehbaren) Stufen am oberen Maarrundweg, dem Sie nach halb rechts folgen. Im August können die vielen reifen Brombeeren aufs Wandertempo drücken.

Der Weg führt hinab zum **Maarbad**.

Naturfreibad Schalkenmehrener Maar, 54552 Schalkenmehren, 065 92/175 32 81, etwa Mitte April bis Anfang Okt täglich 10:00 bis 18:30 (wetterabhängig), Bad mit Aquaglide-Wasserrutsche, Tretbootverleih und Imbiss

Kurz darauf erreichen Sie Schalkenmehren. Hier bieten sich einige gute Einkehrmöglichkeiten:

Hotel Schneider am Maar, Maarstraße 22, 54552 Schalkenmehren, 065 92/955 10, www.hotelschneider.de. Besonders zu empfehlen sind der Döppekooche und die anderen Eifelspezialitäten.

Café Maarblick, Maarstraße 16, 54552 Schalkenmehren, 065 92/966 60, www.cafe-maarblick.de, täglich ab 8:00 zum Frühstück. Mit großer Kinderkarte und Spielecke, große Auswahl an Salaten. Zum Kaffee wird ein hausgebackener Maartaler gereicht.

♦ Café del Maar, Maarstraße 9, 54552 Schalkenmehren, 065 92/984 81 48, www.cafedelmaar.de. Pizza, Flammkuchen und Salate, dazu eine große Eistheke.

An der Touristinformation bietet sich die große Bushaltestelle als Witterungsschutz oder für ein Picknick bei ungemütlichem Wetter an.

Touristinfo Schalkenmehren, Maarstraße 2, 54552 Schalkenmehren, 065 92/17 39 39, Nov bis März Di und Sa 10:00 bis 12:00, April bis Okt Di, Do und Sa 10:00 bis 12:00

Gehen Sie an der Kirche St. Martin und am Heimwebereimuseum geradeaus.

⌘ Heimwebereimuseum, Alte Schule, Mehrener Straße 5, 54552 Schalkenmehren, 01.04. bis 15.10. So 15:00 bis 17:00

Vor dem Gasthof Schmitz biegen Sie links ab (Auf Koop).

Dorfgasthof Schmitz, Mehrener Straße 13, 54552 Schalkenmehren, 065 92/23 30, dorfgasthofschmitz.de, Mi bis So 12:00 bis 14:00 und 18:00 bis 21:00

Am Ortsende laufen Sie geradeaus auf dem Wirtschaftsweg weiter. An der Gabelung halten Sie sich rechts und gehen nach 50 m am Waldrand Richtung „Flugplatz". An der nächsten Gabelung orientieren Sie sich an dem nach links weisenden Schild Richtung Maarkreuz, nach 50 m geht es geradeaus bergauf.

Auf der Höhe haben Sie einen guten Ausblick auf den Ort und das Maar. Hinter der großen Bank mit Fernblick wandern Sie links von einer Halle bergauf. Der Schotterweg führt in einem weiten Linksbogen auf den Flugplatz zu. Etwa 50 m vor (!) einer Schotterweggabelung gehen Sie nach links. Hier führt ein Pfad unterhalb des Flugplatzes an einem Picknicktisch vorbei zum **Maarkreuz ❷**. Am Kreuz stehen zwei riesige Bänke, die einen Panoramablick über den Talkessel des Doppelmaars bieten. Die beiden Maare entstanden vor gut 10.000 Jahren jeweils nach einer vulkanischen Dampfexplosion. Diese Explosionen erfolgten allerdings zeitlich versetzt, sodass der östliche Teil von den ausgeworfenen Aschen des westlichen Teils vollständig bedeckt wurde. Daraus entwickelte sich ein versumpftes Trockenmaar mit einer artenreichen Flachmoorvegetation. In den Pfeifengraswiesen fühlen sich einige seltene Tierarten wohl, besonders Feuchtgebiete liebende Vogelarten wie die Knäckente und auch Libellen. An besucherschwachen Tagen haben Sie vielleicht sogar das Glück, eine Große Goldschrecke zirpen zu hören.

An einer Einmündung von rechts kommen Sie an einem weiteren Picknicktisch vorbei und wandern hinab zur Straße zwischen den Maaren.

## Die blauen Augen der Eifel

Es muss an einem sonnigen Tag mit blauem Himmel gewesen sein, als vor langer Zeit ein paar Menschen hier oben standen und denselben Blick wie Sie genossen. Einer von ihnen wird plötzlich eine Idee gehabt haben: Vielleicht sind das ja gar keine runden Seen, sondern die Augen eines riesigen Wesens! So wie Flöhe einen Hund bewohnen, bewohnen also Menschen dieses Wesen, werden diese Menschen gemutmaßt haben. Der Tuffwall zwischen den beiden Maaren wurde dann wohl als Nasenrücken angesehen. Man störte sich auch nicht daran, dass es mehr als zwei Augen sind (von den 75 Eifelmaaren sind neun mit Wasser gefüllt), denn wer sagt denn, dass ein solch großes Wesen mit zwei Augen auskommen würde, um den Überblick zu bewahren. Oder vielleicht war es auch ganz anders. In jedem Fall wird bis in die Neuzeit hinein immer von den blauen Augen der Eifel gesprochen, wenn von den Dauner Maaren die Rede ist.

Nachdem Sie die L64 vorsichtig überquert haben, folgen Sie links dem Weg zwischen dem P Parkplatz und dem Aussichtspunkt bergauf ins Naturschutzgebiet.

Dieses Drehkreuz lässt sich leider nicht so leicht umgehen. Wer den Buggy nicht hinüberheben kann, geht besser wieder an der Weinfelder Kapelle vorbei zurück.

Auf einer mit Gras bewachsenen Ebene kommt von rechts der Uferweg des Weinfelder Maars den Hang hinauf. Auf Höhe eines Metalltors gabelt sich der Weg, hier gehen Sie links bergauf, halten sich im weiteren Verlauf aber im Gewirr der Pfade eher rechts. Dann können Sie sich sofort nach Erreichen des **Mäusebergplateaus** auf eine der Eifelsteigliegen fallen lassen oder an einem der großen Picknicktische pausieren – wenn diese nicht von den vierbeinigen Landschaftsgärtnern belegt sind! Die Schafe und Ziegen tummeln sich nämlich gerne hier und wissen die Möbel auch zu schätzen. Am benachbarten Aussichtspunkt können Sie noch einen letzten Blick auf das Totenmaar werfen, bevor Sie Ihren Weg nach links fortsetzen. Sie gehen durch ein großes Tor zum **Dronketurm ❸** (Rettungspunkt 5807-144). Der etwa 10,5 m hohe Turm steht an der höchsten Stelle der

*Rastplatz für alle auf dem Plateau*

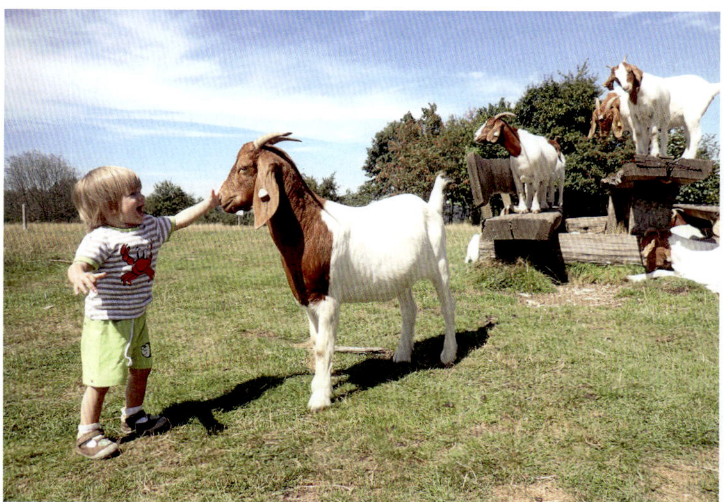

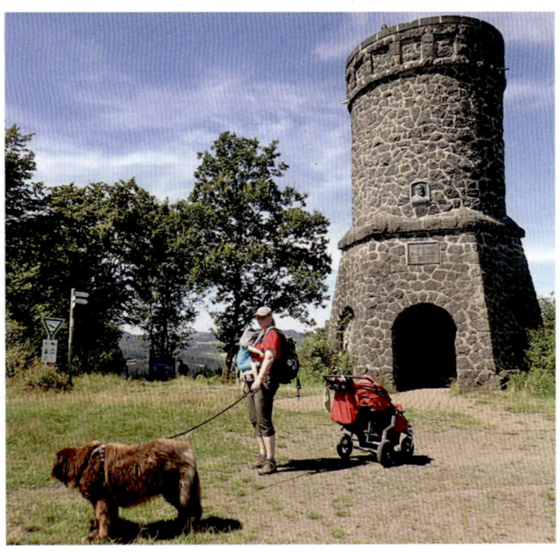

Der Dronketurm

Dauner Maare, von ganz oben können Sie sowohl das Gemündener Maar als auch das Weinfelder Maar sehen. Er wurde 1902 zu Ehren von Adolf Dronke gebaut, dem Gründungsvorsitzenden des Eifelvereins.

Links vom Turm bietet eine urige Schaukel einen weiteren Ausblick hinab zum Gemündener Maar. Gehen Sie an der Schaukel rechts den Pfad hinab. Er macht nach etwa 100 m eine Linkskurve und führt stetig bergab, dabei kreuzen Sie einen mit Gras bewachsenen Weg. An der nächsten Wegkreuzung folgen Sie rechts dem Forstweg. (Geradeaus auf dem Eifelsteig ist eine Abkürzung von etwa 600 m möglich.) Er führt sanft bergab, kreuzt in einer Linkskurve den Hinweg und endet an einer T-Kreuzung. Hier biegen Sie links ab und kommen zum **Freibad**.

Naturfreibad Gemündener Maar, Maarstraße, 54550 Daun, ☏ 065 92/25 20 (Bad), 01 51/21 51 17 97 (Bootsverleih und Kiosk), Juni bis Aug täglich 11:00 bis 19:00, Ferien 10:00 bis 20:00, Naturfreibad im Maar mit Sprungturm, Nichtschwimmerbecken, Badeinsel, Kletterwand, Kiosk und Bootsverleih

Am **P** Schwimmbadparkplatz finden Sie den Rettungspunkt 5807-113 und einen Picknicktisch. Am Ende des Platzes setzen Sie Ihre Wanderung auf dem Teerweg Richtung „Waldcafé“ fort.

Restaurant Café Waldcafé, Maarstraße 7, 54550 Daun, ☏ 065 92/14 00, www.waldcafe-daun.de, Mitte März bis Mitte Nov täglich ab 11:00, im Winter Sa, So, Fei und Ferien ab 11:00. Neben köstlichen selbst gebackenen Kuchen und duftenden Waffeln überzeugen hier vor allem die typischen Eifelgerichte.

# ⑭ Auf dem Parcours der Sinne zum Immerather Maar

*Tour für kleine und große Spielkinder*

*An allen Ecken und Enden des kleinen Dörfchens Immerath finden Sie Stellen, an denen besondere Dinge aufgebaut sind, die angesehen, angehört, gefühlt und erlebt werden wollen. Auf diesem Parcours der Sinne führt die Wanderung hinauf zum versteckt gelegenen Immerather Maar und zu einem Labyrinth.*

- Start/Ziel: an der Immerather Kapelle, GPS N 50°7.898 E 006°57.347'
- 6,1 km
- 2 bis 4 Std., je nach Ausprägung Ihres Spieltriebs
- 92 m/92 m
- 368-429 m
- keine Wegmarkierung
- Wirtschaftswege, Schotterwege und Waldwege, im Ort Gehwege, sonnig
- Landhaus Schend (km 6)
- Gelegenheiten für eine Rast ergeben sich auf zahlreichen Sitzbänken und in der Schutzhütte am Maar (km 3,5).
- Die Länge der Wanderung ist schon für Schulanfänger machbar, wenn genug Zeit zum Spielen bleibt. Die vielen Stationen des Parcours machen den meisten Kindern Spaß.
- Der Weg ist durchgängig mit dem Buggy und dem Rad befahrbar.
- Im Ort und im Naturschutzgebiet muss der Hund an die Leine. Wasser gibt es unterwegs genug.
- Bushaltestelle „Gh Schneider Immerath", Bus 503 von/nach Daun und Gillenfeld, Schulbus! (nur je eine Fahrt pro Tag pro Richtung)
- Parkmöglichkeit an der Kapelle
- Handtuch einstecken für den Barfußpfad, wenn Kinder dabei sind, vielleicht auch Wechselsachen für den kleinen Wasserspielplatz am Nürbach.
- Eine längere Rundwanderung führt gut markiert (WE) auf dem Wendelinusweg auf etwa 12,8 km Länge von Immerath am Maar entlang über historische Mühlenpfade und durch das Üßbachtal.

Die Tour beginnt an der **Friedhofskapelle** von Immerath. Sie steht aber nicht etwa im Kapellenweg, sondern im Kirchweg. Das ist nicht mehr ganz so verwirrend, wenn man weiß, dass sie ursprünglich eine katholische Kirche namens

St. Wendelin war. Der Ostturm stammt aus dem 16. Jahrhundert, das zweiachsige Schiff entstand um 1900.

Gehen Sie von der Kapelle ortseinwärts und biegen Sie links ab (Zum Wiesengrund). Im Tal des **Nürbachs** entdecken Sie die Stationen 3 und 4 des Parcours der Sinne. Auf der drehbaren **Balancierplattform** und an der Wasserspirale werden eindeutig der GleichgewichtsSINN und der FrohSINN angesprochen.

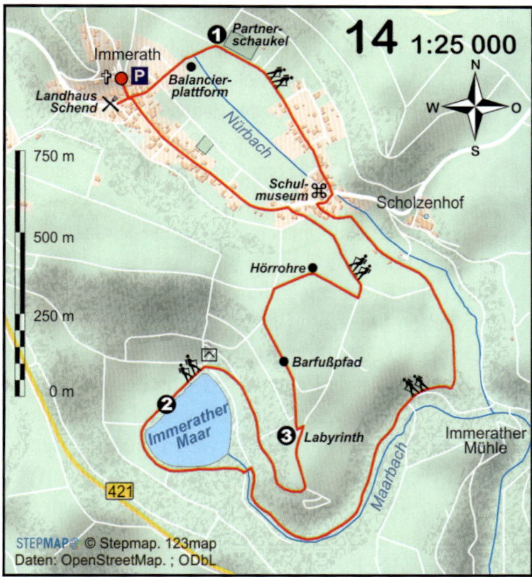


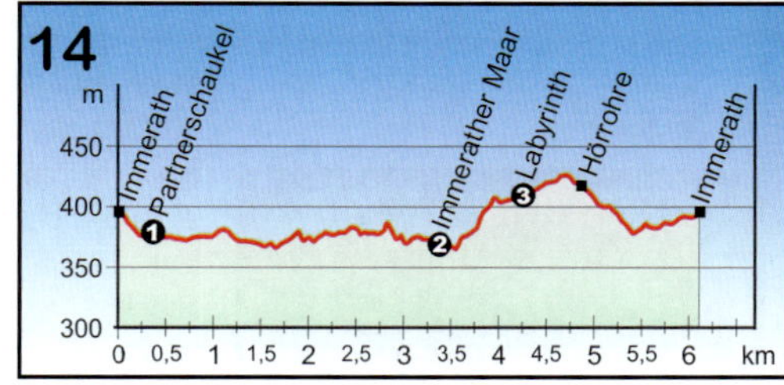


An der Straßenkreuzung biegen Sie rechts in die Brunnenstraße. Aber bitte nicht, bevor Sie die **Partnerschaukel ❶** ausprobiert haben: Zwei Schaukeln sind miteinander verbunden, sodass auch jemand, der sich selbst nicht hochschaukeln kann, von seinem Partner mitbewegt wird, obwohl er allein auf seiner Schaukel sitzt. Andererseits müssen zwei gleich starke Schaukler erst einmal einen gemeinsamen Rhythmus finden, wenn sie sich nicht gegenseitig bremsen wollen.

Während Sie auf der Brunnenstraße am Sportplatz entlangwandern, können Sie auf einem langen Balancebalken erneut Ihren Gleichgewichtssinn unter Beweis stellen. Sie ignorieren zwei Einmündungen von links und passieren zwei Sitzbänke. An der Kreuzung mit dem Brunnen und der Schulbushaltestelle macht Sie die Drehscheibe mit Trichter und Kegel vielleicht etwas schwindelig. Hier biegen Sie rechts ab und kommen zum Backhaus und zum **Schulmuseum** in der alten Schule.

⌘ Schulmuseum Immerath, Hauptstraße, 54552 Immerath, ☏ 065 73/952 61 82, 01 60/97 53 01 20 (Frau Wagner-Schumann), April bis Okt Fr 14:00 bis 17:00. Im Museum gibt es viel Wissenswertes über den Schulunterricht der letzten 200 Jahre zu erfahren. Kinder staunen über altersgemischte Klassen mit bis zu 60 Schülern und Winterlehrer, die im Sommer auf dem Feld oder bei Handwerkern mitarbeiten mussten, weil sogar der Dorfhirte mehr verdiente als ein Lehrer.

Biegen Sie scharf links in eine kleine Stichstraße (Hauptstraße 50-56), sie wird zum Schotterweg und ist als „Rundweg 3 Immerath" markiert. Zwischen Weiden, Wiesen und Bachauen laufen Sie nun parallel zum Nürbach auf ein Waldstück zu, dabei halten Sie sich an dem einzelnen großen Busch geradeaus.

Der Feldweg ist nun – je nach Jahreszeit – hoch mit Gras bewachsen, führt in den Wald hinein und macht dort eine Rechtskurve.

Nun geht es bergab und an einer Einmündung von links (dort geht es zur Immerather Mühle) geradeaus weiter, nun mit dem örtlichen Wanderweg 4. Auf diesem Weg verlaufen auch der Wendelinusweg (WE), der Mühlenweg (MU) und der Maare-Pfad. Hier im Tal kommen Sie so nah an den **Maarbach** (☝ in manchen Karten heißt er Nierbach) heran, dass er sich als Saufgelegenheit für Ihren Wanderhund anbietet.

Der Weg führt leicht bergauf. Wenn es wieder ebener wird, gehen Sie links (WE, MU, Maare-Pfad) über die Holzbrücke ins Naturschutzgebiet **Immerather Maar ❷**. Die Entstehung liegt etwa 40.000 bis 70.000 Jahre zurück, das Maar ist an seiner tiefsten Stelle nur 2,90 m tief. 1750 wurde es trockengelegt, indem der Maarbach als Ablauf angelegt wurde. Es wurde dann als Weide genutzt. Im Ersten Weltkrieg verwilderte der Bach so sehr, dass sich das Wasser aufstaute und sich wieder ein Maarsee bildete, auch wenn er nun nicht mehr kreisrund ist. Die Wiesen in Ufernähe verlocken zu einem Picknick, bitte bedenken Sie aber, dass die Gegend rund um das Maar ein Vogelschutzgebiet ist, das Baden ist daher verboten.

*Im Labyrinth*

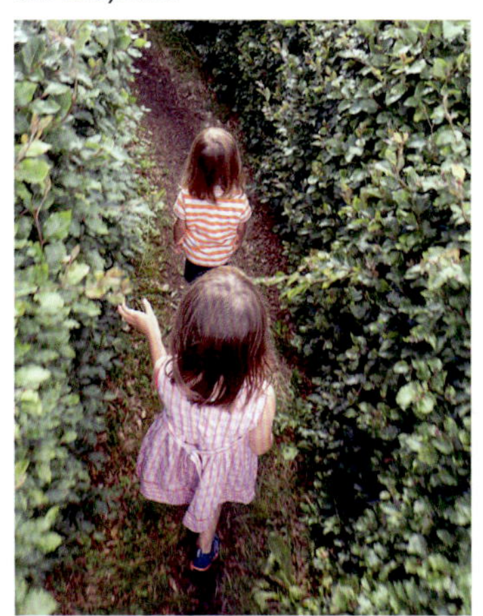

An der nächsten Wegkreuzung befindet sich geradeaus in knapp 100 m Entfernung eine ⌂ Schutzhütte, der Weg führt aber rechts auf dem Schotterweg bergauf. Am Waldrand biegen Sie hinter der Schranke links ab und folgen dem Teerweg zwischen einigen Feldern hindurch zu einem 🅿 Parkplatz mit Sitzbänken an der Station 15, dem **Labyrinth** ❸. ☺ Zur Erinnerung: Der **Irr**garten hat Abzweigungen, Sackgassen und Umwege, in ihm kann man sich ver**irr**en. Das Labyrinth hat nur einen Weg, mag er auch noch so verschlungen sein.

Hier würde der geteerte Maarweg direkt ins Tal führen, die Tour leitet Sie aber halb links auf dem Grasweg bergauf zum **Barfußpfad** (Station 14). Dort gibt es Sitzbänke zum An- und Ausziehen der Schuhe, bevor Sie erkunden, wie unterschiedlich sich Sand, Holzschnipsel und Kies unter den nackten Füßen anfühlen. Der Weg führt bergauf zu zwei Sitzbänken mit Blick hinab zum Maar. Auf der Höhe stoßen Sie auf den **Lehrpfad** „Immerather Streuobst".

Folgen Sie dem geteerten Feldweg nach rechts, er ist gesäumt von Obstbäumen des Lehrpfades und führt an den **Hörrohren** des Parcours (Station 13) vorbei. Am Ende des Weges biegen Sie links in den Maarweg, der Sie zurück zum Ort bringt.

Am Ortsrand halten Sie sich rechts vom **Dendrophon** (= Baumxylophon) und gehen hinab zur Hauptstraße. Dieser folgen Sie nach links, probieren vielleicht den Summstein (Station 12) auf der linken Straßenseite und die Tastgalerie, die Wackelhölzer und den Wackelbaum (Stationen 5-7) auf der rechten Seite aus und treffen am Ende der Straße auf das Landhaus Schend.

*Das Dendrophon*

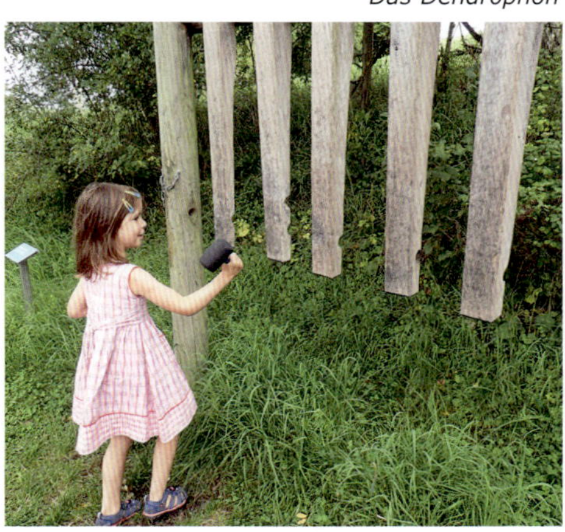

🛏 ✕ 🍷 Landhaus Schend, Hauptstraße 9, 54552 Immerath, ☎ 065 73/306, 💻 www.landhaus-schend.de, 7 täglich 17:30 bis 21:00, So auch 12:00 bis 14:00, familiäres Hotel mit Restaurant, Terrasse und Dorfgaststätte, Eifeler Landhausküche

Nach der Einkehr sind es nur noch wenige Schritte zurück zum Startpunkt im Kirchweg.

# ⑮ Mä(ä)rchenwanderung am Holzmaar

*Tour für Märchenerzähler und Vulkanismusfreunde*

*Diese märchenhafte Wanderung führt durch einen Naturwald mit skurril gewachsenen Bäumen. Drei Maare liegen am Weg, sie entstanden zeitversetzt: zunächst das bereits vollkommen verlandete Hetsche Maar, danach das noch sumpfige Dürre Maar und zuletzt das wassergefüllte Holzmaar.*

Start/Ziel: Wanderparkplatz Holzmaar, GPS N 50°7.134' E 006°52.542'

4,3 km

2 Std. (inkl. Lesen oder Vorlesen)

67 m/67 m

420-472 m

Hetschenkönigin (krötenartiges Aussehen)

Waldwege und Pfade, zu zwei Dritteln schattig

Rucksackverpflegung, evtl. Einkehr in Gillenfeld (4 km)

Gelegenheiten für eine Rast auf einigen Sitzbänken (besonders am Holzmaar), an Rastplätzen (km 0,8, km 2,3 und km 3,6) und in Schutzhütten (km 2,3 und km 3,3)

Earthcaches: GC4K1V4 Vulkanisches Dreigestirn führt zu allen drei Maaren, GC22VVE Holzmaar Earthcache (Vorbereitung nötig)

Wenn Ihre Kinder (noch) gerne Märchen hören und dabei nicht auf die Gebrüder Grimm festgelegt sind, werden sie eine schöne Wanderung haben. Ältere Kinder könnten sich für das Experiment am Sammetbach oder die verschiedenen Maartypen interessieren.

Die Wurzeln an der Schleife zum Sammetbach lassen sich umgehen, indem Sie am Märchenbuch 1 geradeaus gehen. Die danach folgenden Stufen, Wurzeln und umgefallenen Bäume lassen sich leider nicht umgehen. Daher ist für durchschnittlich trainierte Familien eigentlich nur die Runde um das Holzmaar mit dem Buggy machbar.

Wasser findet Ihr Hund im Holzmaar und in der nassen Jahreshälfte im Sammetbach. Die Leine ist beim Überqueren der Straße und am Holzmaar nötig (Naturschutzgebiet).

Bushaltestelle „K18/Holzmaar, Gillenfeld", Bus 503 von/nach Daun und Gillenfeld, Schulbus! (nur je eine Fahrt pro Tag pro Richtung)

Wanderparkplatz Holzmaar (= Rettungspunkt 5807-089)

Die Tour besteht aus zwei Runden: Zunächst geht es nach Westen am Sammetbach entlang zu zwei Trockenmaaren, dann nach Osten zum Holzmaar, das mit Wasser gefüllt ist. Wenn für einen aus Ihrer Familie selbst 4 km noch zu lang sein sollten, lässt sich die Tour in zwei Häppchen von 3,1 bzw. 1,2 km Länge aufteilen.

Am hinteren Ende des Wanderparkplatzes beginnt der Määrchen-Naturwald-Pfad an einem hölzernen Adler und einem Froschkönig. Doch halt! Bei genauem Hinsehen ist es gar kein Froschkönig, sondern die Hetschenkönigin. Sie ist ein beliebtes Kussobjekt und Fotomotiv und macht neugierig auf das Märchen, in dem sie eine wichtige Rolle spielt.

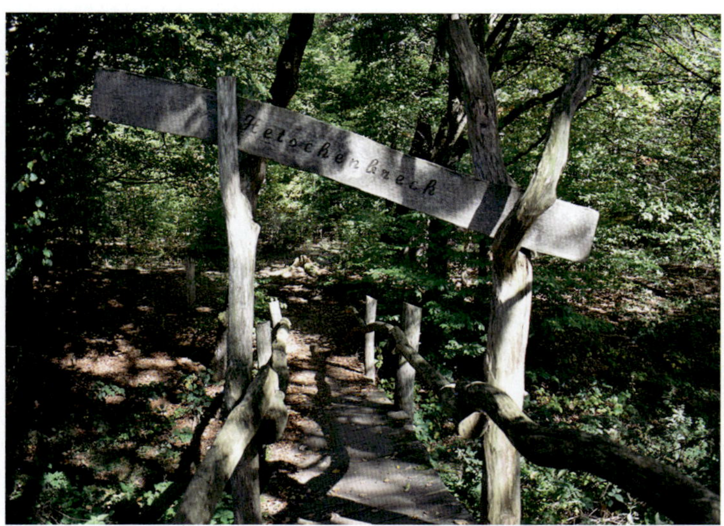


*Die Hetschenbreck über den Sammetbach*

Links des Weges liegt das Auenland des Sammetbachs, rechts ein natürlicher Mischwald. Schon nach wenigen Metern erkennen Sie, dass dieser Weg mehr ist als ein reiner Märchenthemenweg. Denn an einem aufgesägten Baumstamm wird die Dendrochronologie, also die Bestimmung des Baumalters, erläutert.

Sie treffen etwa 200 m nach dem Start auf das **Märchenbuch 1**, in dem das keltische Märchen der barmherzigen Eiche nacherzählt wird. Dort gehen Sie an der Gabelung links (mit Buggy geradeaus) zum **Sammetbach**, dessen Bachlauf in heißen Sommern oft trockenfällt. Die **Hetschenbreck** führt hinüber und macht erneut neugierig auf die Geschichte von der Hetschenkönigin.

Der Weg führt Sie zur **Fichtenbaumelfe**, einer sehr alten Fichte mit drei Stämmen. Eine Infotafel namens „Alter Bach in neuem Bett“ fordert Sie dazu auf, die Strömungsgeschwindigkeiten verschieden geformter Bachbetten zu vergleichen. Dazu wurde extra ein kleiner Eimer bereitgelegt.

## Unordnung im Wald

Das Konzept des Määrchen-Naturwaldpfades hat zwei Schwerpunkte: Offen sichtbar sind die alten Märchen, aber auch der Naturwald nimmt einen großen Anteil ein. Der Sammetbach wurde zurück in sein altes Bachbett geleitet und kann sich nun wieder frei entwickeln. Auch in begradigten Abschnitten kommt er nun langsamer voran als noch vor Jahren, weil die Bachpaten Totholz und Störsteine in sein Bett gelegt haben. In seinen Auen wurden die Nadelbäume abgeholzt, weil dies kein natürlicher Standort für sie ist. Der Wald bleibt nun weitgehend sich selbst überlassen. Die Wege wurden in Bachnähe bewusst über Stock und Stein geführt, damit sich die Landschaft naturnah entwickeln kann. Wundern Sie sich also nicht, wenn eines der mitwandernden Kinder fragt, wann der Wald aufgeräumt wird, weil er ihm unordentlicher vorkommt als manch ein anderer Wald.

An der Station biegen Sie rechts ab, gehen über zwei Stege und treffen auf eine T-Kreuzung. Hier führt später der Rückweg nach rechts, nun aber geht es erst einmal nach links zum **Märchenbuch 2** an dem sich umarmenden Baumpaar. In dem keltischen Märchen „Die zwei alten Buchen" umarmen sich die alten Buchen Traude und Praude ebenso innig, nachdem ein böser Fluch gebrochen war.

*Die Hetschenkönigin*

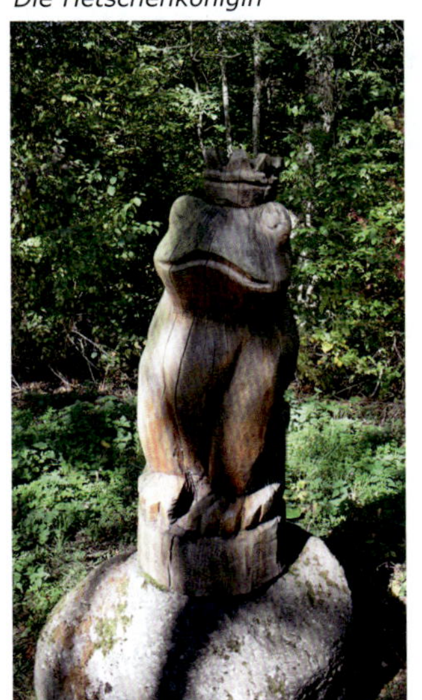

Die Hetschenkönigin weist Ihnen den Weg nach links die Stufen hinab. Der Weg führt hier über umgefallene Bäume und knorrige Wurzeln. Dieser Zustand ist nicht etwa auf einen Sturm zurückzuführen, sondern gewollter Teil des Renaturierungsprojekts.

An der Tafel „Fischteich wird Hetschenstube" wandern Sie rechts den Berg hinauf, der Weg führt durch hohen Nadelwald. Das nächste Schild mit der Aufschrift „Raste und lausche" ist die Aufforderung zu einem kleinen Abstecher, um an einem ⛬ Picknicktisch eine Pause einzulegen. Zwei Stege später kommen Sie aus dem Wald heraus auf die **Hetschenwiese**, an deren Ende wandern Sie rechts (Maare-Pfad) leicht bergauf. Ein verwirrender Wegweiser zeigt in der Mitte des Feldes nach rechts, tatsächlich geht der Määrchenpfad aber an den beiden Infotafeln weiter, die Sie vor sich am Waldrand sehen.

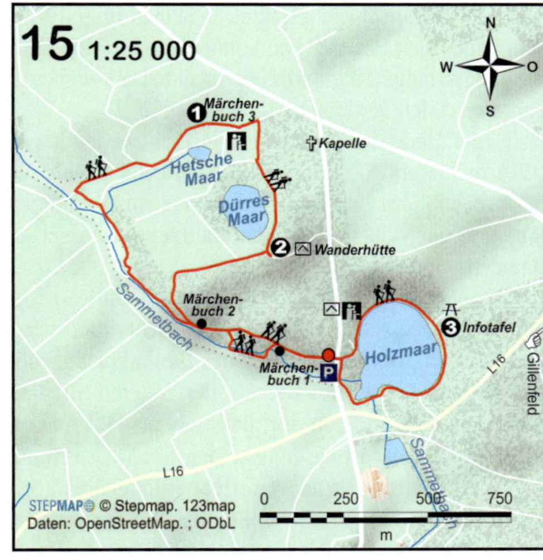


Dort hält das **Märchenbuch 3** die Geschichte „Der Schatz des Krötenkönigs vom Hetschenmäärchen" von Alois Mayer für Sie bereit. Ferner ergibt sich ein prächtiger Blick von diesem Aussichtspunkt auf das **Hetsche Maar ❶**.

Dies ist das kleinste Eifelmaar, es misst nur 60 m im Durchmesser und der Krater ist nur 5 m tief. Es ist bereits zu einem Seggenried verlandet, also zu einem Feuchtgebiet mit Sauergräsern. Darin fühlen sich seit Menschengedenken Frösche und Kröten so wohl, dass sie für den Namen Pate standen. Denn im örtlichen Dialekt heißen Kröten Hetschen ( nicht zu verwechseln mit den Hetschen in der Pfalz = oberschächtige Mühlen).

Der Weg führt nun hinauf zum Waldrand und dort nach rechts. In einer Rechtskurve nehmen Sie links den bergab führenden Weg an einem Picknicktisch vorbei, nun laufen Sie am oberen Kraterrand um das Dürre Maar herum zu einer geschnitzten Holzeule mit dem **Märchenbuch 4**. Eine Bank mit Aussicht über das **Dürre Maar** und eine **Wanderhütte ❷** sind beliebte Rastpunkte.

*Märchenstunde im Wald*

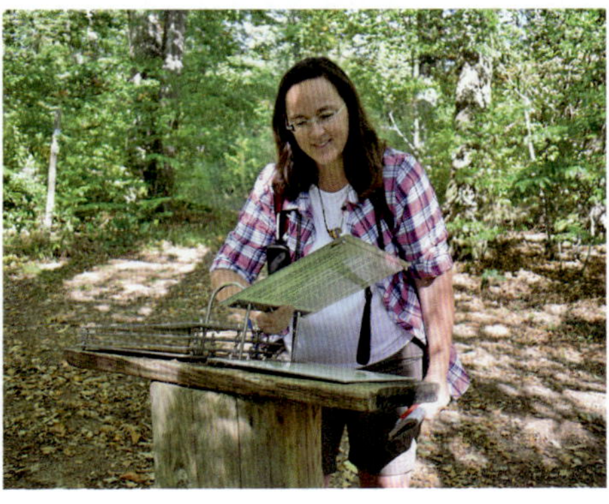

Seit Jahrtausenden verlandet das Dürre Maar schon und ist nun am Übergang vom Flach- zum Hochmoor. Die Torfmoose haben bereits eine über

10 m dicke Torfschicht gebildet. In seinen Bulten (Buckeln) und Schlenken (Senken) haben sich Pflanzen wie Sonnentau und Moosbeere angesiedelt, die mit dem besonders nährstoffarmen Lebensraum klarkommen und andernorts von dominanteren Arten verdrängt würden.

Hinter der Wanderhütte biegen Sie an der Kreuzung (Rettungspunkt 587-090) rechts ab. Sie wandern zunächst auf einem Wirtschaftsweg. Wenn dieser nach rechts führt, gehen Sie geradeaus am Waldrand weiter, bis links der Maare-Pfad und der Vulkanweg in den Wald führen. Vögel schwatzen und singen in den Bäumen und Büschen.

Der Waldweg führt steil bergab und trifft auf den Hinweg. Sie laufen nun immer geradeaus an den zwei alten Buchen und der barmherzigen Eiche vorbei zum Ausgangspunkt. Am Ende des P Parkplatzes überqueren Sie die Straße für den zweiten Teil der Runde. Auf der anderen Straßenseite führt er zu einem **Aussichtspunkt** und von dort links um das Holzmaar herum.

Das Holzmaar ist das jüngste der drei Maare an diesem Wanderweg, denn die bei seinem Ausbruch ausgeworfenen Tuffe überlagern die der anderen beiden Maare. Der Trichter ist 51 m tief, das Wasser steht darin 20 m.

An der **Infotafel** „Abgetaucht" ❸ verstecken sich links hinter den Büschen zwei Picknicktische. Hier bleiben Sie aber geradeaus auf dem Uferweg, passieren das **Märchenbuch 5** und erfreuen sich am sumpfigen Südende an den hohen Rohrkolben, Enten und Haubentauchern, bis Sie wieder den Startpunkt erreichen.

*Am Holzmaar*

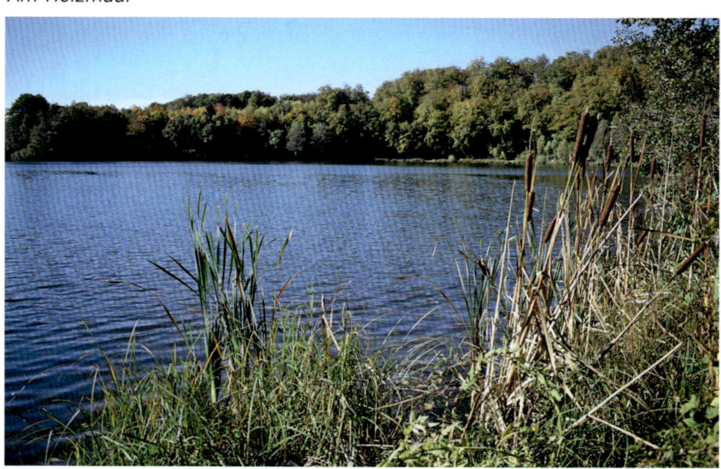

# 16 Auf dem Vulkanerlebnispfad von Strohn zur Wüstung Schutzalf

*Tour für Naturkundler*

*Dieser Rundweg führt vom Vulkanhaus Strohn zur größten Lavabombe der Welt. Doch damit nicht genug: An der Wartgesbergwand können Sie quasi einen Blick in einen Lavastrom werfen, bevor Sie durch das wildromantische Alfbachtal wandern, an einem idyllischen Seerosenweiher ausspannen, ein vergessenes Dorf besuchen und sich ein Trockenmaar anschauen.*

- Start/Ziel: Bürgerhaus Strohn, GPS N50°6.603' E6°55.262'
- 7,4 km
- gut 2 Std.
- 148 m/148 m
- 338-415 m
- Keine einheitliche Wegmarkierung, der Vulkanerlebnispfad Strohn ist mit kleinen Metallpfählen mit roten Pfeilen gekennzeichnet, auf denen Vulkangestein befestigt ist.
- Waldwege, Pfade, Wirtschaftswege, bis zur Wartgesbergwand Gehwege und Straßenrand, vorwiegend schattig
- Vulkan-Café Strohn und Pizzeria La Torre am Start/Ziel
- Gelegenheiten für eine Rast auf vielen Sitzbänken und an Rastplätzen (km 0,5, km 3,7 und km 6,8)
- kleiner Bauernladen (km 0)
- Tradis: GC54XVR Lavabombe Strohn, GC3JRX7 Schweiz – reloaded, GC4CHKJ Wüstungen in der Vulkaneifel: #1, Schutzalf; Earthcaches: GC205E3 Lavabomben in Strohn, GC2RXPB Das Wasser der Alf, GC25KAE Die Augen der Eifel – das Sprinker Trockenmaar (☺ mit sehr kindgerechten Erklärungen); außerdem ein Mystery
- Viele Kinder staunen über die mächtige Lavabombe, neben der selbst große Männer klein aussehen. Das Museum und der Spielplatz davor sind weitere Highlights, besonders im Sommer, wenn die Bötchenrinne Wasser führt. Auf dem Pfad hinab zum Alfbach ist Trittsicherheit nötig.
- Der Pfad durch das Alfbachtal ist zu schmal und uneben für Buggys, will man ihn auf der Straße umgehen, verpasst man die eindrucksvollen Felswände dort unten. Der Rest des Weges ist mit geländegängigen Buggys und kräftigen Schiebern machbar.
- Wasser müssen Sie nicht mitnehmen, aber eine Leine für die Strecke neben der Straße und in den Ortschaften.

Der Weg ist nicht mit dem ÖPNV erreichbar.

Parkplatz am Bürgerhaus

Bei der Bachüberquerung vor Sprink kann es je nach Pegelstand nasse Füße geben, falls die Brücke noch fehlt.

Sie starten am Parkplatz zwischen dem Vulkanhaus und dem Bürgerhaus. Dort überqueren Sie den Alfbach und folgen am Bürgerhaus der Straße Zur Schweiz Richtung „Lavabombe“. An der Gabelung neben dem Spielplatz bleiben Sie auf der rechten Straße und laufen auf dem Fußweg bis zur **Lavabombe ❶**. Es handelt sich dabei um die größte echte Lavabombe der Welt. Daneben finden Sie ein Ratespiel mit verschiedenen kleineren Lavabomben.

## Die Lavabombe von Strohn

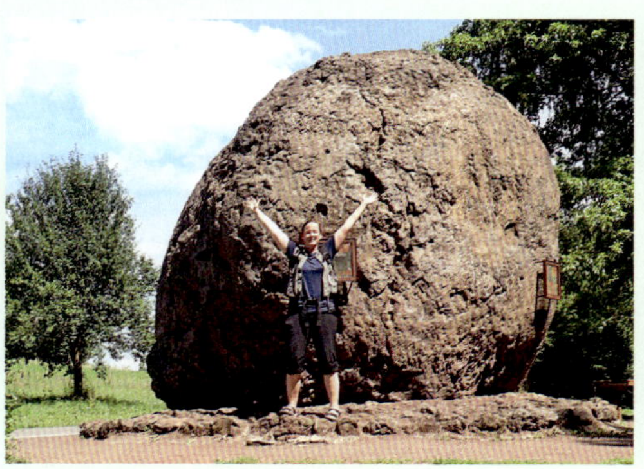

*Die Strohner Lavabombe*

Wenn bei einem Vulkanausbruch das noch flüssige Gestein in die Luft geschleudert wird und erkaltet, entsteht eine Kugel, meist nicht ganz rund, sondern eher eiförmig oder spiralig. Solche Auswürflinge sind meist nicht größer als ein Fußball, deshalb wird die fast runde Basaltkugel in Strohn auch von Laien und Fachleuten gleichermaßen bestaunt. Diese vulkanische Bombe entstand nicht durch einen einzigen Auswurf. Sie wurde mehrmals hochgeschleudert, fiel immer wieder in den Krater und nahm weitere Lava und Schlacke auf, während sie in den Krater zurückrollte. Am Ende maß sie 5 m im Durchmesser, war 120 t schwer und damit die größte je durch die Luft geschleuderte Lavabombe.

Sie befindet sich nicht an ihrem Originalfundort. 1969 löste sie sich bei Sprengungen im Vulkankegel und wurde im Winter 1980/81 auf einer Eisenplatte mit einer Planierraupe über die feste Schneedecke in den Ort gezogen.

Im Tal rauscht der Alfbach und Sie passieren zwei ehemalige Mühlgebäude. Folgen Sie der Straße weiter durch das Alfbachtal Richtung „Mückeln“, nach gut

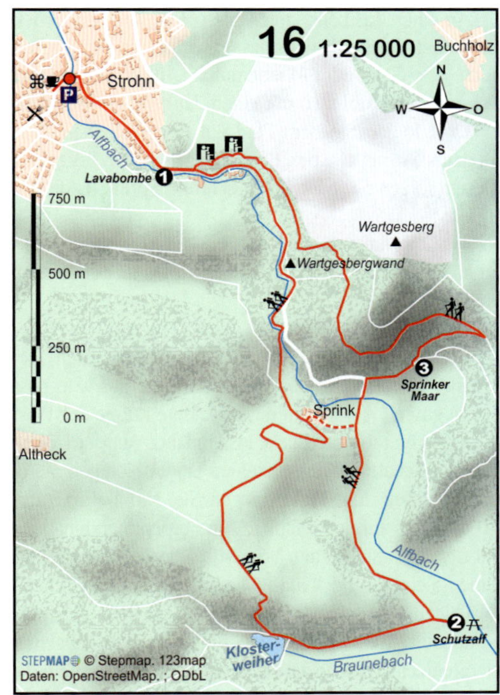


600 m kommen Sie zur **Wartgesbergwand**, einem erstarrten Schlackenkegelrücken, der auf den ersten Blick wie ein Steinbruch aussieht. Hier können Sie ganz genau die Schichtungen des Gesteins sehen, sogar kleinere Lavabomben sind in dieser Felswand auszumachen.

Die sogenannte **Strohner Schweiz** entstand vor etwa 12.000 Jahren, als sich der Alfbach ein neues Bett suchte, nachdem sein altes von einem langen Lavastrom versperrt worden war. Am Rettungspunkt 5807-095 bleiben Sie rechts auf dem Teerweg und laufen weiter bergab, bis Sie nach etwa 80 m rechts eine Lücke in der Leitplanke und das Schild „Fußweg Sprink" entdecken. Hier führt ein kleiner Pfad bergab, er ist zum Teil mit Geländern gesichert. In dieses raue Tal fällt auch im Sommer nicht viel Licht, der Boden ist daher stets etwas feucht und rutschig. Geocacher und Wanderer mit GPS-Track werden zum Teil extreme GPS-Ungenauigkeiten feststellen.

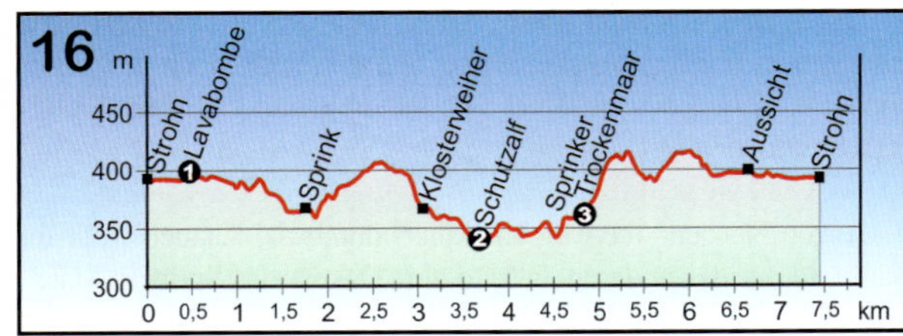

An einer Rastbank laufen Sie rechts über die Brücke – falls sie schon wieder aufgebaut wurde. Denn während meiner letzten Recherche fehlte sie – und leider auch das Geld zum Wiederaufbau. Nun denn, ansonsten nehmen Sie etwas Schwung und springen mit einem langen Schritt auf die andere Bachseite.

Dort folgen Sie dem Pfad auf der westlichen Alfseite bergauf und an einer Sitzbank vorbei. In der Bachaue gehen Sie bergauf zu einem Wirtschaftsweg, diesem folgen Sie nach links Richtung **Sprink** (LA).

Dort haben Sie die Möglichkeit, sich stur weiter an den Vulkanerlebnispfad zu halten und nach links abzubiegen. Damit verkürzen Sie die Wanderstrecke um etwa 2,6 km.

Die eigentliche Tour führt in Sprink rechts den Teerweg hinauf (LA), er führt in einer Rechtskurve aus dem Weiler heraus. Sie passieren zwei Sitzbänke mit einem guten Blick auf die bewaldete Kuppe des Wartgesberges. Der Weg über die Höhe bietet weite Blicke ins Umland. Auf der Höhe kommen Sie zu einer Sitzbank im Schatten einer einzelnen Linde. Nehmen Sie den nach halb links führenden Grasweg zum Wald, biegen Sie dort links ab und wandern Sie nach etwa 40 m rechts auf dem Pfad (LA) in Serpentinen hinab zum **Klosterweiher**. Wer still auf der Bank sitzt, kann Vogelstimmen und Froschgesang hören, direkt am Ufer haben Sie einen Blick auf flinke Wasserläufer zwischen den Seerosen.

Folgen Sie dem Uferweg nach links und gehen Sie am Ende des Weihers geradeaus (MU, 7) durch die Auen des Braunebachs auf einem Feldweg bis zu einer einzelnen Eiche am **Schutzalf ❷**. Neben einem Picknicktisch und einer Infotafel wartet hier sogar ein Gästebuch auf Sie, in das Sie sich eintragen können.

## Schutzalf

Hier zwischen dem Sprinker Hof und der Sprinker Mühle befand sich früher ein Weiler mit vier Häusern. Die Kapelle mit Bruderwohnung stammte vermutlich aus dem Jahr 1545. Die Gebäude und der Klosterweiher gehörten zum Augustinerkloster Springiersbach.

Der Weiler Schutzalf wurde 1882 nach dem Tod seines letzten Bewohners aufgegeben. Einzig einige wenige Steine waren noch zu sehen. Seit 2014 erinnern nun ein neu gebauter Glockenturm und eine Erinnerungsstätte an den verschwundenen Ort.

Folgen Sie dem Teerweg nach links durch die Alfauen. Fällt Ihnen dabei das Halbrund auf der anderen Talseite auf? Das ist das Sprinker Maar oder Sprinker Määrchen, ein typisches Trockenmaar.

Von links kommt die Straße aus Sprink den Berg hinab, Sie gehen geradeaus (3) über die **Alfbrücke** und können sich über die Pegelanlage und das Wehr an der Sprinkermühle informieren.

Die Straße macht an einer Rastbank eine Linkskurve, hier biegen Sie rechts ab und kommen zu einigen Infotafeln, auf denen die Entstehung des **Sprinker Trockenmaars ❸** erläutert wird. Zwischen der zweiten und der dritten Tafel folgen Sie dem Pfad nach links (1) bergauf durch Buchenhochwald bis zu einer T-Kreuzung. Hier biegen Sie scharf links ab (LA) und laufen nun auf einem breiteren Weg hangparallel bis zu einem Wildzaun, dort rechts bergauf durch lichteren Wald Richtung „Mühlenberg".

An der nächsten Gabelung bleiben Sie rechts auf dem breiteren Weg und kommen zu einem **Kruzifix**, das in einen Holzstamm geschnitzt ist, mit Metalldach und Vulkangestein am Fuß. Wandern Sie weiter neben dem hölzernen Wildzaun bis zur nächsten Gabelung. Dort geht es links zurück zur Straße an der Wartgesbergwand, aussichtsreicher ist aber der Weg geradeaus, der mit „LA" und „Mühlenbergpfad" bezeichnet ist. Nach gut 100 m geht es nach links und nach weiteren 100 m oberhalb der Wartgesbergwand nach rechts. Nun verläuft der Pfad mit mehreren guten Talblicken für etwa 600 m oberhalb des Alfbachtals, bevor er auf die Straße vom Hinweg trifft.

Folgen Sie der Straße nach rechts und gehen Sie nach knapp 100 m an der Lavabombe geradeaus bis zum Bürgerhaus. Dort wechseln Sie die Straßenseite für einen kurzen Blick auf den kunstvoll gebauten Dorfbrunnen, bevor Sie der Hauptstraße nach links am Startpunkt vorbei noch weitere etwa 40 m zum Vulkanhaus folgen.

⌘ Vulkanhaus Strohn, Hauptstraße 38, 54558 Strohn, ☏ 065 73/95 37 21, 💻 www.vulkanhaus-strohn.de, April bis Okt Di bis So 10:00 bis 17:00, Nov bis März Di bis So 13:00 bis 17:00. Im Vulkanhaus können Sie Vulkanismus mit allen Sinnen begreifen: Sie dürfen verschiedene Lavasteine berühren, erfahren viel Neues über Lava, Magma und Eruptionen und stehen vor einer 6 m langen und 4 m hohen originalen Lavaspaltenwand. Bei der Simulation einer Spalteneruption spüren Sie das Beben unter den Füßen, vulkanische Gase kribbeln in der Nase und am Ende können Sie sich im Vulkan-Café noch eine kalorienhaltige Lavabombe bestellen.

☕ Vulkan-Café Bistro Strohn, Hauptstraße 38, 54558 Strohn, ☏ 065 73/95 37 20, April bis Okt Di bis So 7:30 bis 18:00, Nov bis März Di bis So 8:00 bis 10:30, 13:00 bis 17:00, Erfrischungen, kleine Speisen und Kuchen

✕ Pizzeria La Torre, Hauptstraße 56, 54558 Strohn, ☏ 065 73/953 43 62, Di bis Sa 17:00 bis 22:30, So 11:30 bis 14:30 und 17:00 bis 22:00, Mo Ruhetag. Ob Pizza, Pasta oder Salat: gute Speisen, nette Gastgeber!

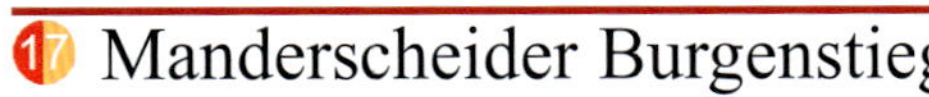

# 17 Manderscheider Burgenstieg

WC

*Tour für Trittsichere*

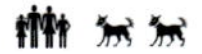

*Auf schmalen Pfaden geht es durch das berühmte Liesertal, vorbei an den beiden Manderscheider Burgen und fantastischen Aussichtspunkten mit immer wieder neuen Perspektiven auf die Burgen und den Ort.*

- Start/Ziel: Manderscheider Kurhaus, N 50°5.470' E 006°48.788'
- 6,3 km
- gut 2 Std.
- 262 m/262 m
- 291-441 m
- gelbes Schild mit stilisiertem blau-grünen Maar (leider vielerorts Opfer von Souvenirjägern), Eifelsteigmarkierungen
- vorwiegend Pfade, ferner Wanderwege, Wirtschaftswege, im Ort Straße und Gehwege, schattig
- Alte Molkerei (km 0,1), Burgcafé (km 0,6), ferner mehrere Einkehrmöglichkeiten in der Ortsmitte (km 6)
- An jeder schönen Stelle des Weges steht eine Rastbank, Witterungsschutz finden Sie am Startpunkt und in zwei Schutzhütten (km 3,2 und km 4).
- WC öffentliches WC im Kurhaus
- Einkaufsgelegenheit in der Ortsmitte
- Tradis: GC5EHWJ Eifelblick Belvedere, GC5EKCZ Wolfshütte, GC2Y0HC Kurpark
- Kleine Ritter und Burgfräulein werden die beiden Burgen mögen. Aber vorsichtig bei den Streckenabschnitten neben der Straße!
- Stufen, Steigungen, Treppen und schmale Pfade machen ein Durchkommen mit dem Buggy nahezu unmöglich.
- Ihr Hund wird in den Bächen und an der Lieser Wasser finden, sollte aber im Ort an die Leine.
- Bushaltestelle „Dauner Straße, Manderscheid", Bus 300 (Regio-Radler) von/nach Daun, Wittlich und Kues, Mo bis Sa zweistündlich, Bus 511 von/nach Daun und Manderscheid, Mo bis Fr etwa stündlich, letzte Fahrt gegen 16:00; Bushaltestelle „Manderscheid Rathaus", Bus 305 von/nach Wittlich, Mo bis Fr 3x
- P Parkplatz am Kurhaus
- Die Strecke ist in beide Richtungen markiert. Die beschriebene Route bietet an den Burgen schönes Licht zum Fotografieren und zahlreiche Einkehrmöglichkeiten im Ort

am Ende der Tour. Wer nach dem Start noch einkaufen möchte und sich die Burgen lieber bis zum Schluss aufhebt, geht genau andersherum, also am Kurhaus unter dem quadratischen Dach hindurch auf dem Weg am Teich und den Trauerweiden vorbei.

In und um Manderscheid haben Sie in allen Mobilfunknetzen schlechten oder keinen Empfang.

Regen macht die Tour schwieriger.

Im Kurhaus am Start/Ziel finden Sie die GesundLand Touristinformation Manderscheid. Grafenstraße 21, 54531 Manderscheid, ☏ 065 92/95 13 70, gesundland-vulkaneifel.de, Ostern bis Okt Mo bis Fr 10:00 bis 12:30 und 13:30 bis 17:00, Sa 9:30 bis 12:30, So und Fei 10:00 bis 12:00, Nov bis Ostern Mo bis Fr 10:00 bis 12:30 und 13:30 bis 16:00,

Verlassen Sie den Parkplatz an der Alten Molkerei.

Alte Molkerei Manderscheid, Grafenstraße 25, 54531 Manderscheid, ☏ 065 72/931 84 85, alte-molkerei-manderscheid.de, 12:00 bis 21:30, Mo Ruhetag, rustikale regionale Küche, Reibeküchlein und polnische Leckereien. In der Karte gibt es sogar Getränketipps zu den Speisen.

Sie folgen dem Gehweg an der Grafenstraße nach rechts bis zum Ortsende. Dort eröffnet sich an einem P Parkplatz ein erster Blick zur Manderscheider Niederburg. Gehen Sie in der Rechtskurve hinter dem Metallgeländer und vor der Leitplanke die Treppe hinab. Nach etwa 10 m nehmen Sie an der Gabelung einen Pfad rechts bergauf Richtung Niederburg.

Der Pfad trifft an der Brücke über die Lieser auf einen breiteren Weg. Dort gehen Sie rechts zur Straße, überqueren die Brücke nach links und passieren auf der Niedermanderscheider Straße die **Niederburg ❶**. Sie wurde für die Grafen von Manderscheid gebaut, erste urkundliche Erwähnungen stammen aus dem Jahr 1173. Heute gehört die Burg dem Eifelverein.

*Die Niederburg*

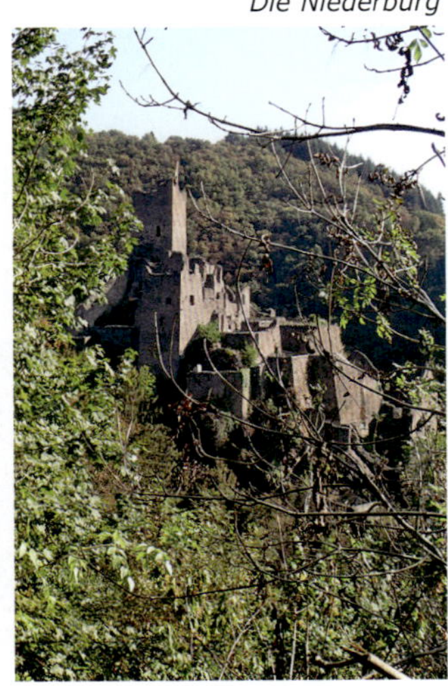

Niederburg Manderscheid, Zur Turnierwiese 2, 54531 Manderscheid, ☏ 065 72/737, Ende März bis Ende Okt 10:30 bis 17:00, Di Ruhetag,

historisches Burgfest in der Burg und auf dem Turnierplatz am letzten Augustwochenende

## Nur ein Steinwurf

... trennt die beiden Manderscheider Burgen. In diesem konkreten Fall kann die Metapher fast wörtlich genommen werden, denn die beiden Burgherren standen sich feindlich gegenüber. Nur die Lieser, die die Niederburg auf drei Seiten umgibt, trennte die Herrschaftsbereiche der Kurfürsten von Trier und der Manderscheider Grafen voneinander.

Burgcafé, Niedermanderscheider Straße 2, 54531 Manderscheid, ☏ 065 72/931 84 87, burgcafe-manderscheid.de, Mai bis Okt täglich außer Di ab 11:00, Vor-/Nachsaison nur Sa, So und Fei, gute Suppen und Snacks in der alten Pferdewechselstation

Hinter der Burg biegen Sie scharf links in die kleine Straße ein (Zur Turnierwiese) und gehen am oberen Eingang zur Burg rechts hinab zur Lieser.

*Die Manderscheider Oberburg*

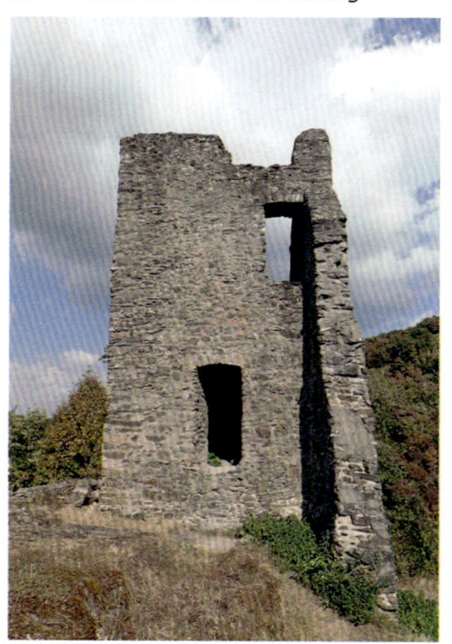

Über die Holzbrücke oder durch die Furt kommen Sie zum **Turnierplatz** der Burg, queren diesen und wandern unterhalb der Zuschauertribüne halb links leicht bergauf. Der Pfad führt in Serpentinen hinauf zum oberen Ende der Zuschauerränge und dort rechts durch eine Felsenlandschaft, in der zum Teil Stufen in den Fels gehauen wurden. Die Rastbank bietet einen Blick zurück zur Niederburg.

Nach etwa 40 m gehen Sie an der Kreuzung halb rechts weiter, aber erst nach einer Besichtigung der Ruine der **Oberburg** ❷ (➲ 100 m). Genau ist das Baudatum der Oberburg nicht überliefert, Experten nennen das 10. Jahrhundert als wahrscheinlichste Bauzeit. Die ursprünglich zu Kurtrier gehörende Burg gehört heute der Gemeinde

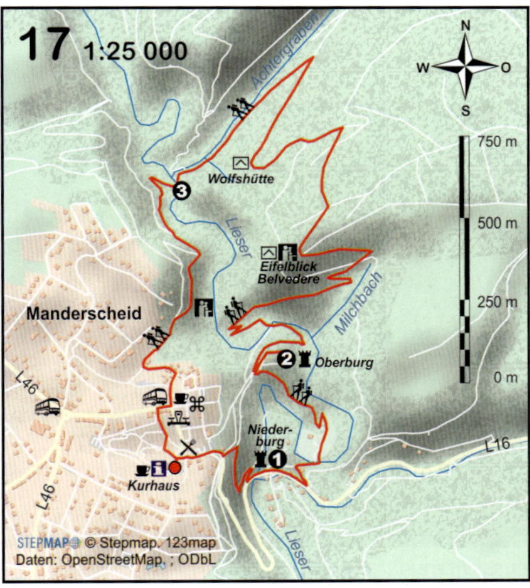


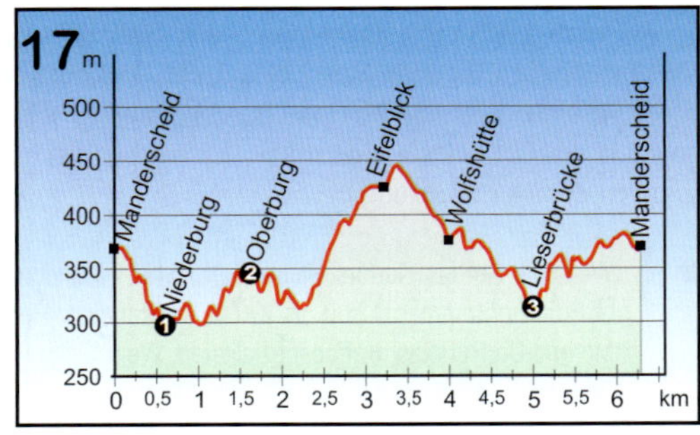


Manderscheid. Die Oberburg wurde im Dreißigjährigen Krieg schwer beschädigt, erhalten sind noch die wie ein Dreieck angelegte Außenmauer und der Bergfried. ☺ Sie haben eine gute Aussicht auf die Niederburg, nach Manderscheid und ins Liesertal.

Der Pfad führt hinab zur Lieser, die Sie rechts auf der Holzbrücke überqueren. Folgen Sie dem Pfad den Hang hinauf durch die Serpentinen. Sie queren einen Forstweg, gehen also weiter geradeaus bergauf und biegen nach etwa 100 m scharf links ab. Sie erreichen am höchsten Punkt der Tour den **Eifelblick Belvedere** mit Rastbank und Schutzhütte. Hier wandern Sie geradeaus auf dem ebenen Waldweg Richtung Wolfshütte. Dafür gehen Sie an der nächsten Gabelung links Richtung Achtergraben, dann leicht bergab bis zu einem Forstweg und dort scharf links weiter leicht bergab bis zur **Wolfshütte**.

Nach etwa 400 m nehmen Sie scharf links den Pfad hinab zum Achtergraben. Dort folgen Sie dem breiteren Weg nach links. Sie laufen nun parallel zum Achtergraben und überqueren das Milchbächelchen. Auf der **Lieserbrücke** ❸ erreichen Sie das andere Ufer und folgen dort dem Pfad hinauf zum **Eifelsteig**.

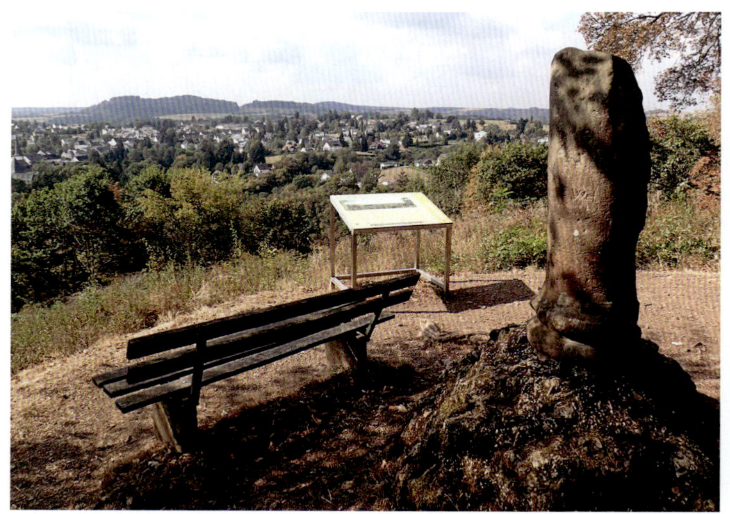

*Aussichtspunkt Belvedere*

Auf dem Eifelsteig wandern Sie nach halb links, weiterhin leicht bergauf. Mehrmals haben Sie eine Aussicht auf die Oberburg auf der anderen Talseite, bevor Sie hinter dem 🛏 ✕ Hotel Burgblick auf der Klosterstraße in einem Linksbogen in den Ort hineinwandern. Vor der Treppe folgen Sie rechts der Straße und kommen zu einer Kreuzung.

☕ Weincafé DePort, Kurfürstenstraße 13, 54531 Manderscheid, ☏ 065 72/93 20 92, 🚪 Frühling/Sommer: 12:00 bis 21:00, Do Ruhetag, Herbst/Winter: 13:00 bis 18:00, Mo und Do Ruhetag, Kaffeespezialitäten, Wein, Eifler Holunderlimonade und kühles Bier, dazu selbst gebackener Kuchen, Flammkuchen, Pizza, Steak und mehr

⌘ Heimatmuseum, Kurfürstenstraße 9a, 54531 Manderscheid, ☏ 065 72/72 10, 🚪 Mi bis So 11:00 bis 17:00

Gehen Sie am Rathaus rechts auf die Kurfürstenstraße. Nach 50 m biegen Sie links in das Postpfädchen (☝ etwas versteckt hinter der Bushaltestelle). Auf einem Teerweg geht es zwischen Gärten und dem Kurpark bergab, dann rechts zum **Parkweiher** und links unter dem quadratischen Dach hindurch zum Startpunkt.

# ⑱ Meerfelder Maar und mehr

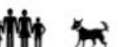

*Tour für Genießer*

*Eine abwechslungsreiche Tageswanderung mit einer Schlucht, einem Kratersee und einem Maar wartet auf Sie, dazwischen Wald und Blumenwiesen, Bäche und Fernblicke. Die bergige Rundtour führt auf einem Pfad eine kurze Steilstrecke hinauf, um das Maar herum ist es eher ein Sonntagsspaziergang.*

Start/Ziel: Maarmuseum in Manderscheid, GPS N 50°5.461' E 006°48.515'

15,2 km

etwa 6 Std.

354 m/354 m

296-487 m

keine einheitliche Wegmarkierung

Wander-, Wald- und Wirtschaftswege, schmale Pfade, in den Orten Straßenrand und Gehwege, halb sonnig, halb schattig

Gasthaus Weiler (km 7,5), mehrere Restaurants in Meerfeld (km 8,8), weitere Einkehrmöglichkeiten in Manderscheid (km 15)

Rastplätze (km 7,8 und km 11), Schutzhütten (km 4,6 und km 11,8) und einige Rastbänke

Einkaufsgelegenheit im Gewerbegebiet (km 0,6)

Bademöglichkeit im Meerfelder Maar (km 10,4)

Tradis: GC22ECQ Pit Stop am Ende der Wolfsschlucht; Earthcaches: GC75Y04 Die Kolke oder Strudeltöpfe der kleinen Kyll, GC6XJ6T Gesteine der Westeifel

Wegen der Länge eher für ältere Kinder geeignet, in der Wolfsschlucht ist Trittsicherheit nötig.

In der Wolfsschlucht und auf einigen weiteren Pfaden ist mit dem Buggy kein Durchkommen.

Unterwegs findet Ihr Hund Wasser in Bächen, im Kratersee und im Maar. Die Leine ist in den Ortschaften nötig.

Bushaltestelle „Im Bungert Manderscheid", Bus 300 (Regio-Radler) von/nach Daun, Wittlich und Kues, Mo bis Sa zweistündlich, Bus 511 von/nach Daun und Manderscheid, Mo bis Fr etwa stündlich, letzte Fahrt gegen 16:00; Bushaltestelle „Manderscheid Rathaus", Bus 305 von/nach Wittlich, Mo bis Fr 3x

P am Maarmuseum, Auf dem Brühl

Am **Maarmuseum** beginnen Sie die Wanderung, indem Sie etwa 650 m die Wittlicher Straße entlanggehen. Dabei passieren Sie einen Park und die Bushaltestelle „Im Bungert". Kurz vor dem Ortsausgangsschild folgen Sie dem Wegweiser Richtung „Dombachhof", „Heidsmühle" und „Mosenberg", biegen also rechts ab und laufen die von Birken gesäumte Allee hinab.

Vor dem Dombachhof biegen Sie links ab und gehen auf dem Grasweg neben der Hecke bergab zu einem Wäldchen. Dort geht es an einer Gabelung auf einem Pfad links über den Dombach zu einem Forstweg. Gehen Sie darauf geradeaus, er ist als Mosenbergweg gekennzeichnet.

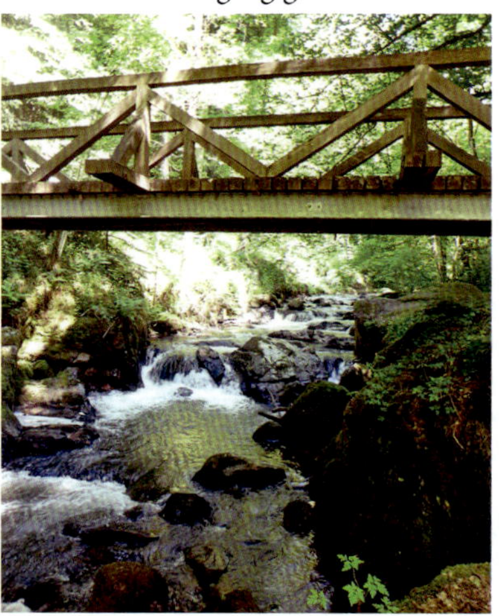

*Die Germanenbrücke*

Sie passieren eine Rastbank und wandern an der T-Kreuzung links Richtung „Himmerod". Rechts des Weges fließt die Kleine Kyll. An der nächsten Gabelung geht es rechts weiter und hinter einer Rastbank auf der **Germanenbrücke** rechts über die Kleine Kyll.

Bei einem Blick ins Wasser fallen Ihnen vielleicht die Strudeltöpfe auf, auch Kolke genannt. Sie entstehen, wenn härteres Geröll hinter einem Hindernis im Bachbett in einen Strudel gerät und weicheres Gestein in dieser kreisenden Bewegung abschleift.

Am Ende der Brücke biegen Sie rechts ab und überqueren auf einer zweiten Brücke den **Horngraben**. Nun wandern Sie auf der nördlichen Seite des Horngrabens durch die immer steiler werdende **Wolfsschlucht**. Dabei überqueren Sie den Bach auf einer Holzbrücke ❶. Hinter der Brücke geht es über grobes Geröll steil bergauf, der Weg macht einen Linksbogen und führt über eine weitere Brücke.

Sie kommen an eine Kreuzung mit einer Sitzbank. Wer hier eine Pause macht, kann sich beim Rauschen des Wassers und Vogelgesang vom Aufstieg erholen. Weiter geht es geradeaus Richtung „Mosenberg/Windsborn-Kratersee" aus dem Waldstück heraus und auf dem nach links führenden Wirtschaftsweg erneut über den Hornbach. Nach etwa 100 m erreichen Sie eine einzelne Eiche, an der Sie rechts abbiegen und auf einem Grasweg parallel zum Horngraben zwischen den Feldern und Weiden hindurchwandern.

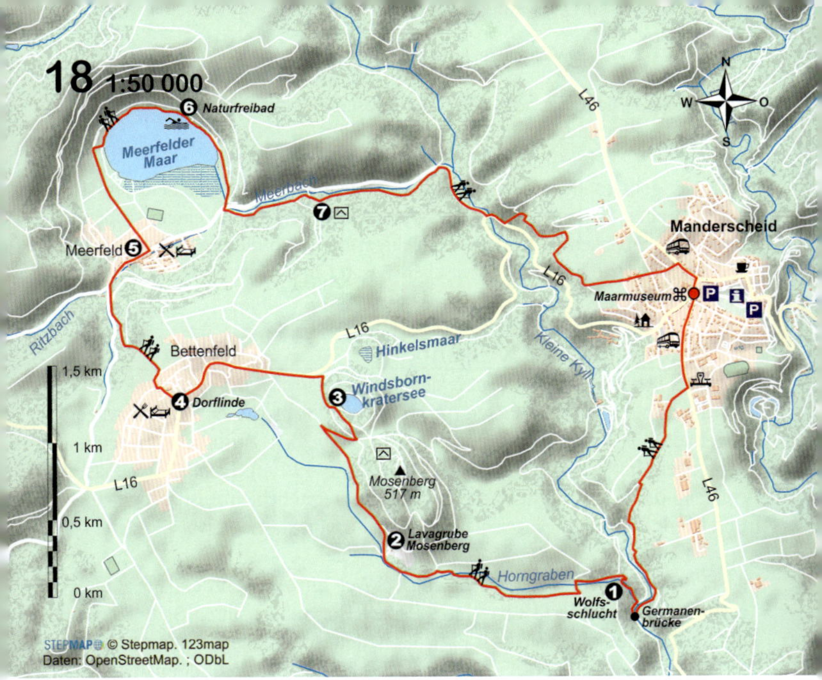

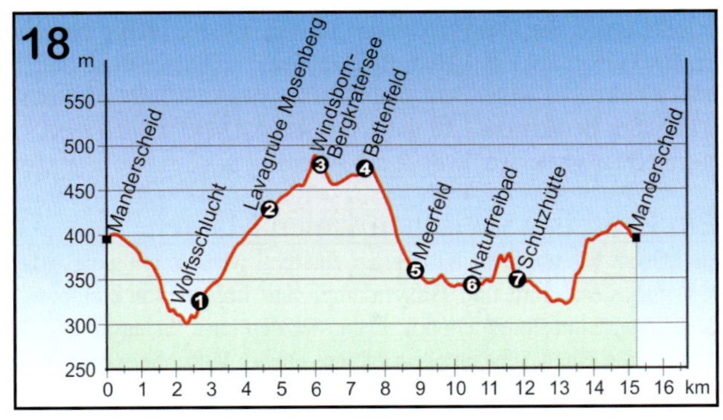


Am Ende einer Wildblumenwiese mit Schmetterlingen (in Waldnähe sogar mit wilden Orchideen) biegen Sie an der Sitzbank rechts ab und setzen Ihren Weg am rechten Rand eines Waldstücks fort. Dabei wird der Horngraben ein weiteres Mal überquert. An einer T-Kreuzung kommen Sie zu einem Wirtschaftsweg.

↬ Hier können Sie rechts über den Mosenberg mit seinem Aussichtsturm zum Kratersee wandern.

Links geht es (Richtung „Bettenfeld“) auf dem Feldweg neben dem Horngraben weiter. Sie kommen zur **Lavagrube Mosenberg ❷** mit einem großen Infopavillon, Sitzbänken und einem Steinlehrgarten. Nach diesem kleinen Abstecher kennen Sie den Unterschied zwischen Basalt, Tuff, Bims und anderen Vulkangesteinen.

## Der Reihenkrater Mosenberg

Vor etwa 80.000 Jahren erfolgten hier sechs Vulkanausbrüche von Südosten nach Nordwesten. Am Ort des ersten Ausbruchs wurde in späteren Zeiten Lavagestein abgebaut. Die Schlackenkegel der nächsten beiden Ausbrüche bildeten den Mosenberg mit seinen beiden Gipfeln (517 und 494 m). Beim vierten Ausbruch entstand der Windsbornschlackenkegel. Die letzten beiden Ausbrüche fanden im Bereich des heutigen Hinkelsmaars nördlich davon statt.

Das G der Georoute weist Ihnen den Weg am Waldrand entlang. Eine Felswand und einige skurril verwitterte Einzelfelsen mögen Ihren Schritt bremsen, doch bald schon öffnet sich der Blick auf Bettenfeld und den bewaldeten Holzbeul (544 m) hinter dem Dorf. Eine Bank macht diese Aussicht doppelt schön und lädt zu einer Rast ein.

Hier gehen Sie scharf rechts den Pfad hinauf und biegen oben auf der Höhe genauso scharf links ab („Zum Bergkratersee“). Durch würzig duftenden Mischwald wandern Sie weiter bergauf und an der Wegkreuzung geradeaus, bis Sie den **Windsborn-Bergkratersee ❸** unter sich sehen. Dabei handelt es sich um den einzigen echten Kratersee nördlich der Alpen.

## Ein Kratersee zwischen vielen Maaren

Ein Vulkan wie aus dem Bilderbuch entsteht, wenn zähflüssiges Magma zusammen mit Kieselsäure und Wasserdampf sehr hohen Druck aufbaut, der sich in gewaltigen Explosionen entlädt. Dabei werden Lava, Schlacke und Asche ausgeworfen, die einen Schichtvulkan bilden. Dieser Vulkanberg ragt über die Umgebung hinaus. Füllt sich der Krater mit (Regen-)Wasser, spricht man von einem ***echten Kratersee***.

Die meisten Vulkane in der Eifel explodierten hingegen so heftig, dass nach ihrer Eruption nichts mehr von ihnen zu sehen war. Das aufsteigende Magma traf auf eine wasserführende Schicht und die schlagartige Verdampfung löste heftigste Wasserdampfexplosionen aus. Vom Vulkan blieb nichts außer einer Vertiefung der

Erdoberfläche mit einem Wall aus lockerem Tuffstein. Diese Vertiefung wird ***Maar*** genannt und kann zum ***Maarsee*** werden, dieser Begriff ist aber in der Eifel unüblich.

Und zur Vollständigkeit: Ein ***Calderasee*** wie der Laacher See entsteht lange nach einem Vulkanausbruch, wenn eine oberflächennahe Magmakammer (Caldera) einstürzt, die zuvor durch Ausbrüche entleert wurde.

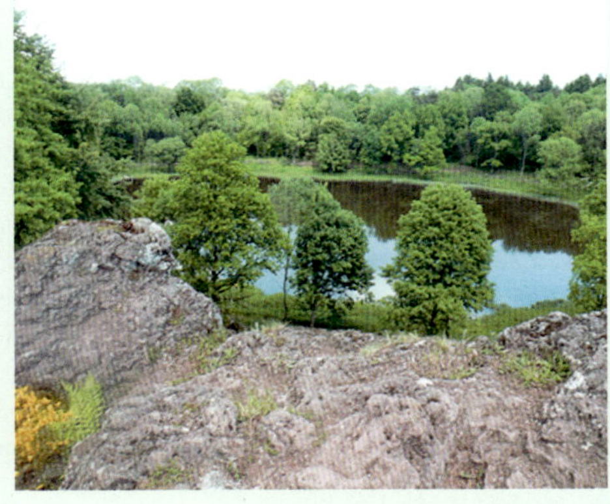

*Am Windsborn-Bergkratersee*

Sie wandern nun hinab zum Kratersee. Dort an der Sitzbank und der Infotafel haben Sie die ↳ Möglichkeit, diese geologische Seltenheit auf dem Uferpfad einmal zu umrunden. An ruhigen Tagen haben Sie eine gute Chance, in der Verlandungszone des Sees seltene Libellenarten zu beobachten.

Weiter geht es an der Infotafel links Richtung „Hinkelsmaar/Bettenfeld/Meerfeld“. Der Weg führt hinab zur L16. Das **Hinkelsmaar** liegt rechts hinter dem Windsbornkrater, der Weg führt links auf dem Rad- und Fußweg neben der Landstraße bis nach Bettenfeld. Am Ortseingang gehen Sie geradeaus bis zur **Dorflinde ❹**, sie markiert das Dorfzentrum.

🛏 ✕ Gasthaus Weiler, Holzbeulstraße 8, 54533 Bettenfeld, ☎ 065 72/46 11, 💻 www.gasthaus-weiler.de, traditionelle Eifeler Gerichte, deftige Hausmannskost, Pizza und mehr

An der Linde biegen Sie rechts in den Kirchweg ein und folgen ihm bis zur Kirche, dort geht es links und nach etwa 30 m rechts auf einem Teerweg weiter. Folgen Sie ihm durch einen Rechtsbogen zu einem von Birken beschatteten ⛩ Picknicktisch. Dort gehen Sie links auf dem Grasweg zu einem Wäldchen.

An dessen Ende erreichen Sie im Maneschterbachtal die K11, auf der Sie rechts zum Ortseingang von Meerfeld wandern. Dort vereinigen sich Maneschterbach und Ritzbach zum Meerbach, dem Namensgeber für Ort und Maar. Folgen Sie der Meerbachstraße halb rechts nach **Meerfeld ❺** hinein.

NaturPurHotel Maarblick, Meerbachstraße 52, 54531 Meerfeld, ☏ 065 72/44 94, www.naturpurhotel.de, 8:00 bis 23:00 für Getränke und Kuchen, Küche 12:00 bis 14:00 und ab 18:00, sehr gute Regionalküche, auch vegetarisch, vegan, gluten- und laktosefrei, mit Blick auf das Maar

Biegen Sie links in den Maarweg ein, der Sie aus dem Ort heraus durch die Felder zum Meerfelder Maar bringt. Sie erreichen einen bei den örtlichen Anglern sehr beliebten Parkplatz. Hier biegen Sie rechts ab und laufen bis zum Anglersteg am Maarufer. Dort geht es links auf dem Uferweg bis zum **Naturfreibad ❻**. Hier müssen Sie bei Badewetter auf einen Parallelweg ausweichen – oder eine Badepause machen!

Sie passieren einige Picknicktische und Ruhebänke, kommen hinter einem Schlagbaum an einen großen P Parkplatz und wandern auf der Zufahrt bis zur K10.

Überqueren Sie die Kreisstraße und gehen Sie an der Kapelle links Richtung „Manderscheid". An der nächsten Gabelung folgen Sie dem linken Pfad, er wird parallel zum Meerbach und zur Straße geführt und endet an der Kläranlage. Dort folgen Sie dem Wirtschaftsweg nach rechts und kommen an eine **Schutzhütte ❼**.

Sie laufen nun nach links am Zaun entlang. Der Weg führt über eine Brücke und durch das **Meerbachtal**. Wenn Sie die Straße erreicht haben, laufen Sie rechts auf dem Weg neben der Straße bis zu einer Straßengabelung. Dort biegen Sie links ab, überqueren die **Kleine Kyll** auf einer Brücke und gehen dahinter nach links einen Waldweg hinauf.

Gehen Sie am Wegweiser des VulkaMaarPfades nach rechts und am Wegweiser „Herbstloch" erneut rechts, Richtung „Jugendherberge". Nun kommen Sie zu einer Gabelung, an der Sie geradeaus am Feldrain entlanggehen. Er führt in den Ort hinein und endet an der L46 (Dauner Straße). Folgen Sie dieser nach rechts bis zu einem Kreisverkehr und dort rechts zum **Maarmuseum**.

⌘ Maarmuseum Manderscheid, Wittlicher Straße 11, 54531 Manderscheid, ☏ 065 72/92 03 10, www.maarmuseum.de, Di bis Sa 14:00 bis 17:00. Dieses Museum ist unbedingt einen Besuch wert: In einer Simulation können Sie zum Mittelpunkt der Erde reisen, Sie können ein begehbares Maarmodell und das Eckfelder Urpferdchen bestaunen. Das ist das nahezu vollständig erhaltene Skelett einer etwa 45 Millionen Jahre alten trächtigen Stute, das im Eckfelder Maar gefunden wurde.

# Südeifel

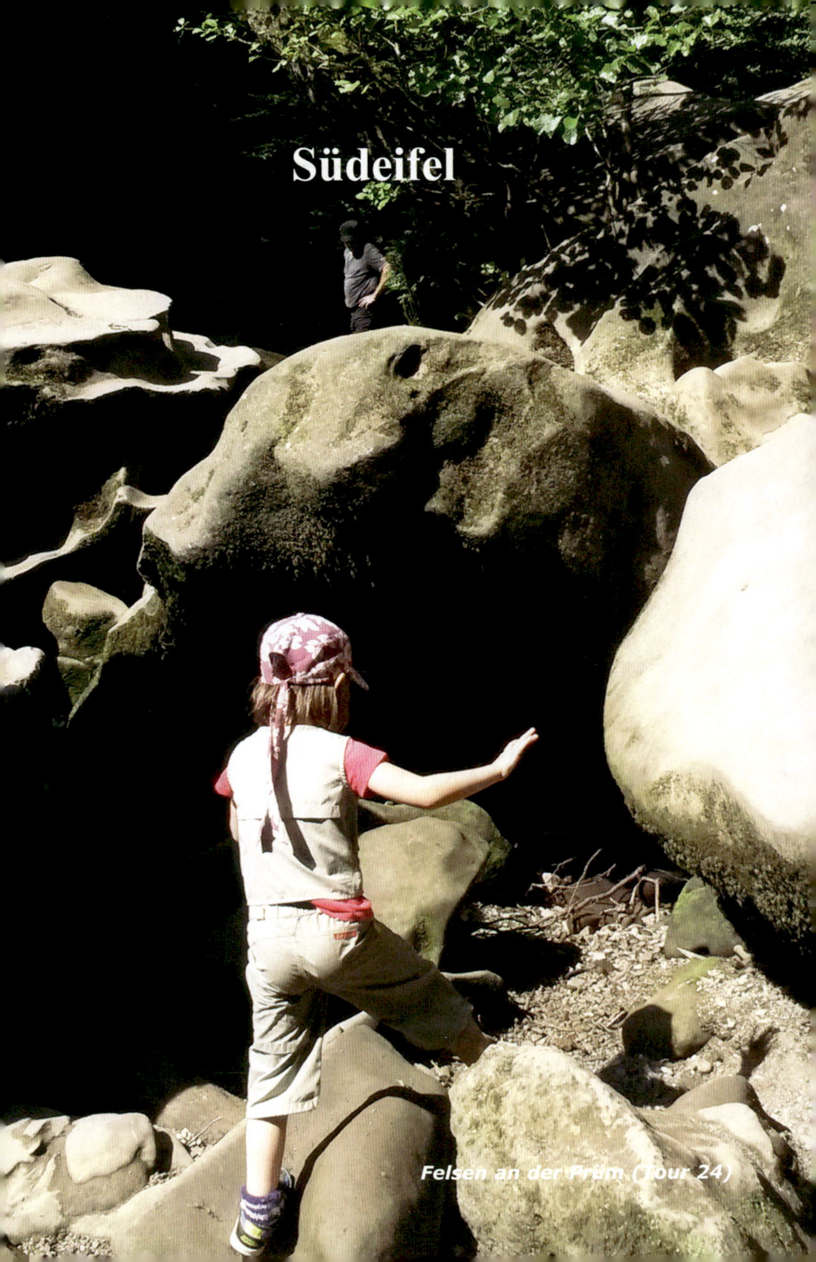

*Felsen an der Prüm (Tour 24)*

# 19 Täler und Höhen in der Schönecker Schweiz

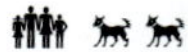

*Tour für Auenwanderer*

*Nach einem Auftakt mit mehreren bezaubernden Blicken hinauf zur Burgruine wandern Sie bei dieser Tour durch die Schönecker Schweiz mit ihren Schwindbächen und Felsen, Wacholderheiden und Höhlen. Den Abschluss bildet ein Besuch der Burgruine.*

Start/Ziel: Forum im Flecken in Schönecken, GPS N 50°9.430' E 006°27.887'

13,3 km

etwa 5 Std.

275 m/275 m

397-520 m

zum Teil weiß-rotes Quadrat der „Prümer Land Tour Route 2" und Markierungen der örtlichen Rundwege 1 und 4

Wald- und Wirtschaftswege, Pfade, im Ort Gehwege, schattig in den Tälern, sonnig auf der Ichter Höhe und rund um den Burgberg

Rucksackverpflegung, Einkehrmöglichkeiten nur am Start/Ziel in Schönecken

Gelegenheiten für eine Rast auf Sitzbänken an allen schönen Stellen der Tour, ferner an Rastplätzen (km 0,5, km 1 und km 1,7) und in Schutzhütten (km 1,7 und km 5,3)

Einkaufsgelegenheit in Schönecken

Tradis: GC6K5DC Walk & Talk – Jausenstation, GC5RPMK Ichter Höhe, GC6K5CX Walk & Talk – Kleine Pause; Mini-Multi GC6K5E7 Walk & Talk – Meyersruh, außerdem mehrere andere Multis

Kinder finden die Bachschwinden und die Burg interessant, sollten aber älter und wandererfahren sein, denn die Strecke ist ziemlich lang.

Mit einem guten, geländegängigen Buggy kommen Sie bis zum Ichter Berg (und von dort auf dem Höhenweg zurück in den Ort). Die Pfade hinab ins Tal des Altburger Bachs und hinauf zur Burgruine sind zwar sogar breit genug für einen Zwillingsbuggy, aber zu uneben. An einigen groben Wurzeln und Felsen ist es zu schmal und holprig, dort muss der Buggy angehoben oder sogar getragen werden.

Bitte Wasser mitnehmen, einige der in Karten eingezeichneten Bäche führen nur im Winter Wasser. Die Leine benötigen Sie nur im Ort.

Busbahnhof Schönecken, Bus 201 von/nach Prüm, Bitburg und Trier, Mo bis Fr alle 1-2 Std., Bus 404 von/nach Prüm und Kyllburg, Mo bis Fr alle 2 Std.

**P** am Forum im Flecken, weitere Parkplätze im Ort und am Wanderparkplatz Schönecker Schweiz ❶

Verlassen Sie den Vorplatz des Forums zur Nims hin und folgen Sie dem Uferweg nach links Richtung „Sportplatz". Zwei Brücken bringen Sie über den Hühnerbach und die Nims. An der T-Kreuzung folgen Sie der Anliegerstraße Im Brühl nach rechts, dem Jakobsweg entgegen. An der Einmündung von links gehen Sie geradeaus weiter (Vollbach) leicht bergab. Nach etwa 70 m kommen Sie an einen Rastplatz, an dem Sie links Richtung „Park" gehen.

Hinter der Schranke geht es auf einem schattigen Waldweg parallel zur Nims weiter. Die Brücke zum Park ignorieren Sie, stattdessen bleiben Sie geradeaus auf dem Schotterweg und gehen nach etwa 80 m an der Gabelung nach rechts. Sie passieren einen Spielplatz mit Picknicktisch und folgen dem Schotterweg bis zur nächsten Schranke, dahinter laufen Sie rechts den Teerweg hinab.

Auf der Straße Iltgesdell gehen Sie nach rechts, bis Sie nach knapp 200 m die Lindenstraße erreichen. Laufen Sie auf ihr über die **Nimsbrücke** und gleich dahinter scharf links (Metzen Jaas) zum **P Wanderparkplatz Schönecker Schweiz ❶**. Hier im Schutz einer mächtigen Felswand befinden sich eine Schutzhütte, ein Rastplatz und der Rettungspunkt 5804-457.

Dahinter nehmen Sie den Talweg Richtung Prüm, d. h., Sie ignorieren die beiden rechts bergauf führenden Wege. Wo der Schalkenbach in die Nims mündet, macht der Weg einen Rechtsbogen. Sie kommen an eine Holzbrücke, die Sie bitte nicht überqueren, Sie bleiben geradeaus auf dem breiten Weg.

*Hier geht's zur Schönecker Schweiz*

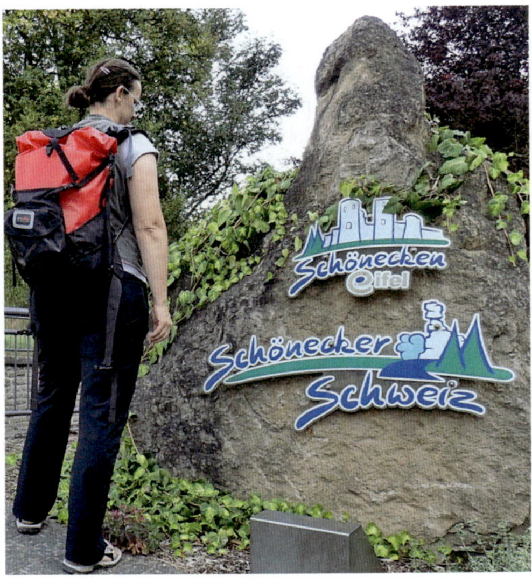

## Der Bach ist weg!

Im Sommer werden Sie hier vielleicht eine irritierende Entdeckung machen. Sie laufen durch ein Bachtal mit einem leeren Bachbett, obwohl es gar nicht so heiß ist, dass Bäche dieser Größe normalerweise trockenfallen würden? Das Verschwinden dieses Bachs hat einen anderen Grund. Es handelt sich um einen Schwindbach oder eine Bachschwinde. Das ist ein Phänomen in Gegenden mit einem Untergrund aus Kalksandstein. Durch ein Schluckloch – eine Öffnung in der Geländeoberfläche – fließt der Bach ab und sucht sich unterirdisch seinen Weg. Diese Bachschwinden führen hier in der Schönecker Schweiz das gesamte Oberflächenwasser des Schalkenbachs, des Kupferbachs und des Altburger Bachs ab. In den niederschlagsreicheren Jahreszeiten führen die Bäche auch an der Oberfläche Wasser.

An der ⛩ ⌂ Schutzhütte **Jungfrau-Lei** (Rettungspunkt 5804-458) bleiben Sie geradeaus auf dem Uferweg. Auch an der nächsten Kreuzung gehen Sie geradeaus weiter. Der Talweg macht einen Linksbogen und hat nun eine hellere Farbe. Unmittelbar vor dem Rettungspunkt 5804-460 überqueren Sie den Schalkenbach – oder nur sein leeres Bett.

Dieses stille Fleckchen im Wald an der Mündung des Kupferbachs in den Schalkenbach nennt sich **Meyersruh ❷**. Sie biegen rechts ab. Ein Metallkreuz der St.-Matthias-Bruderschaft weist auf den Matthiasweg hin, den Pilgerweg von Aachen zum Grab des Apostels Matthias in Trier.

Der Weg führt nun parallel zum Schalkenbach durch dessen Tal. Sie passieren eine ⌂ Schutzhütte. Nach knapp 200 m folgen Sie an der Gabelung dem nach rechts führenden Grasweg. Etwa 300 m dahinter erreichen Sie die **Hohl-Ley ❸**, einen Felsen mit einer Dolomithöhle, die nicht betreten werden darf, weil darin seltene Fledermaus- und Insektenarten leben.

## Ley, Lei, Lai oder Lay?

Einige der Felsen am Wegesrand dieser Wanderung haben eine Endung, die an die Lore**ley** am Rhein erinnert. Ley ist ein altes Wort für Fels, das im Rheinischen noch weitverbreitet ist. Das vorwiegend in der Umgangssprache genutzte Wort wurde deshalb auch in allen vier phonetisch korrekten Schreibweisen verwendet. Selbst auf dieser kurzen Wanderung treffen Sie auf die Jungfrau-**Lei** und die Hohl-**Ley**.

Gemeint sein kann sowohl ein auffälliger Fels – so wie hier bei Schönecken – als auch Schiefergestein. Die Arbeiter in den Basaltsteinbrüchen der Eifel wurden Layer genannt, hatte sich ein Dachdecker auf Schieferdächer spezialisiert, war es ein Leyendecker.

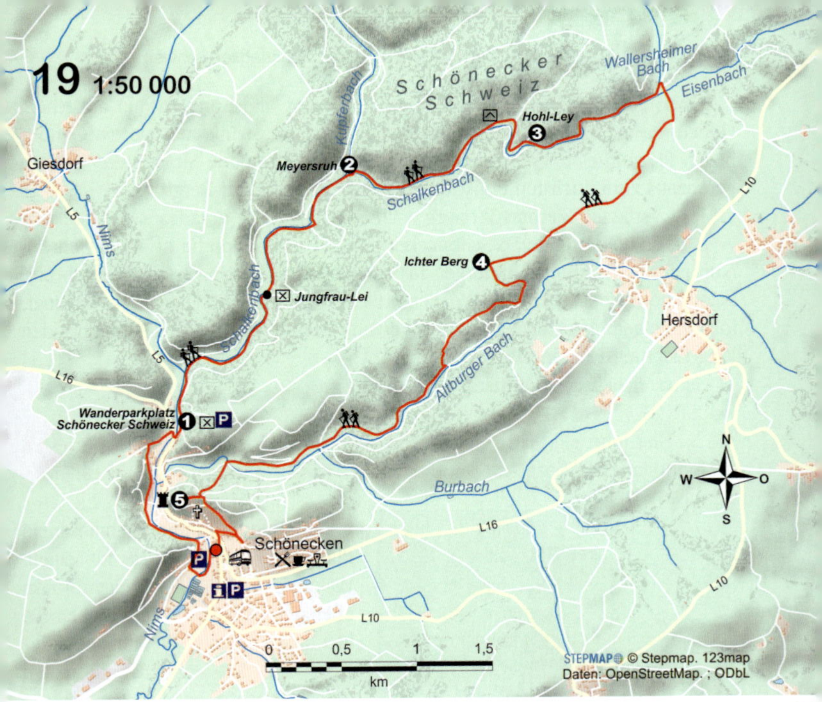

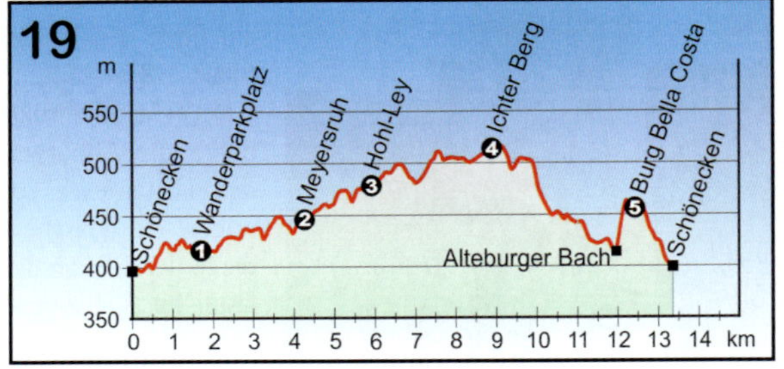


Schon die Hälfte der Wanderung liegt hinter Ihnen, wenn Sie den schattigen Wald verlassen. Hier vereinigen sich der Eisenbach und der Wallersheimer Bach zum Schalkenbach. Nach etwa 200 m treffen Sie auf einen Teerweg, dem Sie rechts über die Brücke über den Eisenbach folgen. Schon 200 m dahinter verlassen Sie das Sträßchen und folgen dem Schotterweg nach rechts den Hügel hinauf.

Oben gehen Sie an der Gabelung nach rechts und wandern nun auf einem Höhenweg mit weiten Fernblicken. Sie passieren ein Steinkreuz und ein Gehöft, bevor Sie auf eine Wegkreuzung stoßen. Dort wandern Sie weitere 450 m geradeaus zum höchsten Punkt des Höhenwegs am **Ichter Berg** ❹.

Hier verlassen Sie den Teerweg nach links (er würde geradeaus auf direktem Weg an den Nordrand von Schönecken führen – mein Tipp für Buggyfahrer). Nun geht es Richtung „Altburger Tal" in den Wald, dort nach links bergab und bald schon wieder bergauf. Wo der örtliche Wanderweg 2 nach links abbiegt, folgen Sie geradeaus dem breiteren Weg und nehmen nach etwa 200 m links den Weg Richtung „Schönecken".

Sie erreichen eine Infotafel zur **Keltenburg**.

Hier führt ein Pfad geradeaus zu den mit Moos bewachsenen Überresten der keltischen Fliehburg.

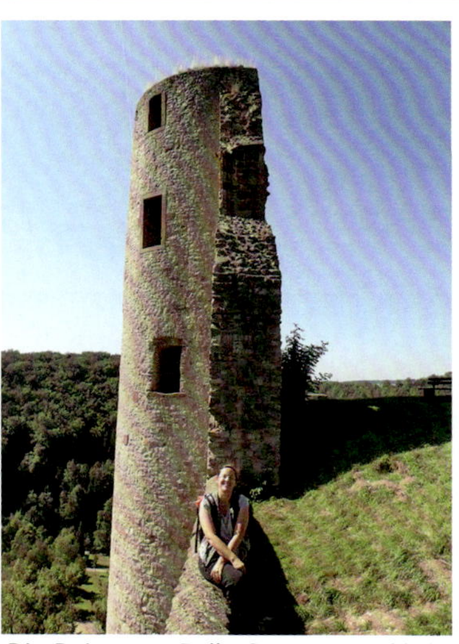

*Die Ruine von Bella Costa ist wirklich eine schöne Ecke*

Die Rundtour führt nach links, ein Pfad bringt Sie bergab zu einem Waldweg mit Blick auf eine Brücke über den Altburger Bach. Biegen Sie hier nach rechts Richtung Schönecken ab. Sie wandern nun einen guten Kilometer parallel zum – meist trockenen – Bachbett und erreichen am Ende des Waldes den Rettungspunkt 5804-462. An dieser Kreuzung gehen Sie weiter geradeaus und durch die **Altburger Bachauen**. Auf den Hangwiesen rechts des Weges wächst die typische Wacholderheide, die in der Eifel an die Toskana denken lässt. Im Spätsommer flattern bunte Schmetterlinge zwischen Fingerhut und Herbstzeitlosen umher.

Nach etwa 600 m führt der Weg über den Altburger Bach, nehmen Sie dahinter den Pfad, der halb links steil den Berg hinaufführt. Am Ende des Graswegs gehen Sie an der Bank nach rechts und erreichen den Burgberg von Schönecken. Schon die Kelten nutzten den Bergsporn oberhalb des heutigen Ortes Schönecken als Standort einer Fliehburg.

Vermutlich wurde die Burg Bella Costa (= Schönecken) 5 um das Jahr 1230 erbaut. Sie brannte 1802 komplett aus und wurde zwei Jahre später „auf Abbruch versteigert", also als Steinbruch für Neubauten freigegeben. Zum Glück wurde die Burgruine nicht komplett abgetragen, sodass sie mit ihren noch erhaltenen Fragmenten der Wehrtürme und Wehrmauern noch ein perfektes Fotomotiv abgibt.

Nach Ende Ihrer Burgbesichtigung folgen Sie an der Bank dem Schotterweg und dem Teerweg nach rechts bergab. Schon wenige Meter weiter beginnt die Wohnbebauung des Ortes und Sie laufen die Burgstraße hinab.

Wer einen Abstecher zur **Burgkapelle** ( nur für Gottesdienste) machen möchte, kann sie direkt unter der Burg rechts (Auf dem Stoß) und links (Burgstieg) erreichen. Ein weiterer, nicht so steiler Weg beginnt etwa auf Höhe der Hausnummer 15.

Am Ende der Straße biegen Sie scharf rechts in die Von-Hersel-Straße. Hier findet jedes Jahr zu Ostern die traditionelle Eierlage statt. Dabei treten zwei Freunde zu einem ungewöhnlichen Wettkampf an: Während der eine bis ins Nachbardorf Seiwerath läuft, muss der andere 104 Eier einzeln aufsammeln, die vorher im Abstand einer Elle auf der Straße zurechtgelegt wurden. Das ganze Dorf ist dafür auf den Beinen und jubelt den beiden Wettkämpfern zu.

Nun passieren Sie die Klosterruine und biegen scharf rechts ab. Sie erreichen das Alte Amtshaus mit seinem öffentlichen Bücherschrank und dem kunstvoll gestalteten Baum aus Metall. Dort gehen Sie die Treppe hinab zum Forum oder laufen auf der Straße bis zur Parkplatzzufahrt am Startpunkt.

Gasthaus am alten Amt, Am Forum 1, 54614 Schönecken, ☏ 065 53/901 94 00, Mo, Do und Fr 18:00 bis 22:00, Sa und So ab 12:00, bürgerliche Küche mit Pfiff

♦ Eifel Kebab Haus, Teichstraße 1, 54614 Schönecken, ☏ 065 53/90 13 20, Mo bis Sa 11:00 bis 23:00, So ab 12:00, deutsche, italienische und türkische Küche. Die Lamacun werden nach der Bestellung nicht einfach in die Mikrowelle geworfen, sondern frisch gebacken.

Konditorei-Café Wallerius, Teichstraße 20, 54614 Schönecken, ☏ 065 53/22 69, Di bis Sa 8:00 bis 18:00, So 12:00 bis 18:00, Mo Ruhetag. Die Kuchen-, Torten- und Gebäckspezialitäten sind ein Gedicht!

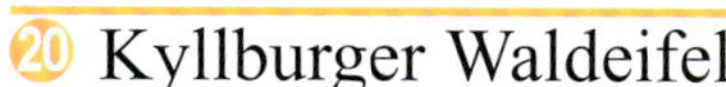

# 20 Kyllburger Waldeifel

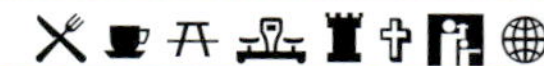

*Tour für Freunde alter Gemäuer*

*Auf drei Seiten von der Kyll umflossen liegt Kyllburg auf einem steil abfallenden Bergrücken. Hier beginnt eine abwechslungsreiche Runde mit einigen kulturellen Höhepunkten. Allein in Kyllburg liegen drei Kirchen und die Stiftsburg am Wegesrand, durch das Kylltal geht es zum Schloss Malberg und schließlich auf den Höhen des Annenbergs hinüber zum Kloster St. Thomas.*

- Start/Ziel: Kyllburger Bahnhof, GPS N 50°2.507' E 006°35.787'
- 13,1 km
- etwa 5 Std.
- 372 m/372 m
- 260-443 m
- keine durchgängige Wegmarkierung
- vorwiegend Waldwege, in den Orten Straßen und Gehwege, schattig
- Einkehrmöglichkeiten in Kyllburg (km 0,2 und km 12,9) und Malberg (km 3,7)

*Nordportal des Kyllburger Eisenbahntunnels*

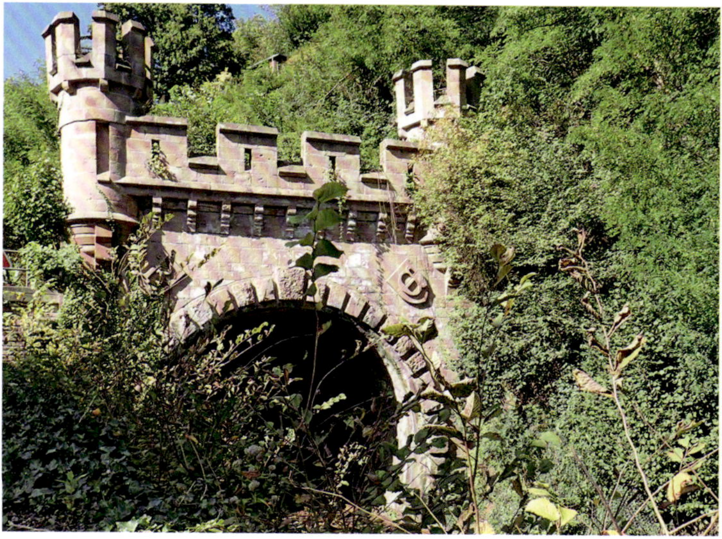

zahlreiche Sitzbänke in Kyllburg, vereinzelt auch in den beiden anderen Orten und an schönen Plätzchen im Wald, zudem mehrere Rastplätze (km 1,2, km 5,9, km 8,3, km 8,9 und km 9,1), Witterungsschutz in einer ehemaligen Bushaltestelle (km 3,9) und einer Schutzhütte (km 4,7)

Einkaufsgelegenheiten am Startpunkt und in Malberg (km 3,6)

Freibad Kyllburg unterhalb des Stiftsbergs an der Kyll

Tradi: GC5R5Y6 Bellevue (Reloaded), außerdem einige Tradis, Multis und Rätsel-Caches in Wegnähe

Die Strecke ist allein wegen ihrer Länge eher für größere Kinder geeignet, die schon Erfahrungen mit Wanderungen haben. Zwei Spielplätze liegen auf dem Weg und die Kyll lockt zu Wasserspielen.

Leider ist diese Wanderung nicht buggytauglich. Die Wege sind steil, auf einigen Brücken müssen Stufen bewältigt werden, die nicht umgangen werden können.

Wasser findet Ihr Hund an zahlreichen Stellen in der Kyll, die Leine ist nur innerorts nötig.

Bahnhof Kyllburg

P am Bahnhof

Der Weg lässt sich auf 6 km abkürzen, wenn Sie vom Annenberg direkt nach Kyllburg zurückgehen oder in Sankt Thomas (km 8,8) in die Bahn steigen.

Der Weg beginnt am Kyllburger Bahnhof. Auto- und Bahnreisende gehen jeweils auf ihrer Seite der Gleisanlage auf das Nordportal des Kyllburger **Eisenbahntunnels** (1870) zu und die zwischen Bahnstrecke und Kyll verlaufende Bahnhofstraße hinauf.

## Kylltalbahn

Lange Zeit war der Abbau von Buntsandstein die wichtigste Erwerbsquelle dieser Region. Eigens zum rationellen Abtransport des Materials wurde 1873 die Kylltalbahn eröffnet. Die meisten Wohn- und Geschäftshäuser der Bahnhofstraße sowie das Bahnhofsgebäude aus Rotsandstein stammen etwa aus der Zeit zwischen der Eröffnung der Bahnstrecke und dem Ersten Weltkrieg, vorwiegend von 1870-1910.

Verkehrsverein Kyllburger Waldeifel, Bahnhofstraße 26, 54655 Kyllburg, ☏ 065 63/93 02 44, eifel-kyllburg.de, Mo bis Sa 9:00 bis 12:00, Mo, Di, Do und Fr auch 14:00 bis 17:00

Hotel Gasthaus zur Post, Bahnhofstraße 30, 54655 Kyllburg, ☏ 065 63/519 31 86, www.hotelzurpostkyllburg.de, Mo, Do, Fr und Sa ab 17:00, So ab 12:00, deutsche und internationale Küche, Do ist Burgertag.

Oben auf der Höhe können Sie nach rechts einen Abstecher zur katholischen Kirche St. Maximin und zur evangelischen Kirche machen. St. Maximin geht auf das Jahr 1487 zurück, wurde im Januar 1945 ausgebombt und 1954 neu erbaut. Nur das Sakramentshäuschen ist vom alten Bau erhalten. Die evangelische Kirche wurde 1900 extra für die zunehmende Zahl evangelischer Feriengäste gebaut. Unmittelbar daneben entstand 1911 auch eine Synagoge, die in der Reichspogromnacht 1938 zerstört wurde.

Biegen Sie links in die Hochstraße ein, sie führt durch den Ortskern. An der Gabelung laufen Sie links die Stiftstraße hinauf, in der einige Häuser aus dem 18. Jahrhundert stammen. An der nächsten Gabelung gehen Sie geradeaus und passieren die **Stiftsburg**, von der nur noch der Bergfried erhalten ist. Erzbischof Theoderich von Trier gab sie 1239 in Auftrag.

Nach gut 200 m erreichen Sie die **Stiftskirche ❶**. Sie ist bekannt für ihren Kreuzgang und ihre Renaissancefenster von 1533/34. Die Kirche wurde im Jahr 1276 von Erzbischof Heinrich II. in Auftrag gegeben, der Anbau und der Kreuzgang entstanden im 14. Jahrhundert.

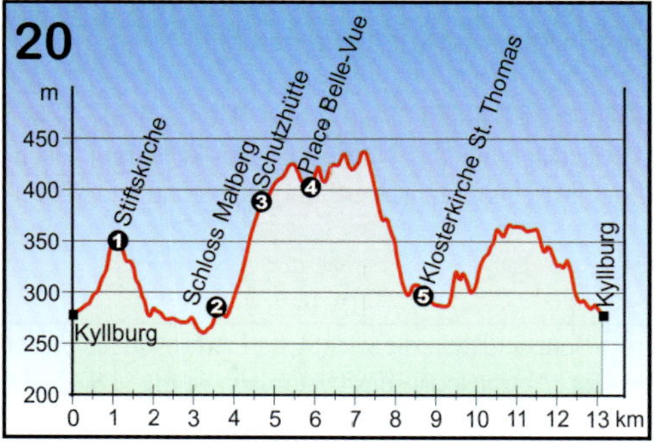


Folgen Sie der Straße weiter zu einem Rastplatz, dort biegen Sie rechts ab und wandern die Kastellstraße hinab. An dem Kreisverkehr hinter dem **Wanderparkplatz** gehen Sie neben der Sitzbank auf dem Pfad nach links bergab Richtung „Malberg". Er führt weiter unten scharf rechts mit einigen Stufen zu den Gleisen und auf einer Metallbrücke über die Bahnstrecke. Am anderen Ende der Brücke gehen Sie die Treppe hinab und links, dann sofort rechts über die Kyllbrücke.

Nun laufen Sie links unter der Brücke hindurch und mit der **Kyll** (= in Fließrichtung) direkt am Ufer entlang. Sie kommen an zwei Sitzbänken und einer weiteren Kyllbrücke vorbei, hier haben Sie einen netten Blick nach Kyllburg.

Der Weg führt durch die Kyllauen und hält weitere Sitzbänke für eine kleine Rast bereit, sogar schön schattig unter Linden. Der Weg wird zu einem kleinen Sträßchen, an einer Biegung haben Sie einen fantastischen Blick hinüber zum

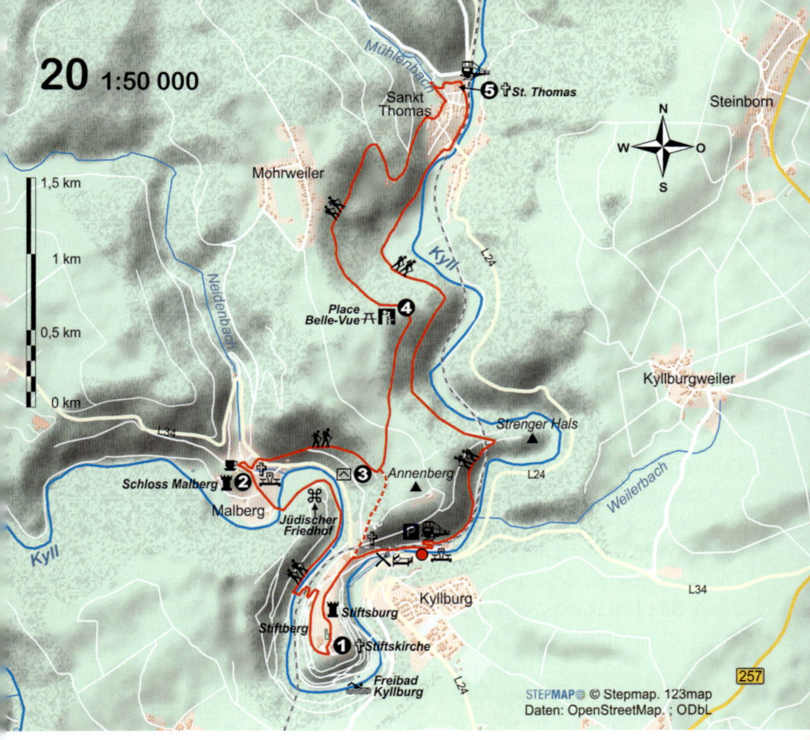


Schloss Malberg. Am **jüdischen Friedhof** laufen Sie geradeaus auf Malberg zu, an der nächsten Gabelung (Rettungspunkt 5905-040) biegen Sie rechts ab und überqueren die Kyll auf einer Brücke.

Am Feuerwehrgerätehaus laufen Sie halb rechts die Tellstraße hinauf und biegen am Dorfladen links Richtung „Schloss" ab. Dabei passieren Sie den Herrengarten mit dem Hopfenhäuschen, in dem der in der Umgebung angebaute Hopfen aufgekauft, getrocknet und gelagert wurde.

Dorfladen, Tellstraße 2, 54655 Malberg, alles für den täglichen Bedarf und sehr leckerer selbst gebackener Kuchen. Hier nimmt die Inhaberin sich noch Zeit für ein Schwätzchen mit ihren Kunden.

Eine erste Burg an dieser Stelle wird schon 1008 urkundlich erwähnt. Das Barockschloss von 1708 bis 1715 mit der prächtigen Gartenanlage wird seit Langem von der Verbandsgemeinde restauriert. Sein mediterranes Flair verdankt das Schloss dem italienischen Architekten Matteo Alberti.

Schloss Malberg Schlossstraße 45, 54655 Malberg, schloss-malberg.de, Gartenanlage: Anfang Mai bis Anfang Okt Sa 14:30 bis 18:00, So 11:00 bis 18:00. Die Innenräume sind nur im Rahmen einer Führung zu besichtigen. Öffentliche Schlossführungen finden zwischen April und Oktober samstags um 14:00 statt.

Café Palladio in der ehemaligen Schlosskapelle, Hochstraße 2, 54655 Kyllburg, 065 63/21 11, www.cafe-palladio-malberg.eu, Mai bis Okt Sa und So 11:00 bis 17:00, heiße und kalte Getränke, Eis und Kuchen, mit Picknicktischen, Teppich und Leseecke

Nach Ihrem kurzen Abstecher zum Schloss ❷ biegen Sie in die Straße An der alten Kirche und laufen etwa 40 m steil bergab. Dann wenden Sie sich in die Straße Am Neidenbach und wandern parallel zum gleichnamigen Bach weiter. Hinter einem Spielplatz überqueren Sie den Bach und gehen an der **Kirche St. Quirin** die Treppe hinauf zur Lindenstraße.

Oben gehen Sie rechts an der ehemaligen Bushaltestelle vorbei und wechseln die Straßenseite, um an den drei nächsten Gabelungen jeweils halb links der Hillstraße zu folgen. Dieser Weg ist an der letzten Gabelung am Ortsrand mit „St. Thomas" gekennzeichnet. An der **Schutzhütte** ❸ folgen Sie dem Teerweg durch eine Linkskurve, sie verlässt den Wald und führt am Waldrand etwa 30 m weiter zu einem Abzweig.

Wer hier rechts dem Grasweg folgt, steigt nach Kyllburg ab und kann auf diese Weise die Tour auf 6 km verkürzen.

Die große Runde führt hier geradeaus auf dem Teerweg weiter und an einer Kreuzung geradeaus zum nächsten Waldstück. Darin erreichen Sie nach etwa 700 m den **Place Belle-Vue** ❹ mit einem Picknicktisch und einem netten Talblick nach Sankt Thomas.

Hier folgen Sie dem Forstweg erst durch eine Linkskurve und danach durch eine lang gezogene Rechtskurve. An der T-Kreuzung biegen Sie rechts ab, gehen am Waldrand vor einem Haus links und am Rettungspunkt 5905-067 geradeaus. In Sankt Thomas nehmen Sie die zweite Straße links und gehen an dem Picknicktisch links Richtung „Neidenbach". Hinter der Scheune biegen Sie scharf rechts ab, überqueren den Mühlenbach und laufen auf dem Uferweg durch ein Tor. Sie befinden sich nun auf dem Klostergelände, hier im Garten beginnt auch ein 2,5 km langer Waldlehrpfad. Gehen Sie links an der Kapelle entlang und zwischen den Fischteichen hindurch zur **Klosterkirche St. Thomas** ❺. Das um 1171 gegründete Zisterzienserinnenkloster ist heute eine Bildungsstätte, die romanische Kirche wurde 1222 geweiht.

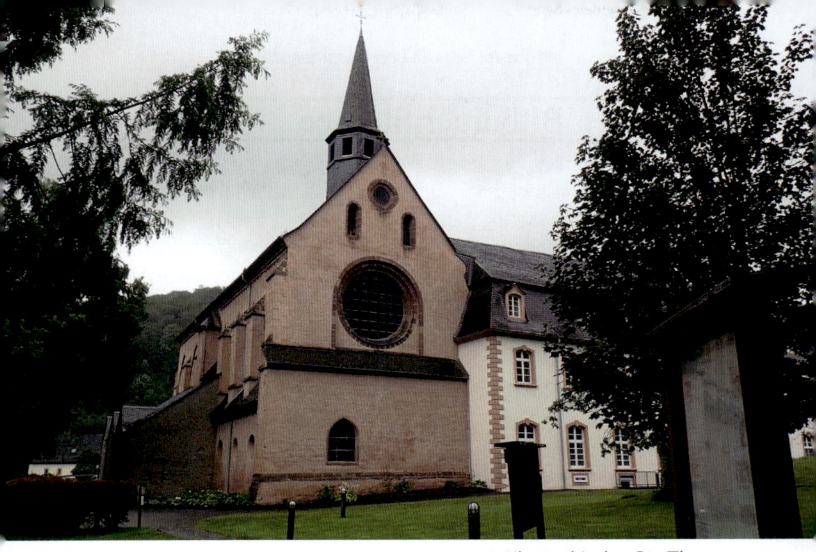

*Klosterkirche St. Thomas*

Dahinter verlassen Sie nach rechts das Klostergelände und setzen Ihren Weg geradeaus auf dem Gehweg neben der Straße parallel zur Bahnlinie fort. An der Schranke gehen Sie weiter geradeaus, passieren einen Spielplatz mit Picknicktisch und folgen der Straße am Sportplatz entlang aus dem Dorf heraus.

Sie wandern zunächst an der Kyll, ab der nächsten Gabelung dann rechts bergauf am Waldrand entlang. Nehmen Sie an der Kreuzung mit der Sitzbank den nach links führenden Weg. Er bringt Sie in den Wald. An der nächsten Gabelung bleiben Sie links auf dem breiten Forstweg, er führt in einem Rechtsbogen zum Rettungspunkt 5905-043. Etwa 1,1 km nach diesem Rechtsbogen gehen Sie an der Gabelung geradeaus weiter, nach weiteren 150 m folgen Sie an zwei Sitzbänken dem Wegweiser nach links Richtung „Bahnhof Kyllburg". Schon 10 m weiter nehmen Sie an einer weiteren Bank den nach rechts und bergab führenden Pfad. Sechs Stufen führen zu einem Teerweg. Folgen Sie diesem nach rechts, er bringt Sie parallel zur Bahnlinie zum Ziel am Bahnhof Kyllburg.

- Bahnhofsgaststätte im Bahnhofsgebäude, ☏ 065 63/23 40, Do Ruhetag, einfache Gerichte zu angemessenen Preisen
- Restaurant/Pizzeria Bella Italia, Bademer Straße 4 (direkt an der Kyllbrücke), 54655 Kyllburg, ☏ 065 63/24 73, www.bella-italia-kyllburg.de, täglich 11:30 bis 14:00 und 17:30 bis 23:00, So schon ab 17:00, kleine Terrasse, am Wochenende manchmal ausgebucht

# 21 Um den Bitburger Stausee

*Tour für Familien*

*Eine einfache Rundtour um den Bitburger Stausee, manchmal auch Biersdorfer See oder Prümtalstausee genannt. Die Wasserfontäne mitten im See ist ein echter Blickfang. Bei der Kürze der Strecke bleibt genug Zeit zum Tretbootfahren, Wassertreten und Spielen.*

Start/Ziel: Biersdorf am See, Zur Rotlay, N 50°01.030' E 006°26.557'
4,2 km
1 Std. 30 Min.
74 m/74 m
259-294 m
keine durchgängige Wegmarkierung
Seerandweg, vorwiegend geschottert, schattig
Einkehrmöglichkeiten zu Beginn und Ende der Tour (km 0, km 3,5 und km 4,1)
zahlreiche Bänke, eine Sonnenliege, ein Rastplatz (km 2,9), eine Schutzhütte (km 2)
WC kurz hinter Ferdis Bootshaus (km 0,2)
Tradi: GC3QYVA Seeufer-Rundweg, GC23MZN Hammer-Brücke
Ein Bootsverleih, mehrere Spielplätze, zwei Geocaches und ein Kneippbecken machen die Wanderstrecke abwechslungsreich.
Die Wege sind geschottert oder komprimiert und mit robusten Buggys gut befahrbar.
Wasser dürfte unterwegs nicht nötig sein. Auf zwei Brücken muss auf den Autoverkehr geachtet werden. An Wochenenden und in den Ferien sind manchmal so viele Ausflügler unterwegs, dass Sie Ihren Hund lieber an die Leine nehmen.
Es gibt keine Busverbindung zum Startpunkt.
P Parkmöglichkeit am Startpunkt und an Ferdis Bootshaus
Bitte ein Handtuch einstecken (Kneippbecken).

Zu Beginn der Wanderung laufen Sie auf der Straße Zur Rotlay Richtung Stausee und gehen links über den Kannenbach und einen P Parkplatz zu **Ferdis Bootshaus ❶**.

Ferdis Bootshaus, Am Stausee Bitburg, 54636 Biersdorf am See, 065 69/96 39 59, www.afunti.de, Bootsverleih: März bis Okt. Biergarten, Terrassencafé und Tretbootverleih direkt am Seeufer, im Winter prasselt ein lustiges Feuerchen im Kamin.

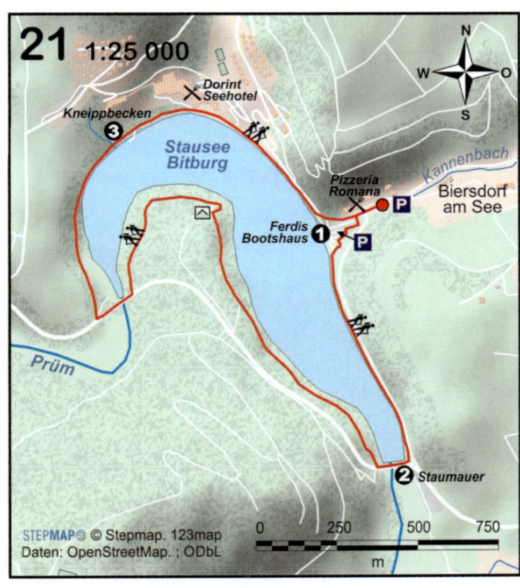


Sie passieren ein WC und einen Spielplatz, der Seerandweg führt Sie zwischen mächtigen Buntsandsteinfelsen und dem Seeufer hinauf zur **Staumauer** ❷. Die Prüm ist hier seit 1972 auf 2 km Länge angestaut. Der dadurch entstandene Stausee ist etwa 9 m tief und dient zur Niedrigwasserregulierung und als Hochwasserrückhaltebecken.

Überqueren Sie die Staumauer nach rechts und nehmen Sie dahinter den nach rechts in den Wald führenden Weg. Er führt leicht bergauf. An mehreren Stellen können Sie durch die Baumlücken einen Blick auf den See und den Startpunkt werfen. Sie kommen an eine Wegkreuzung, bleiben Sie hier geradeaus auf dem breiteren Weg. An der nächsten Gabelung nehmen Sie den rechten Weg, er führt zunächst leicht bergab, dann wieder bergauf zu einer ⌂ **Schutzhütte**. Direkt neben der Hütte geht es auf dem Weg weiter, er führt nun am Seeufer bis zu einer Straßenbrücke.

Auf dieser Brücke überqueren Sie die Prüm und nehmen noch vor dem Parkplatz den nach rechts führenden Teerweg. Sie passieren Ruheliegen und einen ⛩ Rastplatz mit Blick auf das Dorint Ressort und erreichen kurz darauf das **Kneippbecken** ❸.

*Mächtige Felswände*

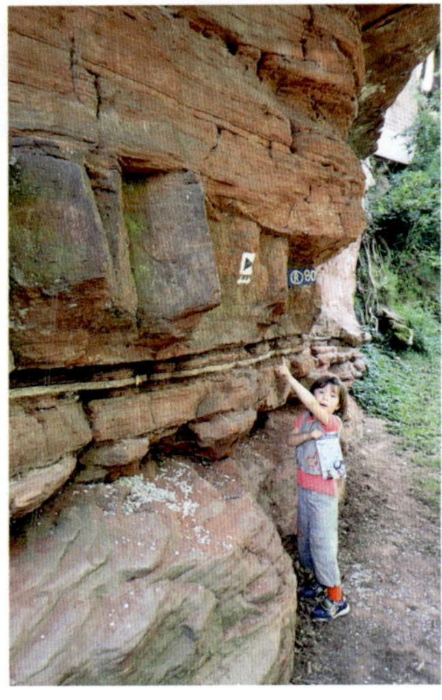

Von dort haben Sie eine schöne Aussicht zur Fontäne in der Nähe des Startpunkts, ebenso am **Dorint** Seehotel & Ressort Bitburg/Südeifel.

Der Marktplatz, Dorint, Seeuferstraße 1, 54636 Biersdorf am See, ☏ 065 69/990, 14:00 bis 18:00 kleine Mittagskarte, 12:00 bis 13:45 und 18:00 bis 21:45 große Karte mit Eifeler Regionalküche und internationalen Klassikern, Kinderspielecke

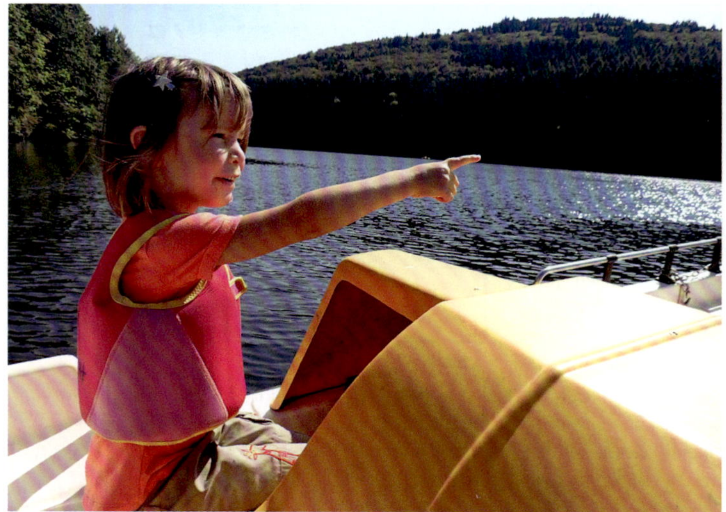

*Auf dem Bitburger Stausee*

Auf einer schattigen Fußpromenade und auf dem Gehweg neben der Seeuferstraße laufen Sie zurück zur Mündung des Kannenbachs in der Nähe des Startpunktes. Hier haben Sie die Qual der Wahl: Spielplatz, Tretboot fahren, einkehren oder alles nacheinander?

Pizzeria Romana (Haus am See), Zur Rotlay 14, 54636 Biersdorf am See, ☏ 065 69/373, 11:30 bis 14:00 und 17:30 bis 23:00, Di Ruhetag, typisch italienische Küche

# 22 Burg Ramstein und das Butzerbachtal

*Tour für kleine und große Naturforscher*

*Beim Premiumwanderweg Römerpfad ist das Wandern ein echtes Erlebnis. Im Butzerbachtal, einem kleinen Nebental der Kyll, werden Sie an sieben kleinen Wasserfällen vorbei über Brücken, Trittsteine, Leitern, Treppen und zwei Hängebrücken von einem Uferpfad zum anderen geführt. Hinter dem römischen Kupferbergwerk geht es steil den Hang hinauf zu einer römischen Langmauer, Höhlen und der Burg Ramstein. Mit zwei Abstechern erreichen Sie die keltische Fliehburg Hochburg und den Aussichtsfelsen Geyersley.*

Start/Ziel: Wanderparkplatz unterhalb von Burg Ramstein, GPS N 49°49.489' E 006°38.731

10 km

4 Std.

370 m/370 m

147-409 m

Der Weg ist zum Teil mit einer römischen Münze markiert und verläuft abschnittsweise auf dem Eifelsteig.

Wald-, Wiesen und Forstwege, Pfade und Steige, schattig

Gastronomie an der Burg Ramstein (km 9,5)

Möglichkeiten für Verschnaufpausen auf mehreren Sitzbänken und an Rastplätzen (km 0, km 0,5, km 1,3, km 5,7 und km 7,9), Witterungsschutz in den Höhlen (km 0,5, km 5,8 und km 7,7) und in einer Schutzhütte (km 5,5)

Tradis: GC7EY29 Amphibie, GC7683R Wilde Wasser, GC76NAK ... lost archaeological camp?, GC7EY13 Genovevas Neben-Höhle, GC690ZN Die verschwundene Burg, GC7EY1F Knutsch mich, GC7EY1R Backpacker, GC768Y1 ... dürfen wir die Burg stürmen?; Earthcaches: GC4KJPM Pützlöcher, GC4M0A8 Besonderheit im Sandstein, GC262HZ Genovevahöhle, GC7DV49 Geyersley – kommt Ihr mit zum ALLERHELIGSTEN ???; außerdem mehrere Multis

Das Butzerbachtal bezaubert jedes trittsichere Kind. Wer die lange Runde nicht schafft, kann hinter den Pützlöchern direkt zur Burg Ramstein auf etwa 3,5 km Streckenlänge abkürzen – verpasst dann aber zwei Höhlen.

Schmale Pfade, Bachüberquerungen auf Trittsteinen, Hängebrücken – der schönste Part der Strecke ist definitiv nicht buggytauglich.

Ihr Hund muss trittsicher und gelassen genug sein, um über zwei Hängebrücken zu gehen. Wasser gibt es im Butzerbach und im Laufbach, die Leine ist nur auf dem Burggelände nötig.

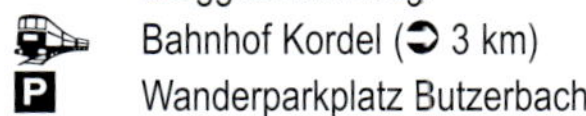

Bahnhof Kordel (➲ 3 km)

Wanderparkplatz Butzerbachtal

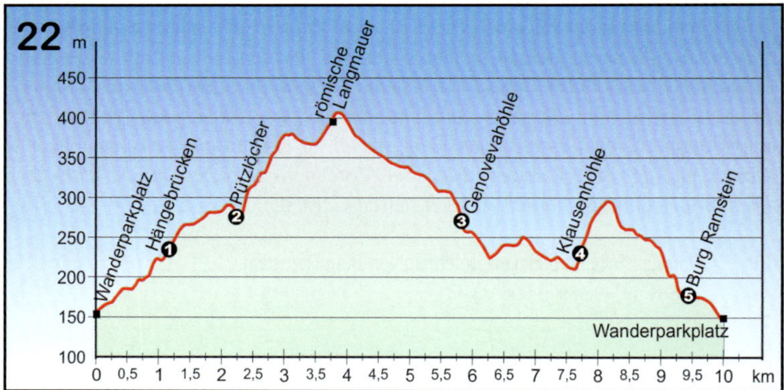


Sie starten auf dem Wanderparkplatz an der Infotafel. Ein freundlicher gezeichneter Römer namens Marcus weist Ihnen den Weg Richtung „Butzerbach". Auf den ersten Kilometern können Sie sich gut an den nahezu „unverlaufbaren" Markierungen des Eifelsteigs orientieren. Parallel zum Butzerbach laufen Sie durch hohen Nadelwald und erreichen nach etwa 500 m die **Silvesterhöhle**, keine typische Höhle, aber eine beeindruckende Felsformation, unter der Sie sogar ⛼ picknicken können.

Halten Sie sich an der Höhle noch rechts und gehen Sie nach etwa 30 m links die Stufen hinab, dann scharf rechts auf den Pfad neben dem Bach und schließlich auf **Trittsteinen** zum anderen Ufer. Dort gehen Sie rechts und folgen dem Pfad weiter dem Butzerbach entgegen. Sie passieren drei kleine **Wasserfälle** und gelangen auf weiteren Trittsteinen zurück an das ursprüngliche Ufer.

Hier ist der Pfad am Hang durch Geländer und Gitter gesichert und führt an einem höheren Wasserfall vorbei, bevor Sie eine **Gittertreppe** hinauflaufen und auf Trittsteinen erneut den Bachlauf überqueren. Hinter einer Hangbrücke erreichen Sie die beiden **Hängebrücken** ❶, die für manch einen zwei- oder vierbeinigen Wanderer zu einer Mutprobe werden können.

Am Rastplatz Josefs Ruh können Sie sich bei einem Picknick stärken, bevor es über eine Hangbrücke und auf felsigem Untergrund ein weiteres Mal über den

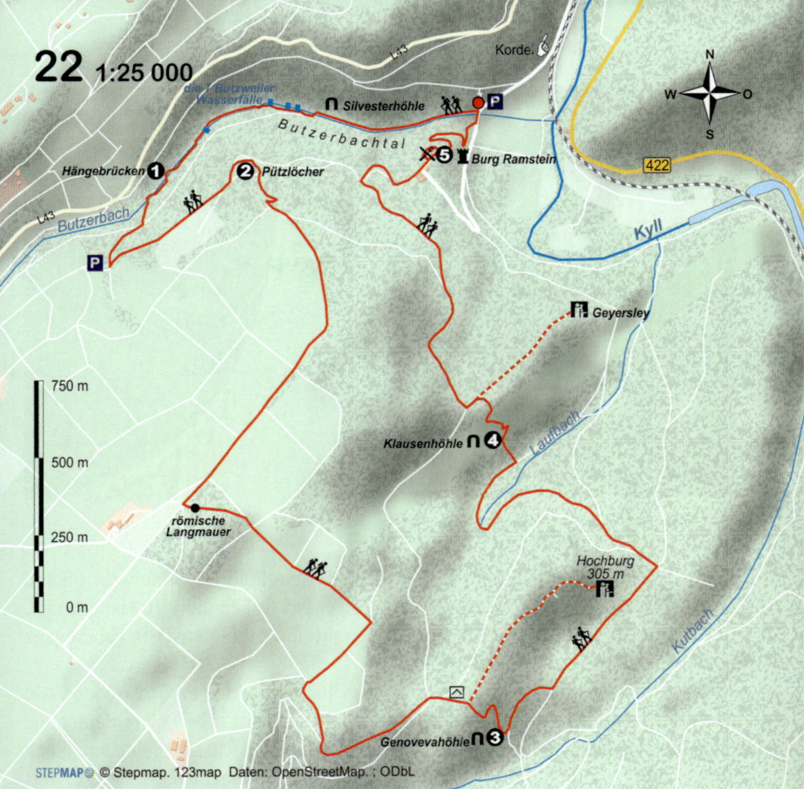


Bach geht. Dahinter steigen Sie eine Treppe hinauf und überqueren das Bachtal ein letztes Mal, nun auf einer Metallbrücke.

Holzstufen führen aus dem Tal steil bergauf zu einem Forstweg, dem Sie nach rechts folgen. Nach etwa 20 m erreichen Sie eine Gabelung, an der Sie links Richtung „röm. Bergwerk“ gehen, bis Sie eine T-Kreuzung erreichen. Dort folgen Sie dem Wegweiser zur Burg Ramstein. Der Forstweg führt an zwei Holzhütten vorbei zu einer Gabelung, an der Sie links bergab durch einen Hohlweg zu den **Pützlöchern ❷** kommen. So werden die Löcher genannt, die vom Kupferabbau in einem römischen Bergwerk aus dem 1. und 2. Jahrhundert übrig geblieben sind. Nicht nur Kupfer, sondern auch Sandstein wurde hier abgebaut. Man vermutet, dass die Inschrift MARCI oberhalb des Stolleneingangs auf den Namen des Steinbruchbesitzers oder des Pächters verweist. Nachweislich stammen einige der Steinquader in der Porta Nigra in Trier aus diesem Steinbruch.

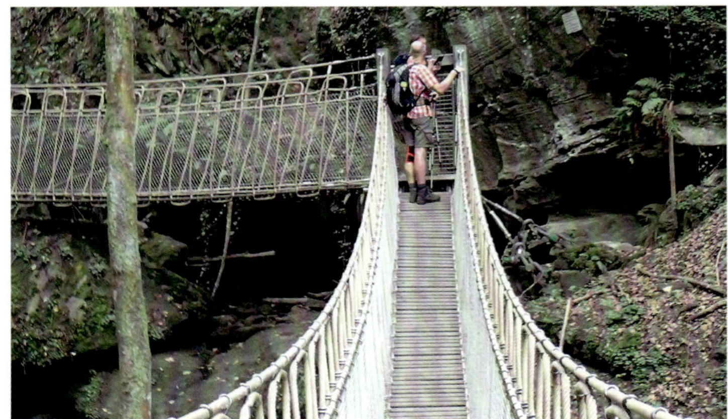

*Die Hängebrücken im Butzerbachtal*

Sie verlassen den Eifelsteig und steigen auf dem Pfad die Stufen zur oberen Ebene des Bergwerks hinauf. Auch dahinter geht es weiter steil den Hang hinauf, zum Teil in Serpentinen, zum Teil mit Stufen. Mitfühlende Menschen haben ganz oben eine Rastbank aufgestellt.

Nach dem Ausruhen folgen Sie dem nach links führenden Weg zwischen Wald und Wiese für etwa 700 m, danach wandern Sie zunächst neben einer Baumreihe und dann zwischen zwei Feldern weiter geradeaus zum nächsten Wäldchen. Noch weitere 100 m laufen Sie am Waldrand entlang bis zu einer Wegkreuzung, dort biegen Sie links ab und erreichen die Rekonstruktion einer **römischen Langmauer**. Diese wahrscheinlich unter Valentinian I. (regierte von 364 bis 375) gebaute Schutzmauer war ursprünglich 72 km lang.

Sie steigen über einen Mauerrest nach links, um Ihren Weg fortzusetzen, und erreichen den Forstweg am Waldrand. Diesem folgen Sie nach rechts bis zum Ende des Wäldchens und laufen geradeaus zwischen Feldern und unter der Stromleitung bergab zum nächsten Waldstück. Dort wandern Sie geradeaus am Waldrand entlang und folgen nach etwa 200 m dem nach rechts führenden Weg über eine Wiese und an einer Baumreihe entlang zum Waldrand. Biegen Sie dort links ab, Sie laufen zunächst am Waldrand und dann durch Buchenhochwald auf einem Forstweg bergab zum Rettungspunkt 6105-645. Dort gehen Sie an der Kreuzung geradeaus, passieren eine ⌂ Schutzhütte auf ihrer rechten Seite und kommen 100 m weiter zu einer Gabelung.

↳ Hier ist ein Abstecher nach links zur etwa 500 m entfernten **Hochburg** (305 m) möglich. Dieser fast 50 m hohe Felssporn mit einigen kleineren Höhlen war Standort einer frühkeltischen Fliehburg, die Befestigungsanlage umfasste ein Gebiet von 4,5 ha.

An der Gabelung folgen Sie dem rechten Weg, steigen am ⛼ Picknicktisch den linken Pfad hinab und kommen zur **Genovevahöhle ❸**. Im weichen Sandstein entstand diese hallenhohe, halbrunde Höhle durch Auswaschung der Ur-Kyll, Frostsprengungen, Erosion und künstliche Erweiterung. Sie misst an der breitesten Stelle 15 m und ist 8-10 m hoch. Schaber, Scherben und andere Funde lassen auf eine Nutzung bereits in der Altsteinzeit schließen.

## Die schöne Genoveva

Eine Sage berichtet von der schönen brabantischen Prinzessin Genoveva, die den Pfalzgrafen Siegfried ehelichte. Als dieser in den Krieg zog, stellte Siegfrieds Statthalter Golo der jungen Frau nach. Sie gab dem Werben nicht nach und Golo beschuldigte sie aus verletztem Stolz des Ehebruchs mit einem Koch und verurteilte sie zu Tode. Der Henker verschonte sie und ließ sie mit ihrem neugeborenen Sohn fliehen. Sie versteckte sich sechs lange Jahre in der Höhle und wurde auf wundersame Weise von der Gottesmutter Maria in Gestalt einer Hirschkuh versorgt.

Unterhalb der Höhle folgen Sie links der Eifelsteigmarkierung Richtung „Klausenhöhle" und kommen an eine T-Kreuzung mit Rastbank. Folgen Sie hier dem Forstweg nach links, er verläuft unterhalb der Hochburg. Nach etwa 500 m kommen Sie zu einer Kreuzung, an der Sie links abbiegen. Gut 100 m später gehen Sie an der Gabelung rechts und im weiten Bogen um das **Laufbachtal** herum. (🐕 Im Sommer ist oft wochenlang kein Wasser im Bachbett.)

Auf einem schmalen Pfad verlassen Sie den Eifelsteig nach links, um dann festzustellen, dass dieser Pfad eine ganze Weile parallel zum Eifelsteig verläuft. Am Ende des Pfades biegen Sie links Richtung **Klausenhöhle ❹** ab, dort finden Sie Schutz vor der Witterung und eine Rastbank. Der Name der Höhle geht auf Zeiten zurück, in denen Eremiten in dieser Höhle lebten. Bis vor rund 200 Jahren wurde sie als Eremitenklause bewohnt, aus dieser Zeit stammen auch die in den Fels geritzten und geschlagenen Fratzen, mit denen das Böse vertrieben werden sollte. Der von den Eremiten angelegte ehemalige Schlafraum liegt quasi auf der ersten Etage und ist über eine Leiter erreichbar.

Gehen Sie nun rechts an der Felswand weiter, der Pfad führt zum Teil über Stufen. An der T-Kreuzung biegen Sie links ab und gehen dann rechts bergauf zu einer Wegkreuzung mit ⛼ Picknicktisch.

Hier ist nach rechts ein Abstecher zur **Geyersley** (➲ 500 m) möglich, von der Sie schöne Ausblicke hinab ins Kylltal haben.

Sie setzen Ihren Weg nach links fort und gehen am Rettungspunkt 6105-644 rechts Richtung „Burg Ramstein" bergab. An der nächsten Kreuzung führt der Eifelsteig geradeaus weiter, hier nehmen Sie rechts des Forstweges den Pfad mit den Stufen bergab. Er endet wieder auf dem Forstweg, dem Sie nun nach rechts zur **Burg Ramstein** ❺ folgen.

Burg Ramstein: Eine erste Lehensburg entstand auf diesem Felssporn während der Amtszeit des Trierer Erzbischofs Ratbod (883-915). 1689 wurde die Burg gesprengt, der etwa 25 m hohe Wohnturm blieb stehen. Bereits seit 1798 beherbergt das ehemalige Burghaus ein Gasthaus.

Hotel Restaurant Burg Ramstein, ☏ 065 05/17 35, www.burg-ramstein.de, ab 9:00, Küche 12:00 bis 19:00, Mi Ruhetag, Eifeler Spezialitäten. Besonders erholsam ist eine Einkehr an einem Sommertag auf der Terrasse oder im Burggarten.

Durch den Biergarten/Spielplatz des Burgrestaurants gehen Sie an der Burgruine entlang. Ein Pfad führt in Serpentinen hinab zum Butzerbach, an dessen anderem Ufer Sie die Wanderung begonnen haben.

*Die Burg Ramstein*

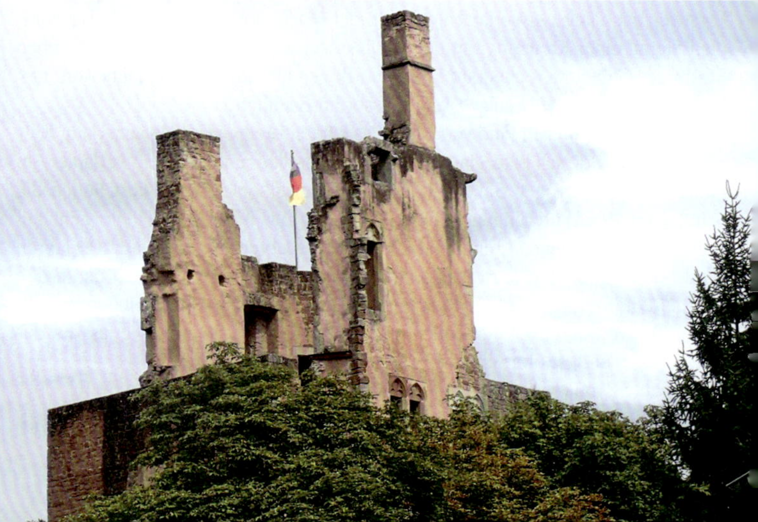

# 23 Dreiländerwanderung

*Tour für Europäer und Grenzgänger*

*Die waldreiche Wanderung führt durch die Täler der Our und ihrer Zuflüsse Schiebach und Ribbach, aber auch auf eine Kuppe ohne Namen mit feinen Aussichten über die Höhen der Eifel. Kurz vor dem Ziel kommen Sie zum Europadenkmal am Dreiländereck von Belgien, Luxemburg und Deutschland.*

Start/Ziel: Ourbrücke in Ouren, GPS N 50°8.432' E 006°8.135'

9,5 km

3 Std.

219 m/219 m

318-513 m

blaues Kreuz

Wanderwege, Pfade, Wirtschaftswege (z. T. geteert), im Ort Gehwege, schattig

Rucksackverpflegung

Gelegenheiten für eine Rast auf mehreren Sitzbänken und an Rastplätzen (km 7,6 und km 8,7), Witterungsschutz in der Kirche (km 0,4) und in einer Schutzhütte (km 9,4)

Der Angelladen am Startpunkt verkauft auch Getränke und Süßigkeiten.

Bademöglichkeit in der Our (km 8,7)

Tradis: GC1AWZR Rittersprung – Ouren, GC182WJ DeLuBe; Earthcaches: GC7RNFN Fünf Steine für Europa – Kalkstein, GC7RNFT Fünf Steine für Europa – Minette-Stein, GC7RWKA Fünf Steine für Europa – Sandstein, GC7RNFG Fünf Steine für Europa – Schieferstein, GC7RNFE Fünf Steine für Europa – Quarzit

Der Aufstieg vom Schiebach ist ziemlich anstrengend. Das Dreiländereck ist schon für kleine Kinder interessant, die auf Trittsteinen im Bach zwischen zwei Ländern hin und her hüpfen können.

Die Steigungen und der holprige Boden beim Aufstieg lassen selbst kräftige Buggyschieber ins Schwitzen kommen.

An den Straßen ist eine Leine nötig.

Bushaltestelle „Ouren Zentrum", Bus Nr. 496 von/nach Burg Reuland und Sankt Vith, Mo bis Fr je 1x pro Richtung

P an der Ourbrücke in Ouren

Die Tour lässt sich um 12 km verlängern, wenn Sie am Europadenkmal auf der Nat'Our-Route 1 auf dem Uferweg an der Kalbornmühle vorbei zur Tintesmühle wandern, dort auf die deutsche Seite wechseln und an der Königslei entlang zurück zum Dreiländereck laufen.

**Ouren** hat zwar nur etwa 130 Einwohner, aber zwei Ortskerne auf beiden Seiten der Our. Vom Parkplatz in Ouren gehen Sie über die Ourbrücke in den Ortsteil **Peterskirchen** und dort halb rechts am Hotel Rittersprung vorbei (Mahlzeiten nur für Hotelgäste).

Es geht bergauf und an der Zufahrt zum ⛺ Campingplatz nach links hinauf zur Peterskirche. Die Namensgeberin des Ortsteils geht wahrscheinlich auf ein älteres Gotteshaus zurück, Turm und Langhaus werden auf das 12./13. Jahrhundert datiert. Im 18. Jahrhundert kam der oktogonale Chor hinzu, die Sakristei wurde 1912 angebaut.

Hinter der Peterskirche folgen Sie der Straße leicht bergab und passieren ein Marienbild, das zu einem Kreuzweg gehört. Rechter Hand befindet sich der **Rittersprung ❶**.

## Der Ourener Rittersprung

Der Sage nach soll die Gemahlin des Ritters von Ouren so schön gewesen sein, dass ein Raubritter sie um jeden Preis für sich gewinnen wollte, was nach einigem Werben auch gelang. Der Raubritter bereitete eine gemeinsame Flucht vor. Dabei wollte er besonders schlau sein und ließ sein Ross neu beschlagen und dabei die Hufeisen falschherum aufsetzen, sodass eventuelle Verfolger der Hufspur in die falsche Richtung folgen würden. Sein Plan ging nicht auf: Als er während eines Festes mit der Rittersgattin floh, sah man auf den harten Felsen der Nonnenley keinerlei in die Irre führende Spuren, hörte die neuen Eisen aber weithin über das Tal. Um seiner Gefangennahme und dem sicheren Tod zu entgehen, gab der Raubritter seinem Ross die Sporen und wagte einen gewaltigen Sprung in die Our. Das Pferd verendete mit gebrochenen Beinen, die beiden Reiter kamen mit dem Leben davon. Aus Dankbarkeit gelobte der Raubritter, an der Stelle seines Sprungs eine Kapelle zu errichten. Davon wollte er später nichts mehr wissen und wurde zur Strafe vom Blitz getroffen.

Gehen Sie nun auf der Brücke über den Schiebach und dahinter links an der **Heinskill-Mühle** entlang. Der Name lässt vermuten, dass der Erbauer ein Müller namens Hein(rich) war und von der Kill = Kyll kam.

Hinter einem weiteren Haus wird der Teerweg zum Schotterweg und führt durch das Schiebachtal. In einem Waldstück kommen Sie an eine Gabelung. Hier an der Grenze zu Luxemburg mündet ein kleines Bächlein namens Eschelborn in den Schiebach. Gehen Sie links über den **Schiebach** und folgen Sie dem Waldweg bergauf zu einer Rastbank. Dort gehen Sie noch weiter geradeaus und nach etwa 100 m an der Gabelung links bergauf am Waldrand entlang zu einem Teerweg. Dort am Waldrand wartet eine Bank auf erschöpfte Wanderer.

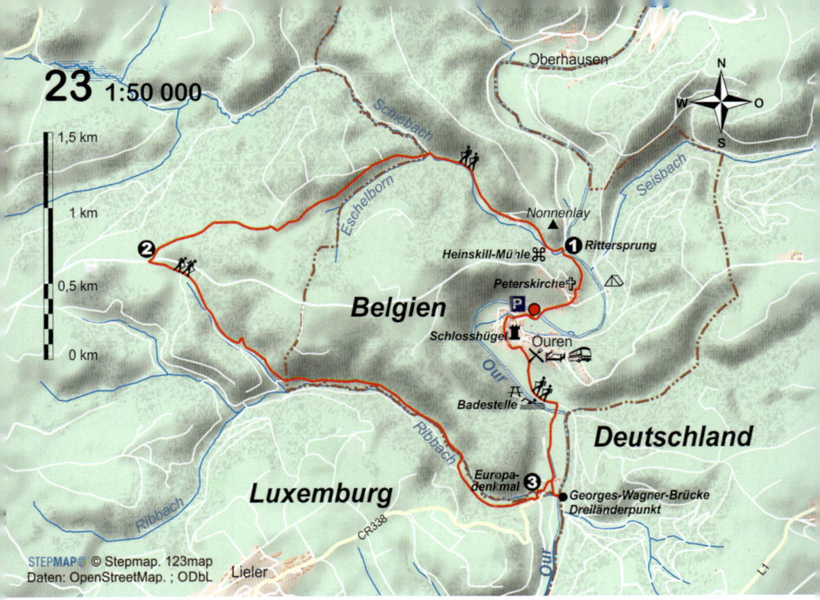

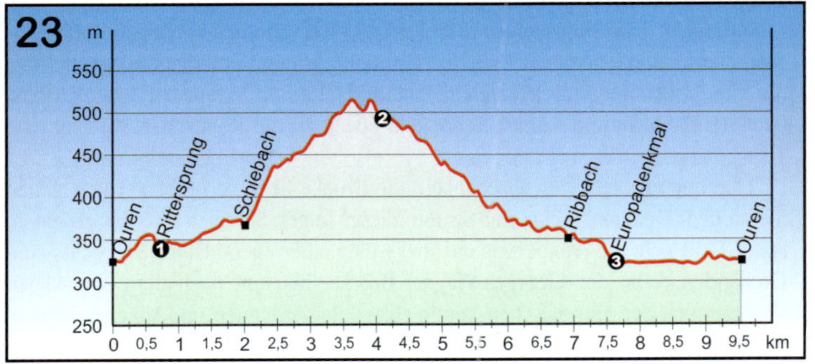


Folgen Sie dem Teerweg nach links leicht bergauf. Hinter einer Einmündung von links haben Sie den höchsten Punkt der Wanderung überschritten und folgen dem mit Besenginster gesäumten Teerweg bergab zur Ortsverbindungsstraße ❷ von Weiswampach nach Ouren.

Queren Sie diese Straße und folgen Sie – um 10 m versetzt – scharf links dem Feldweg bergab. An der Gabelung gehen Sie geradeaus bis zum Ende einer lang gezogenen Lichtung. Dort nehmen Sie an der Dreiergabelung den mittleren Weg. Sie folgen nun dem Forstweg durch eine Rechtskurve und nehmen hinter einer

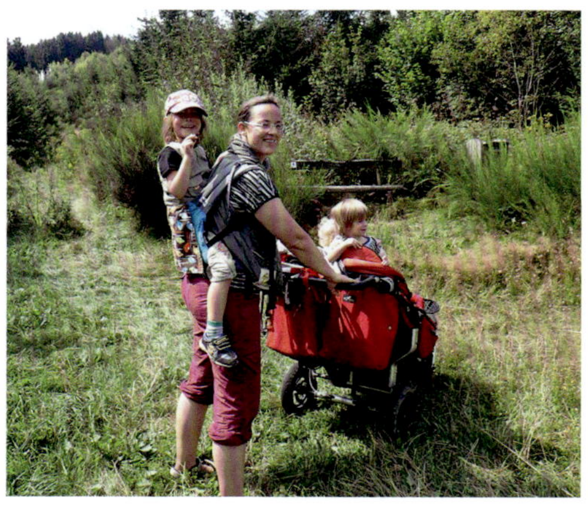

*Und weiter geht's*

Lichtung in der Rechtskurve den nach links führenden schmaleren Weg. Er führt leicht bergauf durch das offene Tal zum nächsten Waldstück und rechts bergab.

Sie wandern nun parallel zum **Ribbach** (andere Schreibweisen: Réibaach/Riebach/Reibach), überqueren den Bach im Tal nach rechts, gehen leicht bergauf und dann auf einem ebenen Weg zu einer Straße (CR338). Unmittelbar davor biegen Sie links ab und laufen durch den Park zum **Europadenkmal ❸.**

Infotafeln, Fahnenmasten und fünf Steinblöcke aus den wichtigsten europäischen Gesteinen (Sandstein, Schiefer, Kalkstein, Minette und Quarzit) erinnern an die vier Vorkämpfer für ein vereintes Europa Konrad Adenauer, Joseph Bech, Paul-Henri Spaak und Robert Schumann sowie an die Römischen Verträge von 1957.

Überqueren Sie in der Grünanlage die Brücke über den Ribbach und gehen Sie an dem Denkmal rechts zur Straße, dieser folgen Sie nach links bis zu einem Haus. Dort geht die Wanderung nachher weiter, aber zuerst laufen Sie rechts zum **Dreiländereck** an der **Georges-Wagner-Brücke**, benannt nach dem ehemaligen Vorsitzenden der europäischen Vereinigung Eifel-Ardennen und Vizepräsidenten der luxemburgischen Abgeordnetenkammer.

## Vergebliche Suche nach einem DreiländerPUNKT

Die Our bildet sowohl die Grenze zwischen Belgien und Deutschland als auch die Grenze zwischen Luxemburg und Deutschland. Die belgisch-luxemburgische Grenze ist nie weit vom Ribbach entfernt. Wo der Ribbach in die Our mündet, muss irgendwo der Dreiländerpunkt sein. Wer nun eine genaue digitale Karte heranzieht, wird verwundert feststellen, dass darin südlich der Georges-Wagner-Brücke zwei Grenzlinien eingezeichnet sind, und zwar an beiden Ourufern.

Die Erklärung ist ganz einfach: Es gibt keine GrenzLINIE zwischen den beiden Staaten, sondern ein gemeinschaftliches deutsch-luxemburgisches Hoheitsgebiet, ein sogenanntes Kondominium. Der Fluss Our wird also gemeinsam verwaltet, die beiden Staatsgebiete beginnen an den jeweiligen Ufern. Nördlich der Brücke ist dies so, wie Sie es von den meisten anderen Grenzflüssen kennen: Die Grenze zwischen Belgien und Deutschland liegt im Talweg des Flusses.

Es gibt daher keinen konkreten DreiländerPUNKT. Egal wo genau Sie an der belgisch-luxemburgischen Grenze ins Wasser gehen, Sie stehen in allen drei Ländern gleichzeitig.

Gehen Sie zurück zu dem oben genannten Haus und folgen Sie dort der Straße nach rechts. Nach knapp 500 m überqueren Sie die Our auf einer Brücke und folgen der Straße durch eine Linkskurve. Im Sommer ist die Our etwa 100 m hinter der Brücke eine beliebte **Badestelle**. Nicht tief genug zum Schwimmen, aber herrlich erfrischend, wenn Sie die Füße abkühlen wollen. Auf dem Rasen und an den Tischen lässt es sich auch fantastisch picknicken.

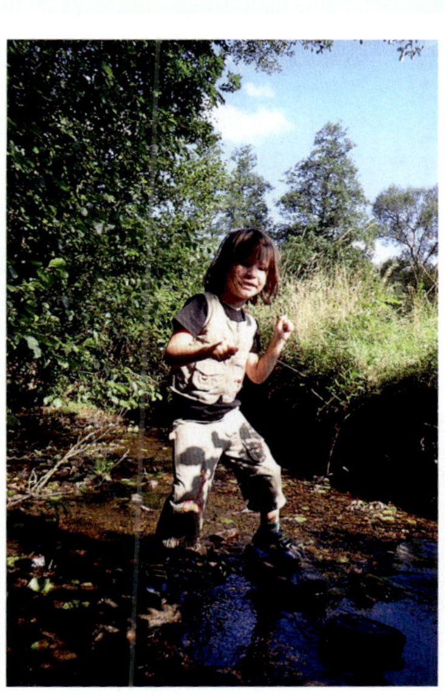

*Der linke Fuß in Luxemburg, der rechte in Belgien*

Im weiteren Verlauf der Straße kommen Sie zurück nach Ouren, gehen an der Gabelung links und auf der Straße Am Schlossberg um eben diesen **Schlossberg** herum. Hier stand dereinst eine Burg, die bis ins 11. Jahrhundert zurückging. Nach der Zerstörung durch französische Revolutionstruppen wurde sie nie mehr aufgebaut und ist inzwischen ein reines Bodendenkmal. Nun geht es nur noch über einen kleinen Bach und schon ist das Ziel in Sicht.

Hotel-Restaurant Dreiländerblick, Ouren 29, B-4790 Burg-Reuland, ☏ +32 (0)80 32 93 88, www.hoteldreilaenderblick.be, Di Ruhetag, gehobene Küche, heimische Wildspezialitäten

# 24 Von der Teufelsschlucht zu den Irreler Wasserfällen

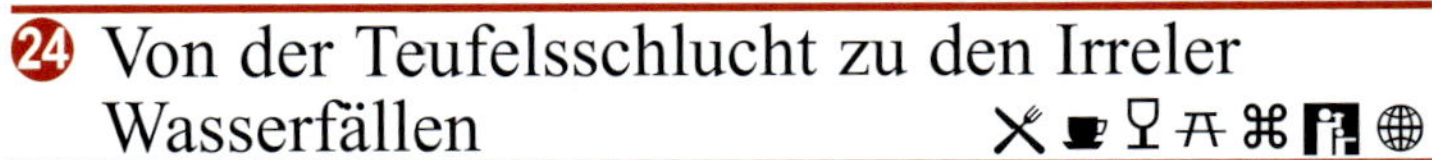

*Tour für Schluchtenwanderer*

*Sind alle Mitwanderer trittsicher und schwindelfrei? Prima, dann nichts wie los zur Teufelsschlucht. Schmale Pfade, steile Felsspalten, schattiger Wald und fröhlich rauschende Stromschnellen sind der perfekte Mix für jeden Eifelwanderer.*

Start/Ziel: Parkplatz Teufelsschlucht, GPS N 49°50.672' E 006°25.983'

7,2 km

3 Std.

209 m/209 m

170-349 m

keine durchgehende Wegmarkierung

breite Forstwege, schmale, steile Pfade, gepflasterte Spazierwege, schattig

Teufels Küche im Naturparkzentrum (km 0,4 bzw. km 6,9), Dino's Diner im Dinosaurierpark (km 7,1), Waldschänke auf einem Parallelweg

Gelegenheiten für eine Rast auf einigen Sitzbänken, an Picknicktischen (km 0,3) und in einer Schutzhütte (km 5,1)

Snacks in Teufels Küche (km 0,4 bzw. km 6,9)

Tradi: GC6DYM4 # 8 Verbrecherjagd um Irrel, GC6DKR7 # 1 Verbrecherjagd um Irrel, GC6DYHW # 4 Verbrecherjagd um Irrel, GC6DYJD # 5 Verbrecherjagd um Irrel, GC6DYK0 # 6 Verbrecherjagd um Irrel; Earthcaches: GC15WA4 Erdzeitenschnecke, GC272ZN Teufelsschlucht Earth Cache, GC4Q79G Verwitterung des Luxemburger Sandsteins, GC6JA52 Die Strudeltöpfe der Prüm, GC2ZEDF Irreler Wasserfälle; außerdem mehrere Multis

Ein Naturspielplatz am Naturparkzentrum, eine Schlucht, ein Dinopark, ein Fluss mit massigen Steinen, zahlreiche Geocaches: Da kommt keine Langeweile auf. Mit kleineren Kindern kann die Strecke hinter der Schlucht auf 2,3 km abgekürzt werden. Die mächtigen Felswände der Teufelsschlucht bringen sogar Pubertiere zum Staunen. Beim Wandern mit Trage oder Kraxe bitte an den niedrig hängenden Felsen auf den Kopf des Kindes achten.

Die Teufelsschlucht ist eng und steil, es gibt kein Durchkommen mit Buggys.

Bitte Wasser mitnehmen, Saufmöglichkeiten nur am Naturparkzentrum und an den Wasserfällen. Die Leine ist nur für ein kurzes Stück in der Nähe der L4 nötig.

Der Weg ist nicht mit dem ÖPNV erreichbar.

am Startpunkt

☺ Die Einstufung als rote, also schwierige Tour ergibt sich ausschließlich aus dem Abstieg an der Teufelsschlucht, ohne sie wäre der Rest der Wanderung eine leichte = grüne Tour.

Die Tour lässt sich um etwa 6 oder 12 km verlängern, wenn Sie an den Irreler Wasserfällen dem Erlebnispfad Wasser und Natur folgen. Er führt an 24 Lese- und Mitmachstationen vorbei in Form einer Acht durch das Tal der Prüm. Die rote Route, also der südliche Teil, bringt Sie bis Prümzurley, die gelbe Route bis Holsthum.

Vor dem Eingang zum Dinosaurierpark verlassen Sie den Parkplatz und die Zufahrt nach links auf einen kleinen Waldweg. An der T-Kreuzung gehen Sie links (54) zum **Naturparkzentrum ❶.**

Naturparkzentrum Teufelsschlucht, Ferschweilerstraße 50, 54668 Ernzen, ☎ 065 25/933 93-0, www.teufelsschlucht.de, Ende März bis Ende Okt täglich 11:00 bis 18:00, Herbst- und Winterferien täglich 11:00 bis 17:00, mit gut sortiertem Andenkenshop

⌘ Das **Landschaftsmuseum** informiert ausführlich über die Entstehungsgeschichte der Umgebung. Im Haus der Jagd zeigt die Ausstellung den aktuellen Stand von Waldökologie und Jagd.

Bistro Teufels Küche, kleine Gerichte, Kaffee und Kuchen, verarbeitet werden vorwiegend regionale Produkte.

*Wilde Tiere sieht man auf dieser Tour*

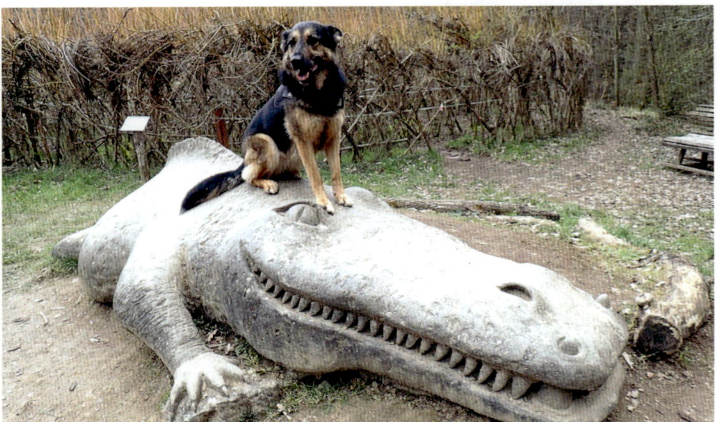

Dort biegen Sie rechts ab und nehmen nach etwa 30 m den nach links führenden, breiten Waldweg. Etwa nach 400 m führen einige Stufen hinab zu einer Sitzbank, dort steigen Sie links in die **Teufelsschlucht** ❷ hinab.

## Die Teufelsschlucht

Als sich gegen Ende der letzten Eiszeit vor etwa 12.000 Jahren Tauwetter- und Frostperioden mit heftigen Temperaturschwankungen abwechselten, kam es am Rand des Ferschweiler Plateaus zu unfassbaren Felsstürzen. Der wasserdurchlässige, aus dem Meeresboden des Urmeeres entstandene Luxemburger Sandstein lagert auf fast wasserundurchlässigem Keupergestein. An ihrer Grenze kam es zu Unterspülungen, die das Ganze instabil machten. 28 m ist die Felsspalte tief, die bei einer Frostsprengung einen gewaltigen Felsblock aus der Sandsteinwand kippen ließ. Die größte Spalte ist breit genug, um hindurch zu gehen, in den schmaleren Spalten fühlen sich Moose und Flechten sehr wohl.

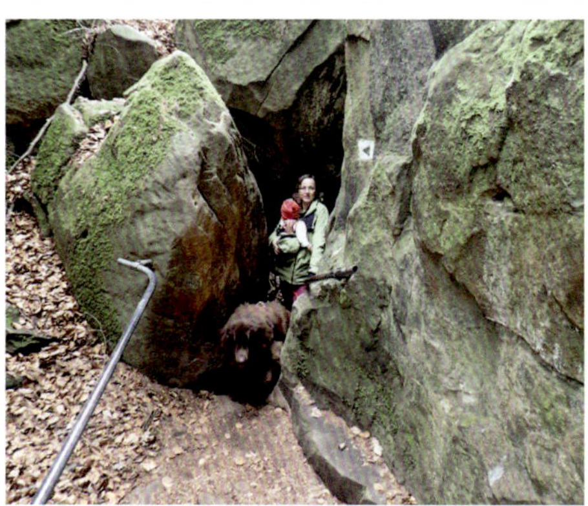

*Am unteren Ausgang der Teufelsschlucht*

Es geht auf Treppen steil zwischen den engen Felswänden hinab, an mehreren Stellen müssen Sie den Kopf einziehen oder ein paar Schritte zurückgehen, wenn Ihnen jemand entgegenkommt. Die beeindruckende Felslandschaft macht ein gleichmäßig schnelles Vorankommen unmöglich. Es gibt so viel zu sehen und zu bestaunen. Am unteren Ausgang der Teufelsschlucht gehen Sie nach links an der Felswand entlang. Der Pfad führt zwischen bizarren Felsformationen durch den Wald und ist nicht zu verfehlen, alle Wegmarkierungen zeigen in diese eine Richtung. Nach rechts besteht die Möglichkeit zu einem kleinen Abstecher zu einem Aussichtspunkt. Am Ende der **Felspassage** erreichen Sie eine Gabelung.

Hier können Sie zurück zum Naturparkzentrum gehen und damit Ihre Tour auf etwa 2,3 km verkürzen.

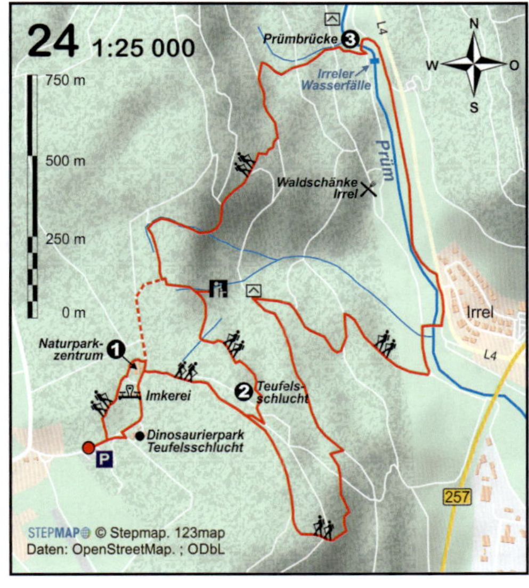


Schöner ist es aber, den Wegweisern nach rechts Richtung „Irreler Wasserfälle" zu folgen. An der nächsten Gabelung gehen Sie erneut nach rechts, der Forstweg führt bergab. Vor der Rechtskurve nehmen Sie links den Pfad bergab und treffen auf eine T-Kreuzung. Hier biegen Sie links ab, der Weg ist breit und eben. An der nächsten Gabelung geht es rechts bergab. Sie kreuzen einen Teerweg und gehen bergab zur **überdachten Brücke** ❸ an den Irreler Wasserfällen. Auf einer Länge von knapp 150 m sucht sich das klare Wasser der Prüm weithin hörbar einen Weg zwischen den großen Sandsteinblöcken hindurch.

Am anderen Ende der Brücke laufen Sie rechts Richtung Irrel. Rechter Hand haben Sie an mehreren Stellen die Möglichkeit, noch einen Blick auf die Stromschnellen zu werfen. An der Gabelung kurz vor dem Wanderparkplatz bleiben Sie rechts auf dem Pflasterweg neben der Prüm.

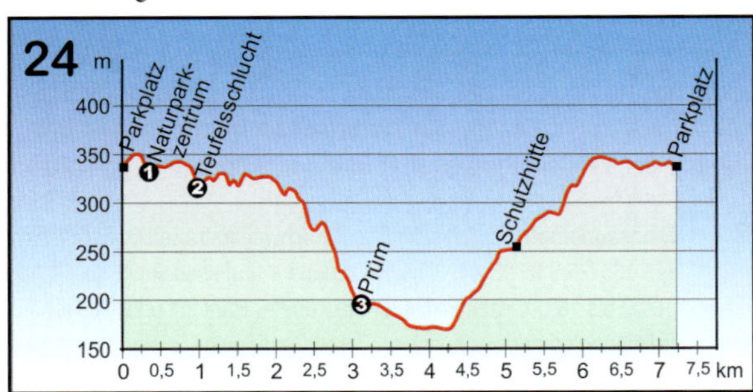

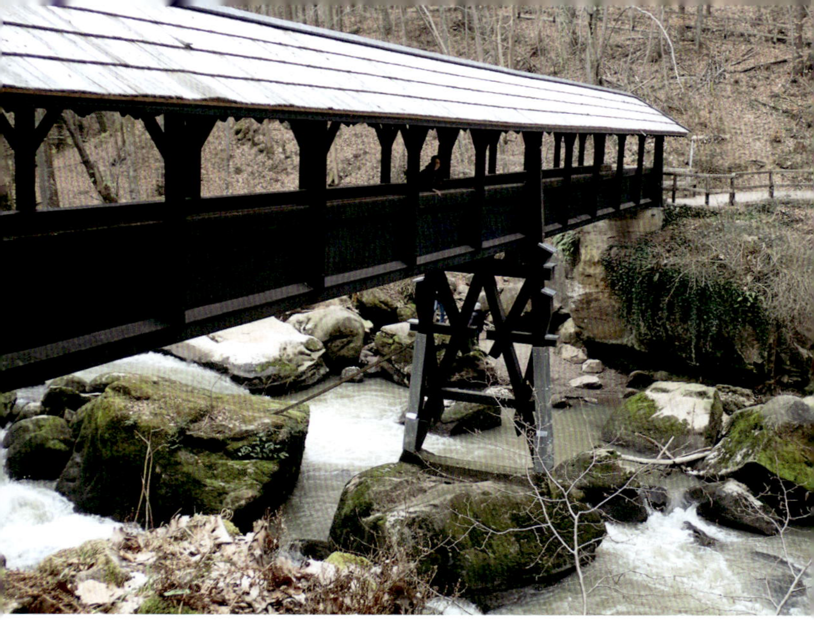

*Die Brücke über die Prüm*

Hinter dem Ortseingangsschild von Irrel gehen Sie nach rechts und überqueren die Prüm auf einer Brücke. Dahinter folgen Sie dem Teerweg nach links, bis Sie hinter mehreren Gärten an einen Wirtschaftsweg kommen, dem Sie nach rechts bergauf folgen. Sie passieren den Rettungspunkt 6104-520, ab hier verläuft der Weg wieder im Wald. An der ersten T-Kreuzung gehen Sie nach links, an der zweiten T-Kreuzung nach rechts. Sie erreichen die ⌂ **Schutzhütte Waldesruh**.

An zwei mächtigen Felsblöcken gehen Sie nach rechts (54), an der Kreuzung geradeaus (6) bergauf. Auf der Höhe laufen Sie geradeaus auf dem breiten Forstweg zurück zur Kreuzung am **Naturparkzentrum** und dort links, vorbei an der Imkerei, der Wildkräuterwerkstatt und dem Dinosaurierpark zum Parkplatz.

⌘ Dinosaurierpark Teufelsschlucht, Ferschweilerstraße 50, 54668 Ernzen, ☏ 065 25/933 93 44, 💻 www.dinopark-teufelsschlucht.de, 🚪 April bis Okt täglich 10:00 bis 18:00, nach Erdzeiten geordneter Park mit über 100 lebensgroßen Rekonstruktionen von prähistorischen Tieren, Audioguide, einige Mitmachstationen für Familien, Waldspielplatz, ✕ Imbiss Dino's Diner, ⛼, 🐕 angeleinte Hunde erlaubt

# 25 Bollendorfer Märchenpfad

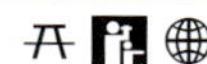

*Tour für Lauffaule, Träumer, Geologen, Prinzen und Prinzessinnen*

*Die kürzeste Wanderung in diesem Buch ist auch eine der schönsten. Die Zeichnungen und Erzählungen in einem Malbuch der Touristeninformation öffnen dem Wanderer den Blick für verwunschene Gestalten und Gesichter, die mit etwas Fantasie in den Felsen entdeckt werden können. Dabei geht es über Stock und Stein, zu einem Aussichtspunkt, einer kleinen Höhle, einer Madonna im Fels und zwei netten Fotopunkten, stets durch den Schatten spendenden Wald.*

- Start/Ziel: Waldsportplatz, GPS N 49°51.794' E 006°22.175'
- 2,9 km
- Erwachsene: 45 Min., Familien: 2 Std.
- 79 m/79 m
- 364-408 m
- vereinzelt goldgelbe Kronen
- auf dem Hinweg schmale Pfade mit Stufen, Wurzeln und Felsen, auf dem Rückweg ein Forstweg, schattig

*Das Märchenheft wird auf dieser Tour oft zu Rate gezogen*

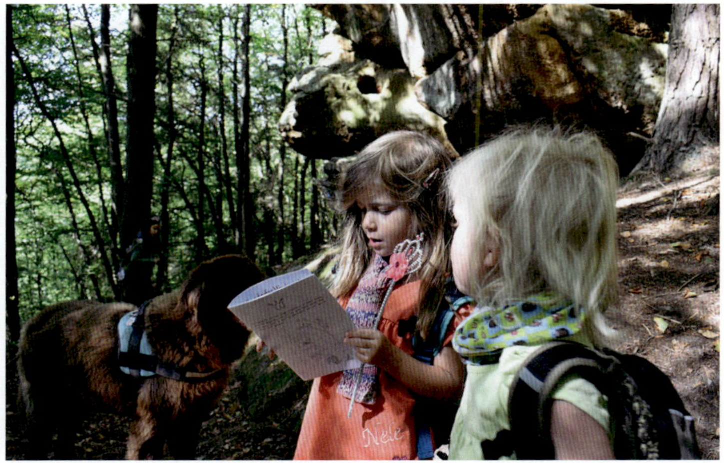

Rucksackverpflegung

Sitzbänke an den schönsten Stellen des Weges, Schutzhütte am Startpunkt

Earthcache: GC53W42 Geologische Besonderheit an der Sonnenlay, außerdem ein Multi

Der Weg ist kurz und kurzweilig und schon für Dreijährige zu schaffen.

Der Pfad ist für Buggys nicht geeignet.

Bitte Wasser mitnehmen. Eine Leine ist nicht nötig, gefährliche Straßen sind weit entfernt.

Der Weg ist nicht mit dem ÖPNV erreichbar.

Wanderparkplatz Bollendorf Gärtchen, Anfahrt aus Bollendorf über die L3 Richtung Mettendorf/Nusbaum, hinter dem Schlachthof rechts, danach im Wald ausgeschildert

An der Wanderhütte am Startpunkt und in der Touristeninformation Bollendorf gibt es Malbücher mit der felsigen Geschichte von König Bollybur und seiner geliebten Bollonia. Sie bekommen eine kleine Belohnung, wenn Sie nach der Wanderung mit dem ausgemalten Buch in die Touristeninformation Bollendorf, Abteihof, Neuerburger Straße 6, 54669 Bollendorf kommen.
(die Öffnungszeiten wechseln viermal im Jahr und stehen unter
www.bollendorf.de/touristik)

*Auf der Sonnenlay*

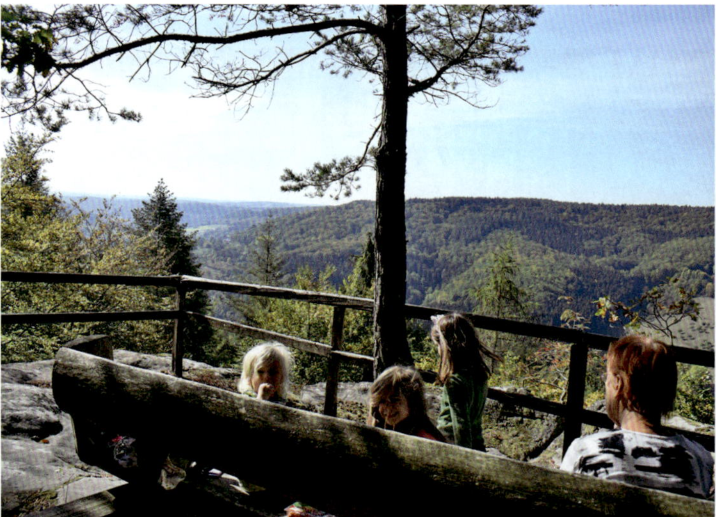

Die Tour beginnt an der **Wanderhütte** vor dem Waldsportplatz, das ist gleichzeitig der Rettungspunkt 6104-492. Gehen Sie links den Teerweg bergab bis zu der Kreuzung, an der von rechts der Jakobsweg (gelbe Muschel auf blauem Grund) kommt. Dort laufen Sie die Straße hinab. Nach etwa 100 m beginnt die Geschichte der Wanderung mit einer kleinen Einleitung an einem Felsen, der mit etwas Fantasie der Erzähler des Märchens sein könnte.

Nach weiteren 100 m folgen Sie in der Rechtskurve dem nach rechts führenden Pfad (33, 56) bergauf zur Station 1 vor einem mächtigen Felsgesicht. Hier hängt ein Kasten, in dem ein Märchenheft zum Ausleihen deponiert wurde, falls die Touristeninformation geschlossen und der Ständer am Startpunkt leer ist. Bitte nach der Wanderung zurücklegen.

Gehen Sie auf dem Pfad links an der Felswand entlang, er führt über Stock und Stein zur Station 2, der **Höhle** unter der Sonnenlay. Hier machen Sie zunächst einen kleinen Abstecher nach links zum Aussichtspunkt auf der **Sonnenlay ❶** mit einer großen Rastbank und mehreren Bäumen, denen kein Kind widerstehen kann, die einfach erklettert werden müssen.

Zurück an der Höhle folgen Sie dem Weg 33 bis zu einem Felsvorsprung mit einer Holzbank, dort gehen Sie nach links bergab zu einem Baum, an dem es rechts auf einem Abstecher zu den Stationen 3 und 4 geht. Sie folgen dem Pfad bergauf bis zur blauen **Madonna im Stein**. Die Bollendorferin Angela Kohns malte diese Madonna auf einen Felsen am Wanderweg 33. Auf dem Rückweg fällt Ihnen mithilfe des Märchenheftes ein Felsen auf, der wie ein Löwenkopf aussieht.

Sie biegen nun rechts ab (in ursprünglicher Laufrichtung geradeaus) und kommen zum **Königsthron ❷**, einer Stufe in der Felswand aus Lias-Sandstein. Kaum jemand lässt es sich nehmen, auf dieser majestätisch winkend für ein Foto zu posieren. Auch an den nächsten Stationen gibt es interessante Dinge in den Felswänden zu entdecken.

## Konkretionen

Was in dem Märchenbuch als „Kugeln aus reinem Gold" erklärt wird, ist für Geologen eine Felsstruktur namens Konkretion, also wider Erwarten keine von Menschenhand geschaffene Kugeln, sondern kugelförmige Gebilde, die entstanden, als der Sandstein, in dem sie jetzt stecken, noch eine wässrige Lösung war. Darin zirkulierten zuerst winzig kleine Ablagerungen von Mineralien, die über eine lange Zeit in dieser ständigen Drehbewegung von innen nach außen wuchsen.

Wie es sich für ein Märchen gehört, gibt es ein Happy End. Alle, die den jungen König Bollybur bei seinem Abenteuer begleitet haben, können nun an der Station 10, dem **Königsplatz ❸,** rasten und Erinnerungsfotos schießen.

Dort geht es rechts bergauf zum **Stein der Wahrheit**, der für manch einen Wanderer eine kleine Mutprobe bereithält. Dahinter kommen Sie zu einem weiteren Felsvorsprung, der eine Holzbank überspannt. An der Verzweigung halten Sie sich rechts des Felsens und erreichen eine Sitzbank. Biegen Sie dort auf den breiten Waldweg (34) ab.

*Auf dem breiten Waldweg zurück*

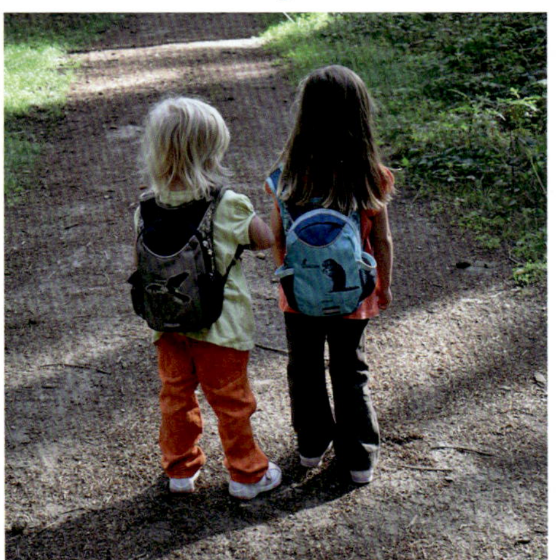

Es gibt nun keine nennenswerten Steigungen oder Gefällestücke mehr, während Sie zunächst durch Nadelwald, dann durch Laubwald zügig vorankommen. An der Einmündung von rechts wandern Sie geradeaus weiter, der Weg führt zu der Kreuzung mit dem Jakobsweg. Hier laufen Sie geradeaus zurück zum Startpunkt.

# 26 Wanterbaach und Sieveschloeff

*Tour für Schluchtenabenteurer*

*Kurz und knackig entdecken Sie auf gut 3 km, warum das Wandergebiet Mullerthal in aller Munde ist. Beeindruckende Felsformationen mit faszinierenden Verwitterungsmustern, stockfinstere Höhlen, einschüchternde Schluchten und Aussichtspunkte mit Panoramablicken wechseln sich ab.*

Start/Ziel: auf der Straße Beim Maartbësch in Berdorf,
GPS N 49°49.589' E 006°20.592'

3,4 km

1 Std. 30 Min.

83 m/83 m

328-383 m

keine durchgängige Wegmarkierung

Spazierwege, schmale Pfade und Wanderwege, schattig

Campingplatzimbiss (Friterie) (km 0,1)

Gelegenheiten für eine Rast auf Sitzbänken und an Rastplätzen (km 0,1 und km 1,9), Witterungsschutz in einer kleinen Schutzhütte (km 0,5), in der Räuberhöhle (km 0,9) und unter dem Felsüberhang Heroldt (km 1,1)

Snacks und Eis am Campingplatzkiosk (km 0,1)

Tradis: GC25Y7F Reiberhiel, GC2B1ZJ Berdorf Climbing; Earthcache: GC4Y9P2 Entstehung der Rueltzbechschloeff; außerdem zwei Multis

Trittsichere Kinder fasziniert das Wandern und Klettern in der bizarren Felslandschaft und das Erkunden der Höhlen. Etwa 100 m vor dem Ziel lässt es sich prima auf einem Waldspielplatz toben, auch eine Runde Minigolf ist noch möglich.

Die ersten 700 m bis zum Aussichtspunkt Rueltzbechlay sind barrierefrei, danach gibt es kein Durchkommen mit dem Buggy.

Bitte Wasser mitnehmen. Der Abstieg (ein Abstecher vom Weg) in die Raiberhiel erfolgt über eine Metallleiter, ist also nichts für Hunde. Eine weitere Leiter kann umgangen werden. Auf der gesamten Strecke herrscht aus Naturschutzgründen Leinenpflicht.

Bushaltestelle „Berdorf, Duerfplaz" (800 m), Bus 111 von/nach Echternach und Luxemburg, ein- bis zweimal stündlich, z. T. mit Umsteigen in die Linie 111A in Consdorf

P gegenüber vom Campingplatz

Der GPS-Empfang ist wegen der Abschattung durch die hohen Felsen vielerorts schlecht.

Diese Tour macht Lust auf mehr: mehr Schluchten, mehr Felsen, mehr Aussichten, mehr Mullerthal. Das alles finden Sie in den folgenden Wanderführern:

- **Luxemburg – 25 Wanderungen** von Astrid Holler, Regional, Conrad Stein Verlag, ISBN 978-3-86686-490-0, € 12,90
- **Luxemburg: Mullerthal Trail** von Thorsten Hoyer, Der Weg ist das Ziel, Conrad Stein Verlag, ISBN 978-3-86686-542-6, € 9,90

☺ Nehmen Sie bitte eine Stirnlampe mit, wenn Sie die Räuberhöhle ansehen wollen.

Gehen Sie zu dem Picknicktisch zwischen dem Campingplatzimbiss (Friterie, 11:30 bis 20:00, Jul und Aug 10:30 bis 21:30) und dem Spielplatz. Hier beginnt ein Pflasterweg, der Sie barrierefrei bis zum etwa 700 m entfernten Aussichtspunkt auf der **Rueltzbechlay ❶** (Lay = Fels) bringt.

Nach dem schönen Ausblick geht es links über etliche Stufen hinab zu einer T-Kreuzung inmitten von hohen Felswänden. Die filigranen Muster der Wabenverwitterung an den Felswänden bringen manch einen Wanderer zum Staunen. Hier im **Rueltzbechschloeff** (Schloeff = Schlucht) gehen Sie zunächst scharf rechts und dann links, um auf die **Deiwelsinsel** zu klettern.

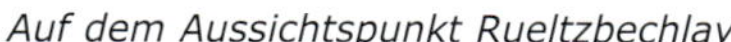

*Auf dem Aussichtspunkt Rueltzbechlay*

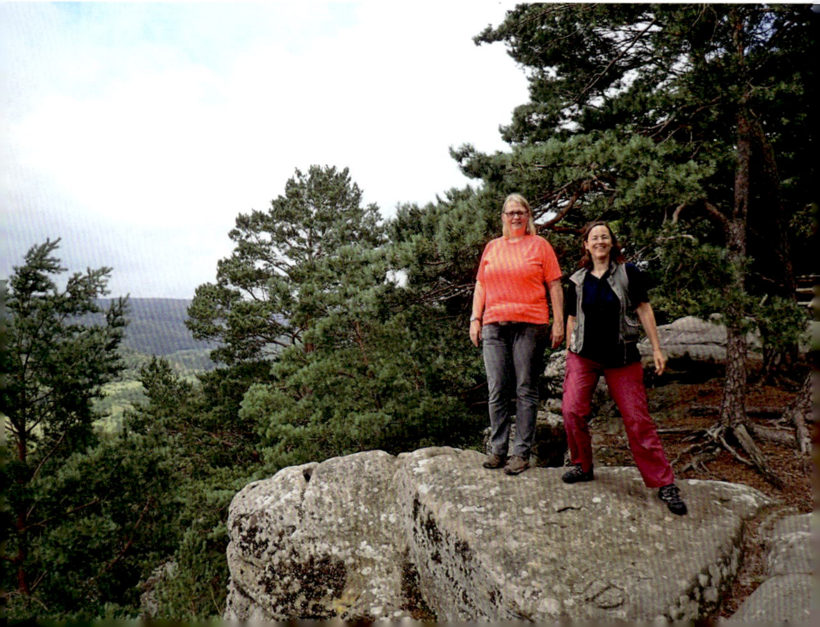

## Die Teufelsinsel

Die Deiwelsinsel ist eine typische Abrissscholle. Das sind große Felsblöcke, die sich am Ende der letzten Eiszeit bildeten. Der schnelle Wechsel von Frost- und Tauwetter führte zu Frostsprengungen. Die abgesprengten Felsblöcke glitten auf den darunterliegenden Tonschichten davon und bildeten tiefe Felsspalten. Aus Sicht unserer Vorfahren musste bei solch gewaltigen Kräften der Teufel Hand angelegt haben.

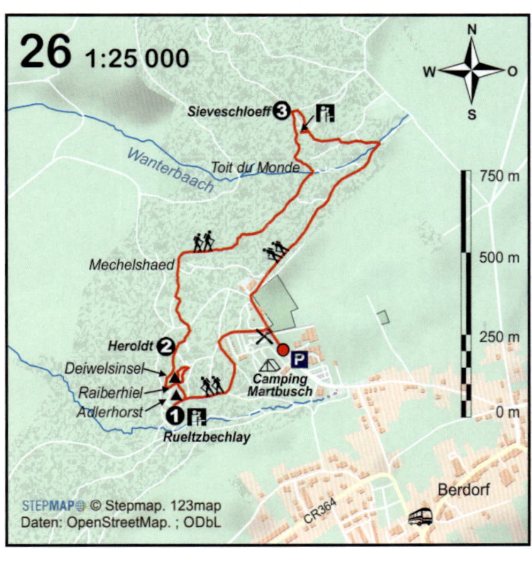


Gehen Sie nun zurück zum Fuß der Treppe im Rueltzbechschloeff und dort geradeaus zum **Adlerhorst**. Besonders Mutige können hier die lange Metallleiter etwa 15 m hinab in die **Raiberhiel** (= Räuberhöhle) klettern und diese erkunden.

Der Rundweg führt vor der Raiberhiel rechts zu einer Gabelung. Dort nehmen Sie den rechten Weg. Auf den Stufen parallel zur Felswand steigen Sie zunächst bergauf und nehmen dann die Treppe bergab zu einem breiten Waldweg, der auf einer alten Römerstraße verläuft. Diesen überqueren Sie um einige Meter nach links versetzt und orientieren sich am Wegweiser Richtung „Sieweschloeff" (= sieben Spalten oder sieben Schluchten).

Der Felsüberhang namens **Heroldt ❷** wurde nachweislich schon in der Urzeit als Witterungsschutz genutzt. Sie passieren einen Kletterfelsen und gehen dahinter geradeaus Richtung „Sept Gorges". Das ist französisch und bedeutet ebenfalls „sieben Schluchten". Das Klettergebiet heißt Toit du Monde (= Dach der Welt). Sie merken also, dass die Einheimischen hier ganz unkompliziert zwischen Französisch, Deutsch und Letzeburgisch (= Luxemburgisch) hin und her springen.

Rechts von dem Picknicktisch wandern Sie an einer weiteren Kletterwand entlang zum **Siewenschlüff ❸** (das ist nun die dritte Schreibweise für diese Felsspalten). Dort gehen Sie scharf rechts durch die Schlucht. Sie wird 40 cm schmal und es geht eine Stahlleiter hinauf. (Mit Hund können Sie diese Leiter rechts umgehen.)

Dahinter steigen Sie die Treppe hinauf zum **Aussichtspunkt** auf der Sieveschloeff. Hier haben Sie einen fantastischen Panoramablick in das Tal der Schwarzen Ernz.

*Erholung am Aussichtspunkt*

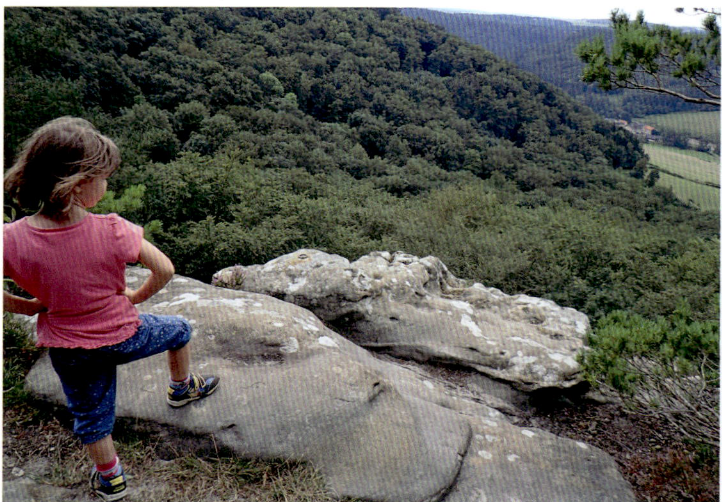

Dahinter gehen Sie auf dem Waldweg bis zu einer Gabelung, dort nehmen Sie den rechten Weg. Auch an der nächsten Gabelung gehen Sie rechts, nun leicht bergab und auf einem Steg über den **Wanterbaach**. Dahinter folgen Sie scharf rechts dem Weg parallel zum Bach, bis Sie zu einer Gabelung mit einer Rastbank kommen. Dort gehen Sie geradeaus und erreichen nach knapp 400 m die Straße Beim Maartbësch, der Sie nun nach links zurück zum Startpunkt folgen.